BASIC LAW OF EMPLOYMENT CONTRACT

근로계약기본법 구상

남성일 · 박기성 · 이 정 · 이상희
김희성 · 변양규 · 조영길 · 김준근

法 文 社

서 문

보호의 울타리를 넘어 자유의 세계로

1950년대에는 움직이는 사진(활동사진)을 볼 수 있는 유일한 방법은 극장을 찾아가서 정해진 상영시간에 틀어주는 영화를 보는 것이었다. 그로부터 70년이 지난 지금 영화는 시간과 장소의 제약 없이 개인의 휴대폰에서 볼 수 있다. 뿐만 아니라 그때는 동영상의 생산자와 소비자가 엄격히 구분되어 있었으나 지금은 개인이 동영상의 소비자이면서 동시에 자신이 만든 동영상을 온라인에 올려 수입까지 얻는 생산자이기도 하다.

우리나라 근로기준법은 1953년에 만들어졌다. 근로기준법은 몇 차례의 개정에도 불구하고 기본적으로 1950년대의 일자리 환경을 가정하고 있다. 즉 다수의 동질적인 근로자들이 정해진 시간에 정해진 장소에 모여서 사용자의 지휘·감독에 따라 일하는 환경, 그리고 근로자는 낮은 교섭력으로 인해 사용자의 횡포에 항상 노출되어 있는 환경이라는 것이다. 자연히 법은 근로조건에 있어 당사자의 자유보다 획일적인 규제를 우선하였고 사용자와 근로자 간의 대등한 권리보다 사용자의 책임을 더 강조하는 방향으로 만들어졌다. 그리고 이 모든 것은 근로자 보호라는 명분으로 정당화되어왔다.

그러나 앞서 본 것처럼 지난 70년간 일자리를 둘러싼 모든 환경은 바다가 육지가 되듯이 바뀌었다. 근로자는 더 이상 서로 동질적이지 않다. 더욱이 근로자이면서 사업자인 사람들이 갈수록 늘고 있다. 가상공간의 등장으로 일하는 시간과 장소 또한 일정하지 않다. 그리고 근로는 이제 육체노동이 아닌 인적자본의 행사이므로 사용자는 고급 인적자본에 대해서 교섭력의 열위에 놓이는 경우가 비일비재하다.

이런 새로운 환경에서는 근로내용 및 환경의 개별적 특성에 맞추어 당사자간 자율적인 선택에 따라 계약이 이루어져야 함에도 불구하고 현재의 근로기준법은 이를 수용할 수 없다. 따라서 당사자가 서로 원하는 내용의 근로가 이루어지지 못할 뿐 아니라 응당 만들어져야 할 일자리조차 만들어지지 못하는 결과를 초래하고 있다. 당초 근로자를 보호한다는 명분으로 만들어진 법이 '일자리 창출을 통한 근로자 보호'라는 가장 기초적인 사명조차 거부하는 현실이 된 것이다.

이러한 법과 현실의 괴리에 대해 고민하는 학자와 전문가들이 모였다. 노동법을 연구하고 가르치는 교수, 현장의 이슈를 담당하는 법률회사 전문가, 노동시장을 연구하는 노동경제전공 교수 등 노동을 주제로 한 다양한 분야의 전문가들이 모였다. 그리고 지난 2년여 간 온라인과 오프라인 토론을 통해 이슈를 정리하고 대안을 모색하였다. 그리하여 '근로계약기본법'을 대안으로 제시하게 되었다. 근로계약기본법은 기존의 근로기준법을 완전히 대체하는 것이 아니고 근로기준법은 근로자보호를 위한 최소한의 기준을 담당하되 근로계약의 주요 결정사항은 근로계약기본법에서 다루도록 하자는 것이다.

이 책이 담고 있는 내용은 다음과 같이 요약된다. 먼저 제1장은 기본법의 필요성과 제정방향을 설명한다. 제2장은 기술변화와 사회변화 등 노동시장의 환경변화가 어느 정도이며 왜 당사자 자율에 의한 계약이 필요한지를 실증적으로 제시한다. 제3장은 독일, 일본, 중국 등 다른 나라에서는 근로계약법이 어떤 내용과 형식으로 논의되어 왔는지 살펴본다. 그리고 제4장은 우리나라에 적합한 근로계약법의 법적 성격과 기본방향을 설명한 다음, 제5장은 근로계약법의 시안을 제시한다. 마지막으로 제6장은 향후의 과제에 대해 의논하고 마무리한다.

연구진의 입장에서 이 책은 크게 두 가지 의미를 갖는다고 생각된다. 첫째, 이 책이 담고 있는 근로계약법 시안은 우리나라 최초로 민간에서 자발적으로 만들어진 결과물이라는 점이다. 그간 각종 정부 용역에 의해서 근로계약법에 대한 연구물이 생산되기는 하였지만 이는 어디까지나 정부 또는 공공부문에서 검토하는 차원이었다. 따라서 그 결과물이 널리 유포되고 공론의 장에서 토론되는 경우는 거의 없었다. 그러나 이 책은 정부의 어떠한 지원이나 지침 없이 현재의 상태에 대해 깊은 문제의식을 가진 민간의 학자 및 전문가들이 자발적으로 모여 연구한 결과물이다. 따라서 앞으로 관련 법제기구 및 학계 등에서 자유롭게 토론될 수 있을 것이다.

둘째, 이 책은 근로계약법에 대한 구체적 시안을 제시하고 있다. 다시 말해서 근로계약법에 대한 주요 내용을 추천하는 '설계도' 수준이 아니라 법조문 형태로 발전시킨 '모형'이라는 것이다. 이처럼 구체적 시안을 만들기는 쉽지 않았다. 그러나 이렇게 구체화함으로써 실제로 법이 만들어지는 과정이 훨씬 효율적이 될 것이다. 법을 만드는 사람들은 이 시안을 기초로 법조문을 만들 수 있으며 시안이 담고 있는 조문 문장에 대한 정확한 해석이 가능할 것이다.

아무도 시도하지 않았던 작업을 하고보니 결과물이 나온 이후 아쉬운 점이 많았다. 아직까지 연구진 내에서 백퍼센트 의견일치를 보지 못한 부분들도 있다. 그 중 중요한 몇 가지를 추려서 향후과제로 남겼다. 모형을 통해 몸의 주요 기능을 담당할 신체 각 부분을 만들기는 했으나 다리를 3개로 할지 4개로 하는 것이 좋은지 등 여전히 연구 개선해야 할 부분에 대해서 독자 여러분의 생각과 판단 또한 많을 것이다.

저자 일동

차 례

3 주요국가의 근로계약법제 65

제1장

근로계약법 제정의 構想

Ⅰ. 근로계약법 제정의 필요성

우리나라에는 고용관계를 규율하는 기본법으로 1953년에 제정된 근로기준법이 있다. 근로기준법은 제정된 이래 근로환경의 개선 및 근로자 보호에 많은 공헌을 해왔음을 부인할 수 없다. 그러나 근로기준법은 제정 당시의 공장 생산라인에서 단순·반복적인 근로에 종사하고 있는 근로자를 그 전제로 하고 있는 만큼, 그 이후의 변화된 고용환경에 유연하게 대응하지 못하여 현실과는 상당한 괴리를 보이고 있다는 비판이 제기되고 있다.

특히 최근 들어 서비스산업의 확대와 정보통신기술의 발전 등으로 취업형태 및 취업의식이 다양화됨에 따라 그러한 괴리는 한층 두드러지고 있다. 이처럼 변화되는 고용환경에 신속하게 대응하기 위해서는 근로자와 사용자가 계약자유의 원칙에 입각하여 보다 공정하고 합리적으로 근로계약이 체결될 수 있도록 법제도를 정비할 필요가 있다.

그럼에도 불구하고 근로기준법은 근로자보호라는 관점에서 계약자유의 원칙을 수정한 다음, 법적 실효성을 담보하기 위하여 이 법에 위반하는 행위에 대해서는 벌칙을 적용하거나 행정감독의 대상이 되도록 설계되어 있다. 이와 같이 근로기준법은 근로자 보호에 방점을 둔 나머지, 계약의 일방당사자인 사용자에게만 과도한 페널티를 부과하는 경직된 법체계로 이루어져 있기 때문에 다양한 고용관계를 포섭하기 어렵다.

이처럼 변화된 고용환경을 법제도에 반영하기 위해서는 합리적 근로계약관계 구축을 위한 포괄적 근로계약법제의 정비가 필요하다.

Ⅱ. 근로계약법의 기본방향

위에서 언급한 바와 같이 근로기준법은 노동조합법과 함께 우리나라 노동법의 핵심적인 역할을 해온 것은 부인할 수 없는 사실이다. 그러나 이러한 근로기준법상의 규제만으로는 점점 다양화·복잡화되고 있는 노동문제 해결에 적절하게 대응하지 못하는 한계를 드러내고 있다.

다시 말해서 근로기준법은 근로자의 생존권 확보의 관점에서 우선 최저근로조건을 정한 다음 행정감독과 벌칙으로 그 이행을 확보하기 위하여 설계된 법이다. 따라서 근로기준법은 형벌권의 발동과 죄형법정주의 하에서 엄격한 해석이 요구되기 때문에 법위반 유무를 명확하게 인식할 수 있도록 절차적 규제가 중심이 될 수밖에 없었다. 그 결과 근로기준법은 근로계약의 체결과 해지에 관한 기본적인 규정만 두고 있는데, 그 배경에는 이와 같은 공법적 규제가 가지는 특징을 반영한 것이라 할 수 있다.

이와 같이 근로기준법은 공법적 규제의 관점에서 최저근로조건을 확보하고 전근대적 고용관행을 개선하는 데 중점을 두고 있기 때문에 시시각각으로 변화하는 고용환경에 능동적으로 대응하지 못하는 한계를 노정하고 있다. 다시 말해서 근로기준법은 다양한 취업방식과 새로운 근무방식에 대한 배려가 부족할 뿐만 아니라, 적정한 근로조건의 결정이라고 하는 현대적 노동문제에 대해서는 부분적으로만 역할을 하고 있을 뿐이다. 이에 새롭게 구상하고 있는 근로계약법의 목적과 특징에 대해 간단히 요약하면 다음과 같다.

첫째, 근로기준법과 함께 근로계약의 체결, 이행, 변경 및 종료에 관한 절차와 적정한 계약내용의 준칙 그 밖의 근로계약에 관한 필요한 사항을 규정함으로써, 근로자와 사용자가 대등한 입장에서 자유로운 의사에 따라 합리적인 근로조건의 결정과 공정한 근로계약관계의 형성에 이바지하는 것을 목적으로 한다.

둘째, 근로계약법은 근로계약에 관한 사항을 포괄적으로 규정하는 순수한 민사법적 성격을 가지면서도 민법의 특별법적인 성격을 가진다. 이런 면에서 현행 근로기준법과 기능이 중복되는 부분이 있어 양자 간의 역할분담을 어떻게 할 것인지가 문제가 된다. 이에 대해서는 최저근로조건을 확보하기 위한 최소한의 강행규정만 근로기준법에 남기고 나머지 근로계약에 관련되는 규정은 근로계약법으로 이관한다.

셋째, 근로계약법은 근로계약관계를 둘러싸고 발생하는 분쟁을 해결하기 위한

'재판규범'으로서의 역할뿐만 아니라, 공정한 고용관행의 형성을 꾀하는 '행위규범'으로서의 역할을 할 수 있도록 설계해야 한다. 그러기 위해서는 종전의 판례법리 등을 명확하게 규정하는 데 그치지 않고 근로계약 당사자가 자기주도적으로 근로계약을 체결, 변경, 종료할 수 있도록 입법을 재정비할 필요가 있다.

제2장

근로계약법 제정의 필요성과 그 배경

Ⅰ. 도 입

벌칙과 강행규정을 통해 근로자의 최저한의 근로조건을 확보하고, 이를 통해 '근로자의 기본적 생활을 보장·향상'하기 위해 제정된 근로기준법은 산업화 시대 공장제 생산 체제하에서 찾아볼 수 있는 균질적인 집단으로서의 근로자를 보호의 대상으로 가정하고 있다. 그러나 기술의 발전과 경제의 정보화가 급속히 진행되고 다양한 인적 자원을 가진 근로자들이 노동시장에 진출하면서 과거에는 상상하기 어려운 다양한 형태의 일자리가 생기고, 근로조건의 결정 역시 일자리에 대한 사용자, 근로자 그리고 소비자의 다양한 요구 조건을 반영하여 다원화·개별화 양상을 보이고 있다. 이런 상황에서 균질적인 근로자 집단을 가정하고 있는 근로기준법을 바탕으로 적법과 위법의 경계선을 긋게 된다면 본질적인 차이가 없음에도 불구하고 사용자와 근로자 사이 자율적인 계약이 적법인지 위법인지 구분이 모호해지고 판단을 예측하기가 어려워져 법률의 예측가능성이 낮아진다. 그 결과, 분쟁과 의견 대립의 해결 방법 중 하나인 법률이 제 기능을 수행하기 점점 어려워진다. 따라서, 본장에서는 근로기준법을 현재 상태 그대로 노동시장에 적용할 경우 어떤 부작용이 우려되는지 파악하고자 노동시장의 환경 변화를 살펴보고자 한다.

최근 급속한 기술발전으로 인해 과거에는 상상하기조차 어려웠던 형태의 일자리, 또는 더욱 넓은 의미에서의 근로 형태가 등장했다. 우선, 기술발전에 의해 노동시장에 어떤 변화가 발생했으며 이로 인해 어떤 형태의 일자리가 등장했는지, 그리고 이로 인해 근로기준법에는 어떤 한계가 발생하고 있는지 살펴보고자 한다. 한편, 기술발전은 기업뿐만 아니라 우리 사회 전체의 인력 및 기술 구성에 변화를 초래하게 된다. 이로 인해 기존 일자리에서 새로운 일자리로의 이동은 불가피해진다. 본장에서는 기술발전으로 인한 일자리 전환의 필요성에 대해서도 살펴보고 근로기준법이 이러한 변화를 안정적으로 촉진하기에는 어떤 한계가 있는지 살펴보고자 한다. 또한, 저성장 · 고령화 · 양극화의 진행 정도 및 우리 사회 구성의 다양화 정도를 살펴보고 이로 인해 발생하는 근로기준법의 한계에 대해 살펴보고자 한다.

Ⅱ. 기술발전과 노동시장 환경의 변화

1. 기술발전과 새로운 일자리의 등장

(1) 기술발전에 의한 거래비용 감소와 다양한 계약 형태의 등장

노동시장에서 노동의 공급과 수요를 연결하는 역할을 하는 형식적인 제도가 바로 고용계약이다. 과거 산업화 시대에는 균질적인 근로자 집단이 균질적인 노동을 공급하였고, 따라서 동일한 근로계약이 균질적인 근로자 집단에 적용되어도 큰 문제가 발생하지 않았다. 그뿐만 아니라 이런 상황에서 근로기준법을 획일적으로 적용하더라도 근로환경의 최저 수준을 확보하는 것도 가능하였고, 사용자와 근로자의 책임과 의무를 명확히 규정하는 것도 가능하였다. 그러나 기술발전이 급속도로 진행되면서 사용자는 자신이 찾는 전문적 노동력을 낮은 거래비용을 통해 쉽게 찾을 수 있게 되면서 간접고용과 같은 다양한 형태의 노동력 거래가 확대되고 있다. 아래에서는 경제학적인 관점에서 어떤 환경에서 어떤 이유로 간접고용이 확대되고 있는지 살펴보고 기존의 근로기준법을 적용하기에는 어떤 문제점이 발생하는지를 도급의 경우를 통해 살펴보고자 한다.

경제학적 관점에서 보면, 사내도급을 포함한 도급은 기업이 취할 수 있는 여러 합리적인 거래 형태 중 하나인데, 이러한 거래 형태에 관한 연구는 1930년대에 와서 경제학 분야에서 이론으로 정립되었다. 노벨경제학상 수상자인 코즈(Coase)는 1937년 그의 논문[1) "The Nature of the Firm"에서 "거래비용(transaction cost)의 관점에서 여러 형태의 거래가 출현할 수 있음"을 설명하였다. 여기서 의미하는 '거래비용'에는 단순히 제품을 구입하기 위해 치러야 할 가격뿐만 아니라, 시장에서 양질의 제품을 찾는 데 소요되는 시간과 각종 비용, 거래 전에 필요한 협상, 정보의 수집과 처리는 물론 계약이 준수되는가를 감시하는 데에 드는 비용 등이 포함된다.

---

1) Coase, R. H.(1937), "The Nature of the Firm", *Economica*, New Series, Vol. 4, No. 16(Nov., 1937), pp.386–405.

이러한 거래비용의 관점에서 도급을 설명하면 다음과 같다. 기업이 특정 상품 혹은 구성품 조달을 위해 취할 수 있는 방법은 크게 보면 ① 직접 생산('내부화'), ② 시장을 통한 구매('시장거래')가 있다. 그중 ②의 '시장거래'는 기업이 필요로 하는 재료나 부품이 시장에서 쉽게 거래되고 있는 상황에서 주로 채택되는 방식인데, 시장거래를 선택하는 전제조건은 거래비용이 낮다는 것이다. 기업이 특정 상품을 완성하기 위한 부품이나 재료를 시장에서 큰 거래비용을 들이지 않고도 언제나 안정적으로 구할 수 있다면 이 방식을 채택하게 된다. 반면에 제품의 특수성으로 인해 관련 재료나 부품을 시장에서 구하는 것이 어렵거나 구하더라도 수급이 불안정해 기업이 원하는 시점에 원하는 양만큼 구하기가 어렵거나 수급 불안정으로 가격변동이 클 경우에는 기업은 부득이 '내부화'를 통해 자체적으로 필요한 재료나 부품을 생산하는 방식을 선택하게 된다.

한편 윌리암슨(Williamson, 1985)[2)]은 코즈가 지적한 '거래비용'을 보다 구체화하여 하도급 거래의 이론을 발전시켰는데, 아래 그림에서 보는 것처럼 각종 거래 유형을 결정짓는 요소로 '거래의 빈도'와 거래되는 '자산의 특수성(asset specificity)'이 있다는 점을 이론적으로 정립하였다. 여기서 말하는 '자산의 특수성'이란 자산(제품, 부품 등 거래의 대상이 되는 물건이나 용역)의 용도가 제한적이어서 시장에서 널리 쓰이지 않는지 또는 그 반대로 일반적이어서 여러 곳에 널리 쓰이는지를 의미한다.

'자산의 특수성'이 높을수록 용도가 제한적이기 때문에 시장에서 구하는 것이 어렵고 수급이 불안정하다. '자산의 특수성'이 높아 용도가 제한적인데, 기업 입장에서 자주 거래하는 제품도 아니라면, 기업은 굳이 해당 제품의 거래 유형을 미리 정하지 않아도 큰 부담이 없다. 하지만 해당 제품의 '특수성'이 높아 제한적으로 쓰이는 제품인데, 해당 기업의 영업에 있어 반드시 필요하고 자주 거래하는 제품이라면 기업 입장에서는 수직적 통합 즉, 내부화를 통해 직접 생산하는 것이 안정적 공급 측면에서 유리하다. 반면 '자산의 특수성'이 낮아서 여러 곳에서 널리 쓰이고 시장에서도 쉽게 구할 수 있는 제품이라면 굳이 고정비용을 들여 생산시설을 갖추고 직접 생산할 필요 없이 필요한 때마다 시장거래를 통해 구하는 것이 훨씬 효율적이다.

앞에서 설명한 '거래빈도'와 '자산특수성'의 정도에 따라 각종 거래 형태를 구

---

2) Williamson, O.E.(1985), *The Economic Institution of Capitalism: Firms, Markets, Relational Contracting*, New York. The Free Press.

분하면 아래 그림과 같다.

[그림 1] 도급거래 도식

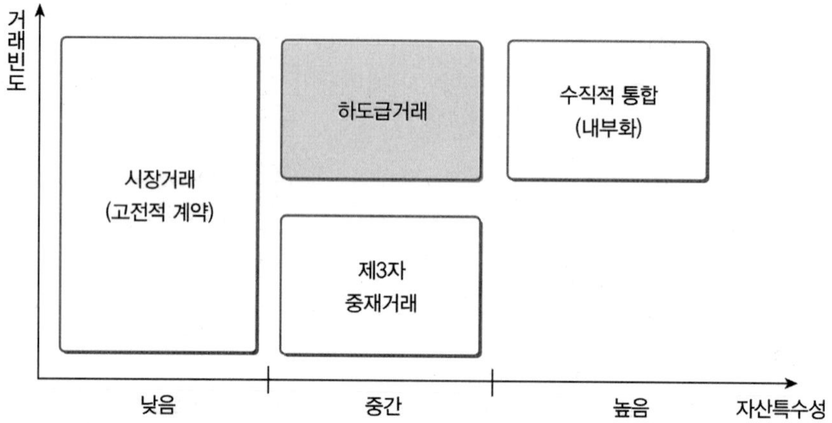

출처: Williamson(1985), 홍장표(2004)[3]를 토대로 재구성.

위 그림에서 볼 수 있듯이 도급 거래의 경우 시장거래와 수직적 통합(내부화)의 중간 지점에 존재한다. 즉, 시장에서 조달하기에는 비용과 위험이 수반되지만, 자체적으로 생산하기에도 기업 운영에 부담이 되는 경우 기업들은 도급 거래를 통해 재료나 부품을 조달하게 되는 것이다. 특히, 거래빈도가 높아 자주 사용하는 제품의 경우에는 장기적으로 안정적인 공급을 확보하기 위해 많은 기업들은 유능하고 견실한 도급업체와 지속적인 제품・용역의 공급 계약을 체결하면서 장기적인 신뢰관계를 쌓아가고 있다.

보다 구체적으로 설명하기 위해 자동차 타이어를 예를 살펴보자. 자동차 제조업에 있어 타이어는 필수적인 핵심 부품이다. 하지만 여러 타이어 전문 생산업체에서 타이어를 제조하고 있고 아주 특이한 경우를 제외하면 타이어는 차량 브랜드와는 무관하게 자동차 대부분에 호환된다. 이처럼 타이어는 자산특수성이 낮으므로, 자동차 제조업체는 낮은 비용으로도 시장에서 충분히 자동차 생산에 필요한 타이어를 구입할 수 있다. 구체적으로 자동차 제조업체에서 부담하는 비용은 제조사 검색, 품질검사, 수급 차질시 타 업체로 전환, 계약서상 검토항목 등에 불과한데, 이미 활발한 거래가 이루어지고 있는 타이어 시장에는 많은 정보가 공개되어

3) 홍장표(2004), “한국, 미국, 일본의 기업 간 거래관계와 도급형 거래의 개혁방안”, 지역사회연구, 12(2), 41－68면.

있으므로, 큰 거래비용 없이 양질의 타이어를 대량으로 확보할 수 있다. 따라서 대부분의 자동차 제조업체는 타이어를 직접 생산하지 않고 시장거래를 통해 타이어를 조달하고 있다.

반면, 엔진의 경우 사용빈도는 상당히 높지만, 수급에 문제가 생기거나 품질에 이상이 있을 경우 기업 운영에 막대한 영향을 미친다. 그리고 엔진은 특정 자동차에만 적용되고 대부분의 브랜드에서 엔진 성능에 대한 독자적 기술과 연구개발이 집중되는 특수성이 있기 때문에 자동차 제조업체는 엔진에 대해서는 직접 생산하는 내부화 방식을 선택하고 있다. 즉, 자동차 엔진은 거래빈도가 높지만 자산특수성도 높은 부품이기 때문에 자동차 제조업체가 내부화 또는 수직적 통합을 통해 직접 생산에 관여한다.

한편, 대시보드, 차량 오디오와 같은 부품들은 엔진보다는 특수성이 낮지만, 타이어에 비해 대부분의 차량에 적용하기는 어렵고 제조하는 몇 개의 모델에 적용되어야 하는 특징을 가지고 있다. 즉, 타이어에 비해 자산특수성이 높다. 자동차 제조업체는 이러한 부품들을 조달하기 위하여 부품사들과 신뢰를 바탕으로 장기적인 거래관계를 맺어 수급을 원활히 하고 해당 차종에 필요한 사양들을 제시할 수 있는 방식인 '도급'을 선호하고 있다.

이상에서 살펴본 것처럼 '도급'이라는 거래 형태는 노동법적 규제를 회피하려는 의도에 기인한 기형적인 계약 관계가 아니라, 경제이론적으로도 충분히 설명이 가능한 효율적이고 지극히 합리적인 거래 형태이다. 더욱 중요한 점은 디지털 기술이 발달함에 따라 정보의 대량 축적·전달 및 처리에 소요되는 비용은 과거와 비교해 볼 때 월등히 낮아지면서 외부 거래에 소요되는 비용이 획기적으로 낮아지고, 이로 인해 도급의 활용 가능성은 더욱 커지고 있다는 점이다. 예를 들어, 인터넷이나 스마트폰과 같은 디지털 네트워크상에서 상품 또는 서비스의 공급자와 수요자가 필요에 의해 서로 만나고 상호 거래를 하는 '플랫폼경제' 또는 똑같은 디지털 네트워크상에서 상호 필요에 의해 상품이나 서비스, 공간 등을 빌리고 나눠 쓰는 '공유경제'는 전 세계의 공급자와 수요자가 쉽게 연결되게 함으로써 거래비용을 획기적으로 낮추고 있다. 이에 따라 과거에는 시장거래의 거래비용이 높아 기업 스스로 생산하던 부품 등도 이제는 시장에서 다양한 형태로 거래할 수 있게 되었는데, '아웃소싱'의 확대가 그 대표적인 예이다.

이처럼 '내부화'를 통한 생산의 필요성이 감소하고 기술발전으로 인해 도급 계약을 비롯한 '아웃소싱'을 통한 생산이 증가함으로써, 자연스럽게 산업현장 내 고용형태의 다양성과 유연성도 증가하였다. 아래 그림은 기술의 변화에 따른 고용형태의 변화에 관한 내용인데, 20세기에는 자산의 특수성과 일의 복잡성으로 인하여 정규직이 해야 할 분야가 넓을 수밖에 없었음을 보여준다. 그러나 디지털 경제로 이전하는 21세기에는 기술발전으로 인해 자산의 특수성과 일의 복잡성이 현저하게 줄어듦에 따라 반드시 정규직이 해야 하는 분야가 줄어드는 반면, 외주·프리랜서·파견 등 유연한 고용형태로 처리할 분야가 늘어나고 있다. 즉, 기술발전으로 인해 거래비용이 현저히 감소하면서 과거 자산특수성이나 복잡성이 높아 도급이나 파견을 통해 거래하기 어려웠던 업무들이 이제는 낮은 거래비용을 바탕으로 더욱 확장되고 있다. 이처럼 도급과 파견을 통해 외부 인력에게 업무를 맡기는 현상은 노동법의 규제를 회피하기 위한 탈노동법적 의도에 근거한 것이 아니라 기술발전에 의해 거래비용이 낮아지면서 자연스럽게 확산되는 현상인 것이다.

[그림 2] 기술의 변화와 고용의 변화

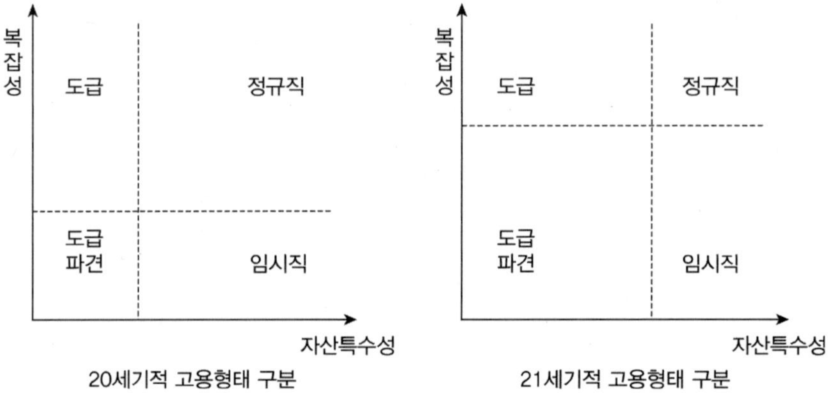

출처: 남성일(2017)[4]을 토대로 재구성.

이상에서 살펴본 것처럼 기술발전에 따라 거래비용이 낮아지면서 생산 부분은 도급을 통해 해결하는 대신 본사는 마케팅과 신기술개발 등 핵심역량에 더욱 집중해야만 시장을 선도하고 경쟁에서 살아남을 수 있는 경영환경이 현실로 다가오고 있다. 즉, 기술발전으로 인해 과거 사용하기 어려웠던 형태의 도급이 새로운 노동력 제공 계약의 형태로 확대·보급되고 있다. 그런데 이러한 기술발전으로 인해 특정 계약 형태가 파견적 요소를 가지고 있을 뿐만 아니라 도급의 요소도

4) 남성일(2017), "디지털 경제가 일자리에 미치는 영향: 고용관계의 변화를 중심으로",『일의 미래와 노동시장전략 연구』 제2장, 42-73면, 한국노동연구원.

가질 수 있는 환경도 확산되고 있다. 예를 들어, 제조업 생산공정에서 원활한 정보의 공유를 위해 활용되는 MES(Manufacturing Execution System)를 도급 결과물 완성을 위한 정보 공유의 수단으로 판단하는 경우도 있고 업무수행에 구속력이 있는 상당한 지휘·명령으로 판단하는 경우도 발생하고 있다. 더욱 우려스러운 점은 본질적으로 동일한 도급 계약도 MES에 대한 판단 결과에 따라 적법 도급 또는 불법 파견으로 판단되는 경우가 자주 발생하고 있다는 점이다. 이처럼 기술 발전으로 인해 다양한 형태의 근로계약이 생기고 있지만, 근로기준법을 포함한 현재의 노동법은 이러한 다양한 형태의 계약이 가지는 특수성을 인식할 수 없고, 그 결과 본질적으로 동일한 계약에 대해서도 법률적 판단이 달라지는 사례가 속출하고 있어 법적 안정성을 해칠 뿐만 아니라 양질의 일자리 창출에도 걸림돌로 작용하고 있다.

(2) 수요 변화에 대응하기 위한 다양한 계약 형태의 등장

앞서 살펴본 것처럼 기술발전은 다양한 형태의 노동력 제공방식의 출현을 초래했다. 이와 마찬가지로 소비자의 수요 변화에 적극적으로 대응하기 위한 과정에서도 새로운 형태의 노동력 제공방식이 출현하게 된다. 가장 대표적인 사례는 제조업 생산 과정의 효율성을 높이기 위한 물류도급이다. 아래에서는 생산 과정에 필요한 부품 등을 공급하는 물류업이 어떤 이유에 의해 도급의 형태로 발전하게 되었는지를 자동차 산업의 사례를 통해 살펴보고, 이를 통해 근로기준법을 포함한 현재 노동법의 한계를 살펴보고자 한다.

자동차 생산방식과 부품 공급방식은 수요의 다양화에 대응하여 경쟁력을 확보하기 위해 끊임없이 발전하고 있다. 20세기 초반 자동차 생산과정은 수공업 방식으로 이루어졌는데, 자동차에 대한 수요가 점차 급증하자 저렴한 가격으로 효과적으로 생산할 수 있는 방식인 '대량 생산방식'이 도입되었다. 그러나 최근 들어서 소비자의 수요가 다양해지고 변동성이 커지면서 이에 적극적으로 대응하기 위해 전 세계 자동차 제조업체들은 앞다투어 다양한 형태의 선택권을 소비자에게 제공하고 있다. 예를 들어, 일반적으로 완성차 업체는 하나의 자동차 모델에 대해 다양한 트림(trim)을 제공하고 여기에 더해 내장 및 외장 색상을 선택할 수 있는 선택권을 제공한다. 또한, 옵션이라 불리는 각종 패키지를 추가적으로 소비자의 선택에 맡긴다. 따라서, 동일한 차종일지라도 소비자의 선택에 따라 수백 또는 수천 가지의 다양한 완성차가 판매되고 있다. 이런 경우 과거 대량생산 시절처럼 소비자의 수요를 예측하여 미리 대량으로 제품을 생산하는 것 자체가 불가능해진다. 또한, 만약 수요 예측이 틀렸거나 소비자의 수요가 급변하게 되면 재고가 누적되며, 이는 자동차 제조업체뿐만 아니라 부품업체 및 판매사를 포함한 자동차 산업 모든 영역에 부담으로 작용하게 된다.

완성차 업체는 이러한 부담을 극복하기 위해 생산이 필요한 적시에 부품이 공급되는 시스템을 갖춰 재고 비용을 줄이고 궁극적으로는 생산품질까지 높이는 생산방식이 필요하게 되었다. 이처럼 인력, 생산설비 등 생산능력을 필요한 만큼만 유지하면서 생산효율을 극대화하는 생산방식을 '린 생산시스템'(lean production system)이라 하며 이런 생산방식을 창안한 도요타 자동차의 이름을 따서 '도요타 생산시스템'(TPS: Toyota Production System)[5)6)]이라고도 한다. 즉, 소비자의 다양한 기호에 부합하는 여러 종류의 차량 모델을 제공하는 것이 자동차 제조업체의 경쟁력 유지에 핵심이 되면서 소비자의 주문이 이루어지고 난 후 이에 맞춰 생산하는 방식(build-to-order)이 도입되게 되고, 이런 환경에서는 소비자의 선택으로 필요한 제품의 종류와 수량 등이 결정된 이후 부품 등 생산요소들이 적시에 공급될 수 있도록 하는 생산방식이 중요하게 된 것이다.

한편, 과거에는 자동차 산업의 경우 하나의 공장에서 하나의 차종을 생산하였다. 그러나 다양한 수요에 부응하고 경쟁력을 유지하기 위해서는 다양한 종류의 자동차를 생산하는 것이 중요해졌다. 하지만 새로운 차종이 나올 때마다 공장이나 생산라인을 신설하는 것은 비효율적이었으며, 그 대신 자동차 제조업체는 하나의 공장, 하나의 생산라인에서 여러 차종이 생산되는 이른바 '혼류 생산방식'을 채택하여 효율성을 제고하였다. 그뿐만 아니라 앞서 설명한 것처럼 하나의 차종 안에서도 여러 가지 트림과 옵션을 선택할 수 있고 트림과 옵션을 조합하면 수백, 수천 가지 경우의 수가 생기는데 수만 가지의 부품을 생산라인 옆에 쌓아 두거나 필요할 때마다 부품창고에서 찾아 생산라인에서 직접 조립하는 방식은 상당히 비효율적이다. 대신 여러 개의 부품을 생산될 차종 및 트림, 옵션별로 미리 정리해 조립한 '모듈'을 준비하고 생산라인에 바로 투입하여 조립하는 '모듈 생산방식'이 확산되었다. 이러한 혼류 생산방식과 모듈 생산방식은 자동차 제조업체의 생산공

5) Toyota Production Systems(2012), http://www.toyota-global.com/company/vision philosophy/toyota production_system/illustration_of_the_toyota_production_system.htm

6) Ohno, T.(1988) 『Toyota Production System: Beyond Large-Scale Production』, CRC Press, Original Japanese edition, Toyota seisan hoshiki, published by Diamond, Inc., Tokyo, Japan, 1978.

정을 대폭 간소화시키고, 직접 조립해야 하는 부품의 수와 조립 공정을 크게 줄여 생산성을 높였기 때문에 현재 전 세계 모든 자동차 제조업체가 채택하고 있다.

이처럼 소비자의 주문 이후 생산이 이루어지는 생산방식이 확대되고, 혼류 생산방식 및 모듈 생산방식이 확산되면서 부품 공급방식도 필요한 시점에 필요한 부품을 필요한 곳에 순서에 맞춰 공급하는 JIT(just-in-time) 또는 JIS(just-in-sequence) 공급방식으로 변화하였다. 이런 환경에서 자동차 부품의 보급 업무는 과거 단순한 배송 업무만 수행하던 산업에서 부품의 보관 및 관리뿐만 아니라 생산 순서에 맞춰 필요한 부품을 적기에 생산라인까지 공급하는 업무를 수행하는 전문 분야로 성장하였다.

앞서 설명한 것처럼 경제학적 관점에서 보면 '도급'이라는 거래 형태는, 생산과정에 필요한 물품이나 서비스를 시장에서 안정적으로 조달하기에는 거래비용이 너무 많이 들고 자체적으로 수행하는 것도 효율적이지 못할 경우, 숙련된 경험과 노하우를 가진 타 업체로 하여금 수행토록 하는 합리적인 선택 중 하나이다. 자동차 제조업체들과 부품업체들이 부품의 보급 임무를 위탁하는 도급계약이 전 세계적으로 널리 사용되고 있는 것도 같은 이유이다. 즉, 초기에는 자동차 부품의 특수성 때문에 자동차 부품을 효율적으로 보급하는 업체를 찾는 데 많은 거래비용이 수반되어 부품업체가 불가피하게 직접 보급 업무까지 수행했지만, 자동차 부품 보급에 대한 숙련된 경험과 노하우를 가진 협력업체가 등장하면서 거래비용이 점차 감소하자 해당 협력업체에 부품의 보관, 서열, 불출 등의 전문적인 물류서비스를 위탁하는 계약을 선택하게 된 것이다.

이처럼, 숙련된 협력업체에 부품의 공급, 서열, 불출 및 심지어 일부 조립기능까지 맡기는 도급계약은 탈노동법적 의도를 가지고 노동법의 규제를 잠탈하려는 시도로 탄생한 기형적인 계약 형태가 아니라, 자동차 생산 및 부품 공급방식이 변화한 것에 대응하기 위해 자연스럽게 선택된 거래방식이며 자산의 특수성, 거래비용 및 거래빈도 등을 감안하여 기업과 시장이 선택한 효율적인 계약 형태이다. 그뿐만 아니라 보급 업무의 효율화로 인해 소비자도 과거에 비해 보다 짧은 시간 내에 본인이 원하는 종류의 제품을 저렴한 가격에 구입할 수 있게 되었고, 결과적으로 생산자와 소비자를 포함한 경제 전체의 편익이 증대되었다. 그러나 현재의 노동법은 과거 산업화 시대 경제 환경에 근거한 경직적인 시각을 여전히 가지고 있으며, 이러한 경직적 관점에서 최근 확산되고 있는 새로운 형태의 도급을 바라본다면 이는 도급인이 직접 수행할 수도 있는 업무를 탈노동법적 의도를 가지고 수급인에게 맡긴 것으로 보일 것이다. 즉, 현재의 경직적인 노동법의 관점에서 보면 탈노동법적 의도를 가지고 규제의 빈틈을 악용하는 사례로만 보이게 될 것이다.

이상의 논의를 종합해보면, 최근 도급과 같은 계약 형태가 새로운 영역에 도입되는 가장 근본적인 이유는 기술발전으로 인해 거래비용이 감소하면서 생산 과정의 특정 업무를 전문적인 업체에 맡김으로써 생산 과정 전체의 효율을 높이고 협력업체를 포함한 모든 기업이 경쟁력을 가질 수 있기 때문이다. 즉, 기술발전의 가속화로 인한 거래비용의 감소, 심화하는 글로벌 경쟁 구도 속에서 필연적으로 나타나는 지극히 합리적이고 자연스러운 현상인 것이다. 앞으로 디지털경제가 확산될수록 기업들이 도급을 활용하는 정도는 더욱 심화할 수밖에 없고, 이러한 변화를 과거 근로기준법의 시각에서 탈노동법적 의도를 가진 규제 잠탈적 행위로만 바라본다면 기업과 산업의 발전은 물론, 근로자에 대한 보호 측면 어느 측면에서도 도움이 될 수 없다.

(3) 디지털 전환과 플랫폼 노동의 확산

디지털 전환(Digital Transformation)이 사회·경제적 화두가 되면서 다양한 논의가 지속되고 있다. 특히, 디지털 네트워크를 통해 노동력을 거래하는 형태가 확산되면서 플랫폼 노동 보호 방안에 대한 논의가 널리 진행되고 있다. 그런데 이러한 논의가 진행되고 있는 근본적인 이유는 플랫폼 경제의 확산으로 인해 과거 산업화 시대의 균질적 근로자 집단을 상정하고 있는 근로기준법을 근거로는 명확한 기준을 세우기 어려운 경우가 다수 발생하기 때문이다. 가장 대표적인 사례가 바로 플랫폼 종사자(즉, 플랫폼을 통해 노동력을 제공하는 사람)가 근로기준법상 근로자인지 또는 자영업자인지 구분이 불명확한 것이다. 그러나 이러한 문제가 발생하게 된 근본적인 원인은 다양한 노동력 거래 형태가 등장했음에도 불구하고 현재의 근로기준법으로는 모든 노동력 제공을 근로자 또는 자영업자로 이분할 수밖에 없으며 다양한 종류의 노동력 제공 계약 간의 차이를 반영할 수 없다는 점이다.

우선, 현재 논의되고 있는 플랫폼 종사자의 규모를 추정한 연구를 살펴보면, 김준영 외(2018)[7]의 '플랫폼 경제 종사자 규모 추정'에 의하면 플랫폼을 통해서 일감이나 고객을 구하는 플랫폼 경제 종사자는 2018년 기준 약 47만 명에서 54만 명 수준인 것으로 추정된다. 여기에는 인터넷을 통해 단기 아르바이트 일감을 구한 사람들도 포함된다. 한편, 장지연(2019)[8]에 의하면 온라인 플랫폼을 통해서

7) 김준영 외(2018), '플랫폼경제종사자 규모 추정', 한국고용정보원.

노동이 연결되고 거래되는 경우는 광범위하게 관찰된다. 이 연구에서 "고객이나 일감을 구하기 위해서 웹사이트나 핸드폰 앱 등 온라인 플랫폼을 이용하는 일자리가 있습니까?'라는 질문을 통해 확인한 플랫폼 노동 종사자 규모는 약 183만 명으로 전체 취업자의 약 7.6%에 달한다. 그러나 인터넷을 통해 단순히 일자리 알선(job matching)만 주선하는 경우는 플랫폼이 거래를 주선했다고 판단하기 어렵기 때문에 이러한 경우를 제외하고, 플랫폼을 통해 노동을 거래하는 것이 아니라 상품을 거래하거나 자산을 임대하는 경우도 제외한다면 전체 취업자 중 약 1% 정도인 22만 명이 플랫폼 종사자로 구분된다. 불과 몇 년 전만 해도 플랫폼을 통한 노동력 제공을 상상하기 어려웠던 점을 감안하면 플랫폼 종사자의 규모는 상당히 확대된 것으로 판단된다.

이처럼 플랫폼 종사자의 규모가 확대되고 있는 것은 우리나라만의 현상은 아니다. 미국의 경우, 이미 정시에 출근하고 정시에 퇴근하는 전형적인 일자리를 소위 긱이코노미(gig economy)라고 불리는 새로운 형태의 일자리가 대체하고 있다. 이러한 현상은 기술발전과 밀접히 연관되어 있으며 소위 디지털 유목민(digital nomad)이라 불리는 원격근로의 확산과 연관되어 있다. 또한, 이러한 긱이코노미의 확산은 노동력을 제공하는 사람뿐만 아니라 노동력을 필요로 하는 사람들에게도 유연성을 제공하기 때문에 크게 확대되고 있다. 미국의 경우, 본래의 일자리에 더해 긱이코노미를 통한 추가적 일자리를 가진 사람들이 많기 때문에 긱이코노미의 규모를 추정하는 것은 상당히 어렵다. 그러나 미국 노동통계국(Bureau of Labor Statistics) 및 Upwork의 연구에 의하면 2014년 5,300만 명이던 미국 프리랜서의 규모는 2017년 5,730만까지 증가세를 이어갔고 그 이후 잠시 감소했으나 코로나가 확산된 2020년에는 5,900만 명까지 증가하였다. 즉, 미국 전체 취업자의 1/3이 넘는 규모가 일종의 독립계약자(independent contractor)로서 노동력을 제공하고 있다.

일부에서는 온라인 일자리의 확대 추세가 멈출 것이라고 예상하고 있다[9]. 그러나 이러한 예상은 코로나 확산이라는 새로운 노동시장 환경 변화를 반영하지 못한 결과이며, 전 세계적으로 온라인 일자리의 확산세는 다시 커지고 있다. 영국 옥스퍼드 대학의 The iLabour Project가 발표하는 Online Labour Index에 의하면 노동력을 온라인으로 거래하는 전 세계 상위 5개 온라인 플랫폼 거래 데이터

8) 장지연(2019), '플랫폼 노동 종사자 보호방안 마련을 위한 실태조사', 노동연구원.
9) OECD(2019), OECD Employment Outlook, 2019, OECD.

는 2016년 이후 성장세를 보이다가 2018~2019 기간에는 성장세를 멈춘다. 그러나 코로나가 확산되기 시작하면서 잠시 주춤하던 성장세는 다시 급격히 상승했다. 2016년 5월을 100으로 환산할 경우 2021년 4월에는 192.2까지 상승했고 7월에도 167.3 수준을 유지하고 있다. 이처럼 기술의 발전과 코로나의 확산 등으로 인해 온라인을 통한 노동력의 거래는 크게 증가했다.

[그림 3] 미국 프리랜서 규모

(단위: 만 명)

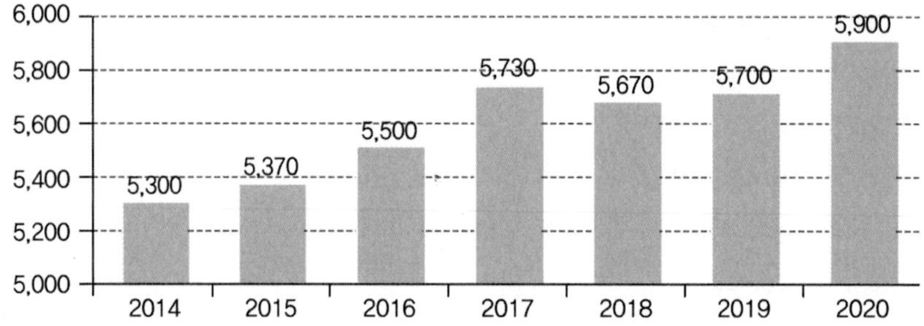

출처: Upwork(2020), 『Freelance Forward 2020: The U.S. Independent Workforce Report』 및 Bureau of Labor Statistics.

[그림 4] 온라인 일자리의 규모(Online Labour Index)

(단위: 2016년 5월 = 100.0)

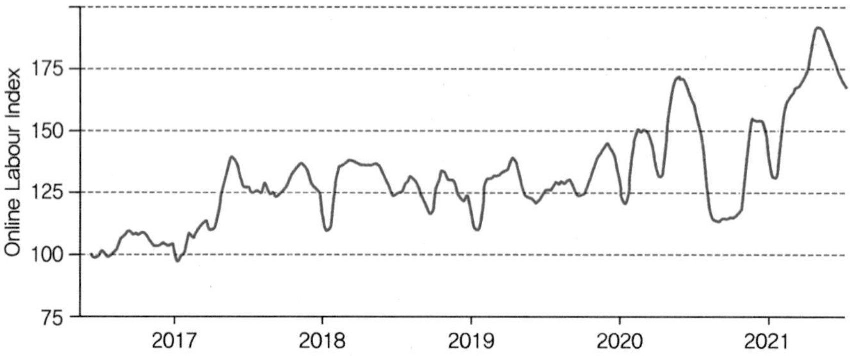

출처: 영국 옥스퍼드대학 "The iLabour Project"(https://ilabour.oii.ox.ac.uk/online-labour-index)
주: Online Labour Index는 전 세계 온라인 일자리 거래의 약 70%를 담당하는 세계 상위 5개의 온라인 노동 플랫폼에 게재된 일자리 자료를 기준으로 계산되었음.

위에서 살펴본 것처럼 정보통신기술을 포함한 각종 기술의 발전으로 인해 시간과 공간의 경계를 넘어 이해관계자들이 연결되고, 이를 통해 노동력을 포함한 다양한 형태의 제품과 서비스가 거래되고 있다. 즉, 디지털 플랫폼이 노동시장에서 일종의 노동수요 및 공급 사이 중개자로서의 역할을 수행하고 있는 것이다. 이처럼 디지털 플랫폼을 통한 노동력의 거래가 확산되면서 다양한 노동법 이슈가 발생하고 있다. 이런 이슈 중 가장 빈번히 논의되는 이슈는 바로 디지털 플랫폼을 통해 일자리 (또는 일거리)를 구하는 사람들을 노동법에서 정의하는 '근로자'로 포섭해야 하는지의 문제이다.

대법원 판례에 따르면 근로기준법상 근로자로 인정되려면 사업 또는 사업장에 임금을 목적으로 종속적인 관계에서 사용자에게 근로를 제공하여야 한다. 그러나 디지털 플랫폼을 통해 노동력을 공급하는 플랫폼 종사자들은 플랫폼을 통해 중개받은 업무를 제공하고 그 대가로 보수를 얻으며 이런 과정에서 플랫폼으로부터 업무 내용에 대한 구체적인 지시를 받지 않는 경우가 대부분이다. 그뿐만 아니라 근무시간 또는 근무장소에 대한 통제도 받지 않는 경우가 많다. 따라서 플랫폼 종사자는 플랫폼 사업자나 플랫폼을 이용하여 노동력을 수요하는 고객(업무위탁자)에 대해 사용종속관계가 없을 가능성이 크기 때문에 근로자성이 있다고 판단하기 어렵다. 또한, 플랫폼 종사자의 노동력 제공방식이 워낙 다양하기 때문에 플랫폼 종사자를 현행 노동법상 근로자로 간주하기에는 많은 부작용이 생길 수밖에 없다.

이런 문제를 해결하기 위해 영국이나 미국 등에서는 근로자성 판단 기준을 정리하는 노력을 기울이고 있다. 영국은 판례법인 보통법(common law)에 근거하여 노무제공자를 통제할 수 있는 권한이 사용자에게 있는지 여부를 기준으로 근로자성을 판단하고자 한다. 미국은 근로자를 사용자에 고용된 자로 정의하고 고용을 "일하는 것을 감수 또는 허용"하는 것을 포함하는 넓은 의미로 해석하여 경제적 실질상 고용되어 있는 자를 근로자로 판단한다. 또한, 최근 소위 'ABC test'라 불리는 기준을 수립하여 사용자의 지배나 감독 하에 있지 않고, 제공하는 서비스가 사용자의 통상적인 사업이 아니며, 노무제공자는 독립적으로 설립한 거래, 업종, 직업 또는 사업에 일상적으로 관여할 경우 근로자가 아닌 독립계약자로 간주한다. 한편, 플로리다, 텍사스, 노스캐롤라이나 등 미국 일부 주에서는 근로자성 판단의 필요성을 근본적으로 배제하기 위해 플랫폼 종사자를 독립계약자로 규정하기도 하며 근로자와 독립계약자 사이에 독립노동자라는 제3의 범주를 신설하는 시도도 있다.

이처럼 기술발전으로 인해 다양한 형태의 노동력 제공방식이 등장하면서 근로기준법을 포함한 현재의 노동법으로는 명확한 구분이 불가능한 근로형태가 등장하였다. 그리고 이러한 문제를 해결하기 위해 다양한 시도가 이루어져 왔으나 결론은 여전히 논란의 중심이 있다. 그러나 이러한 시도가 시사하는 바는 명확하다고 할 수 있다. 과거 균질적 근로자 집단을 전제로 획일적 보호 규정을 적용하고자 했던 현재의 노동법으로는 새롭게 탄생하는 다양한 형태의 노동력 제공방식을 모두 포섭할 수 없으며 포섭해서도 안 된다는 것이다.

2. 기술발전과 일자리 전환의 필요성

사물인터넷(IoT), 클라우드 등 정보통신기술(ICT)의 급진적 발전과 확산은 인간과 인간, 인간과 사물, 사물과 사물 간의 연결을 기하급수적으로 확대시키고 있고, 이를 통해 '초연결성(hyper-connectivity)'이 강화될 전망이다. 또한, 인공지능(AI)과 빅데이터의 연계 및 융합으로 인해 기술 및 산업구조가 '초지능화(Hyper-Intelligent)'되어 갈 것으로 전망된다. 따라서 제4차 산업혁명 하에서는 '초연결성'과 '초지능화'의 특성을 바탕으로 모든 것이 상호 연결되고, 우리 사회는 더욱 지능화된 사회로 변화할 전망이다. 또한, 이러한 디지털 혁명에 기반하여 물리적 공간, 디지털적 공간 및 생물학적 공간의 경계가 희석되는 기술융합의 시대가 도래하고 있는 것이다.

한편, 2016년 1월 다보스 포럼(WEF; World Economic Forum)에서는 이러한 제4차 산업혁명이라는 화두가 제기되면서, WEF는 『The Future of Jobs』[10] 보고서를 통해 제4차 산업혁명으로 인해 일자리 지형에 있어 구조적 변화가 초래될 것으로 전망했다. 즉, 디지털 혁명으로 인해 일하는 방식의 변화가 생길 뿐만 아니라 우리가 알고 있는 일자리의 상당수가 사라지고 현재에는 상상하기 힘든 새로운 일자리가 생겨나면서 노동시장의 큰 충격이 올 것으로 전망했다.

이처럼 4차 산업혁명이 노동시장에 큰 충격으로 다가올 것이란 전망의 근본적인 배경은 자동화 기술 및 컴퓨터 연산기술의 향상을 통해 단순 반복적인 사무행정직이나 저숙련 업무와 관련된 일자리가 사라질 것이기 때문이다. 이러한 전망을 뒷받침하는 옥스퍼드대학 Martin School의 Frey and Osborne(2013)[11] 연구에 의

10) WEF(2016), 『The Future of Jobs: Employment, Skills and Workforce Strategy for the Fourth Industrial Revolution』, World Economic Forum.

11) Frey, C. B. and M. A. Osborne(2013), "The Future of Employment: How Susceptible are

하면 현재 직업의 47%가 20년 이내에 소멸될 것으로 전망된다.

한편, 발전된 기술을 접목한 새로운 일자리도 상당수 탄생할 전망이다. 이는 기술발전으로 인해 기존 일자리를 로봇이나 컴퓨터로 대체하는 자동화의 비용이 급격히 감소할 것이기 때문에 가능하다. GE의 2016년도 보고서에 따르면, 인공지능, 3D프린팅, 빅데이터 및 산업로봇 등 분야에서 200만 개의 새로운 일자리가 생겨나고 그중에서 65%는 기존에는 없는 새로운 직업이 될 것이라 전망된다(소프트웨어공학포털(2017)[12]).

이처럼 제4차 산업혁명은 일자리 측면에서 노동시장에 상당한 충격으로 다가올 것이다. 따라서, 우리나라 노동시장은 이러한 충격을 완화하기 위해 선제적으로 대응할 방안을 모색할 필요가 있다. 아래에서는 제4차 산업혁명이 일자리 소멸과 창출 관점에서 노동시장에 미칠 영향을 우리나라 및 일부 선진국의 사례를 통해 살펴보고자 한다. 또한, 이를 통해 산업화 시대 시각에 고정되어 있는 현재 근로기준법의 변화 필요성 및 새로운 근로계약법 제정 필요성에 대한 시사점을 찾고자 한다.

(1) 4차 산업혁명과 일자리 소멸

지난 20~30년 사이 정보통신기술(ICT)은 엄청난 속도로 발전하였고, 노동시장을 포함한 우리 일상의 일부분이 되었다. 미국의 경우 전화보급률이 10%에서 90%로 성장하는 데 70년이 걸렸지만 스마트폰의 경우에는 불과 8년밖에 걸리지 않은 점을 감안하면 최근 정보통신기술의 확산 속도는 엄청난 수준이라고 할 수 있다.[13]

이러한 변화는 사업장에서도 발생하고 있다. 아래 그림은 근로시간 당 정보통신기술 관련 자본의 사용량을 나타낸다. 그림에서 볼 수 있듯이 1995년 이후 20년 만에 모든 국가에서 정보통신기술 자본의 사용량은 상당한 증가세를 보였다. 상대적으로 정보통신기술 자본의 사용이 낮은 프랑스의 경우에도 3배가량 증가했으며[14], 비교 국가 중 미국(568.33) 및 덴마크(607.95)는 6배에 가까운 증가세를 보였다. 한편, 제조업에서 주로 활용되는 산업로봇의 보급 역시 상당히 빠른 속도

Jobs to Computerisation?", Oxford Martin School Working Paper.

12) 소프트웨어공학포털, 「이슈 트렌드 연구 – 4차 산업혁명과 비즈니스의 변화」, 『2016호 웹진: 공학트렌드』, 2017. 3. 17.

13) Deloitte(2017), Smart everything, everywhere: Mobile consumer survey 2017.

14) 그림에는 없지만 2015년 기준 이탈리아도 프랑스와 비슷한 302.64를 기록했다.

로 진행되고 있다. 아래 그림에서 보는 것처럼 2009년 전 세계에서 사용 중인 산업로봇은 102만 대 정도였으나 그 이후 연평균 7~8%의 성장을 거듭해 2013년에는 133만대에 이르렀다. 그러나 그 이후 증가세가 더욱 높아지면서 연평균 10% 이상의 성장세를 지속했고 2019년 기준 전 세계에서 사용 중인 산업로봇의 규모는 약 272만 대에 달한다. 이처럼 산업용 로봇이 증가하면서 생산시설에서 자동화가 빠르게 진행되고 있으며 소비자를 직접적인 상대하는 산업에서도 자동화가 빠른 속도로 진행되고 있다. 결국, 산업로봇의 광범위한 보급은 일자리가 컴퓨터나 기계에 의해 대체될 가능성이 급격히 증가했음을 의미하기도 한다.

[그림 5] 노동시간당 정보통신기술 자본량

(단위: 1995년 = 100.0)

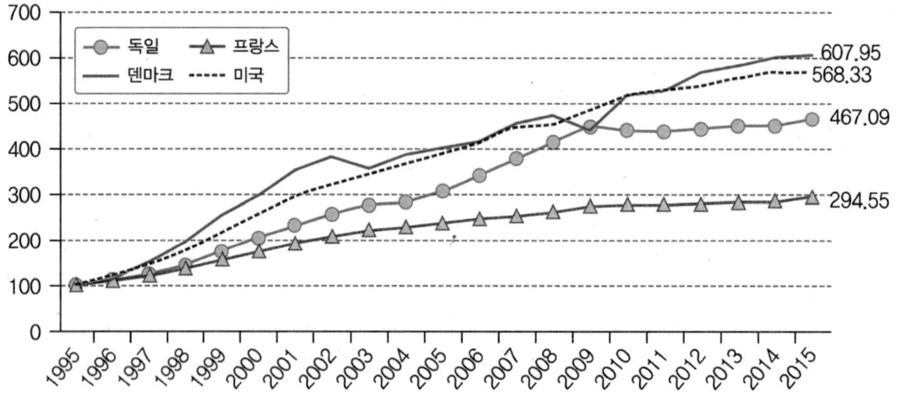

출처: EU KLEMS growth and productivity accounts, World KLEMS; OECD Employment Outlook (2019)에서 재인용.

[그림 6] 사용 중인 산업로봇의 양 및 증가율

(단위: 천 대, %)

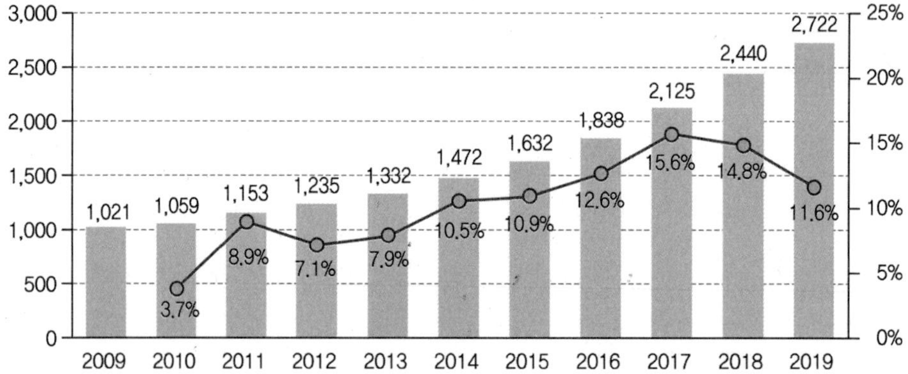

출처: IFR Press Conference, International Federation of Robotics(IFR), https://ifr.org/

정보통신기술을 포함한 다양한 기술발전으로 인해 기계나 컴퓨터로 일자리를 대체하는 것이 점차 쉬워지고 있다. 따라서 기술발전이 일자리에 미치는 영향에 대한 연구도 활발히 진행되고 있으며, 미래 일자리 규모에 대한 현재까지의 연구들에는 낙관적인 견해와 비관적인 견해가 존재한다. 낙관적인 견해의 경우, 기술진보로 인해 사라지는 일자리도 있지만 새로운 일자리도 항상 생겨온 점을 강조하고 있다. 가장 대표적인 연구는 Autor(2015), Dorn(2015), Mokyr, Vickers, and Ziebarth(2015) 등이며 이들 연구는 인류의 역사적 경험을 살펴본 결과, 그간의 기술진보는 기존 일자리 대체와 함께 새로운 일자리 창출을 동시에 이루었다는 점을 강조하고 있다. 따라서, 자동화 등 제4차 산업혁명이 미래 일자리에 미칠 영향에 대해 크게 우려하지 않는다.

한편, 비관적 견해의 경우, 기술진보는 항상 빠른 속도로 발생하며, 이에 대해 적시에 적응하는 것이 어렵기 때문에 새로운 일자리를 만드는 것이 용이하지 않을 것이라고 본다. Brynjolfsson and McAfee(2014), McAfee(2015) 및 Pratt(2015)은 현재 우리가 경험하고 있는 기술진보는 과거와는 달리 상상을 초월하는 속도로 진행되고 있다는 점을 강조했고 초연결성의 확산, 디지털화의 가속화로 엄청난 양의 정보가 활용 가능하다는 점이 기술진보의 속도를 더욱 빠르게 할 것이기 때문에 과거와 달리 적시에 기술진보에 적응하는 것이 불가능할 것이며 새로운 일자리를 만드는 것이 용이하지 않을 것이라고 보고 있다. 즉, 기술진보로 인한 일자리 소멸이 새로운 일자리 창출을 크게 능가하면서 인류는 제4차 산업혁명과 함께 일자리 위축을 경험할 것이란 비관적인 견해를 제시하고 있다.

기술발전으로 인한 일자리 위축에 대해서는 낙관적 견해와 비관적 견해 모두가 있지만, 두 견해의 공통된 점은 현재와 같이 기술발전 초기에는 기술발전에 빨리 적응하지 못하는 국가나 노동력이 존재하기 때문에 일자리 위축이 발생할 수밖에 없다는 점이다. 즉, 비록 장기적으로 새로운 일자리가 생기면서 전체 일자리 규모는 증가할 수 있지만 초기에는 불가피하게 일자리 위축이 발생할 수밖에 없다는 것이다.

한편, 비관적인 견해를 가진 연구자들은 기술발전 초기에는 과연 어떤 일자리들이 사라질 것인지에 대한 연구를 진행했다. 특히, 이들의 연구는 루틴화 가설(routinization hypothesis)에 근거하고 있는데, 이 가설에 의하면 반복적 업무가 많은 일자리는 컴퓨터로 대체될 가능성이 크다. Autor, Levy, and Murnane(2003) 연구에 의하면 사전에 프로그래밍이 가능한 반복적 업무가 많은 일자리는 IT 기술진보 및 컴퓨터 성능 향상으로 인해 컴퓨터로 대체될 가능성이 큰 것으로 나타났다. Acemoglu & Autor(2010)의 연구에 의하면 기술이 발달하면서 루틴화가 용이한 직종군의 일자리 비중은 1990년대 이후 지속적으로 감소하였다. 즉, 이는 기술발전으로 인해 루틴화가 가능한 일자리가 컴퓨터 등에 의해 대체되고 있음을 의미하는 것이다. 예를 들어, 생산직이나 설비조작원, 사무직・판매직 등의 경우 고용에서 차지하는 비중은 지속적으로 감소해 왔고 전문직・관리직・기술직의 고용 비중은 증가하고 있는 점을 감안하면 기술발전으로 인해 루틴화가 용이한 일자리가 우선적으로 사라질 것으로 전망할 수 있다.

그렇다면 과연 어느 정도의 일자리가 자동화 등에 의해 대체될 것인가가 상당히 중요한 문제로 부각된다. Frey and Osborne(2013)은 개별 직업에 대해 컴퓨터에 의한 자동화로 일자리가 대체될 가능성을 정량적으로 계산하였다. 이들 연구에 의하면, 미국 전체 일자리 중 47%가 컴퓨터로 대체될 확률이 70% 이상인 고위험군 직업이다. 또한 기술발전으로 대체 가능한 일자리의 범위가 증가하고 있음도 확인했다. 예를 들어, 육체적이지만 반복적이지 않기 때문에 자동화로 대체될 가능성이 작았던 트럭 운전도 이제는 자율주행차의 등장으로 고위험군에 속하게 되었다. 또한, 정신적인 측면이 강하기 때문에 자동화로 대체될 가능성이 작았던 법률서류 작성과 같은 일부 사무업무조차도 기술발전으로 고위험군에 속하게 되었다.

Frey and Osborne(2013)의 연구에서 발췌한 아래 표에서 보는 것처럼 제조업과 서비스업을 불문하고 상당히 많은 종류의 직업들이 기술발전으로 인한 일자리 대체 위험에 크게 노출되어 있으며 일자리 위축이 급격하게 발생하지 않도록 신속히 대응할 필요가 있다.

[표 1] 자동화에 의한 일자리 대체 고위험 직업

일자리 대체 가능성 순위 (총 702개 직종)	직업	대체 확률
702	전화통신판매원	0.99
697	시계수리공	0.99
687	주문접수직원	0.98
677	신용분석가	0.98
657	계산원	0.97

629	일반사무직	0.96
606	방문판매원	0.94
604	호텔데스크직원	0.94
588	산업용트럭기사	0.93
577	컨베이어조작공	0.93
554	전기전자장치조립공	0.91
551	기계도구공	0.91
546	여행가이드	0.91
536	크레인기사	0.90
531	택시운전사	0.89
525	버스운전사	0.89
496	금속절단공	0.86
494	지하철운전자	0.86
478	경비원	0.84
449	엔진조립원	0.82
439	이발사	0.80
431	대형트럭운전자	0.79
427	프레스기계조작원	0.78
401	행정서비스관리자	0.74
390	건설노동자	0.71
387	항공기엔지니어	0.71
384	타이어수리공	0.70

출처: Frey & Osborne(2013).
주: 일자리 대체 가능성 순위는 역순위임. 즉, 702위인 전화통신판매원은 일자리 대체 가능성이 가장 큰 직업임.

한편, 개별 직업이 가지는 업무(task)의 내용을 파악하고 이를 통해 개별 직업이 일자리 대체에 얼마나 노출되어 있는지를 살펴본 Arntz, Gregory and Zierahn(2016)[15] 및 Nedelkoska and Quintini(2018)[16]의 연구에 의하면 OECD

15) Arntz, M., T. Gregory and U. Zierahn(2016), "The Risk of Automation for Jobs in OECD Countries: A Comparative Analysis", OECD Social, Employment and Migration Working Papers, No. 189.
16) Nedelkoska, L. and G. Quintini(2018), "Automation, skills use and training", OECD

국가 일자리 중 자동화로 인해 대체될 가능성이 70% 이상인 고위험군이 전체 일자리의 평균 14%를 차지한다. 또한, 대체 가능성이 50~70%에 이르러 수행하는 업무에 상당한 변화가 예상되는 일자리도 31.6%에 달한다. 따라서, OECD 평균적으로 보면, 전체 일자리 중 절반에 가까운 45.6%의 일자리가 자동화로 인해 대체 가능성에 상당히 노출되어 있다. 한편, 이 연구에 의하면 우리나라는 OECD 평균과 유사한 상황인 것으로 추정된다. 전체 일자리 중 10.4%가 고위험군에 속하고 32.8%가 상당한 위험에 처해 있기 때문에 전체 일자리 중 약 43.2%가 자동화 위험에 크게 노출되어 있는 것이다.

[그림 7] 자동화로 인해 대체될 가능성이 큰 일자리 비중

(단위: %)

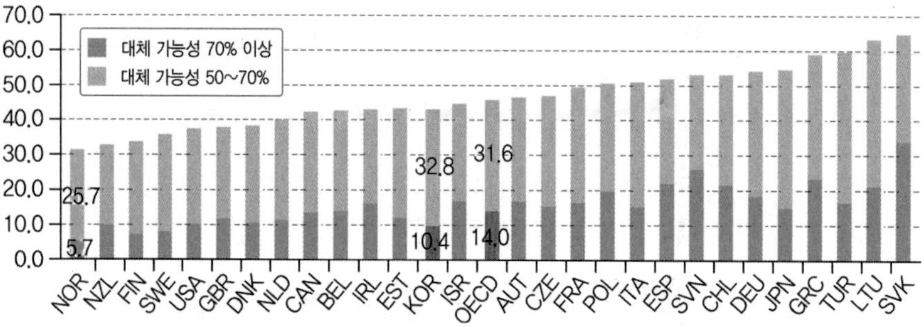

출처: OECD Employment Outlook 2019, OECD.

한편, 우리나라의 일자리가 자동화로 인해 대체될 가능성이 우려한 것만큼 높지 않지만 앞으로 빠른 속도로 변화할 것이란 예측도 가능케 하는 자료도 있다. 일반적으로 자동화로 일자리가 대체되는 속도는 자동화에 의한 노동비용 절감 크기에 의존한다. 또한, 노동사용에 대한 규제가 강할수록 노동비용은 커진다. 따라서 우리나라처럼 노동규제가 강하고 노동비용이 높은 경우 자동화 도입 속도는 더욱 빠를 것으로 예상된다. 아래 그림은 2025년까지 자동화로 절약 가능한 노동비용의 비중을 나타낸다. 놀라운 점은 노동에 대한 규제가 높고 상대적으로 노동비용이 높은 우리나라의 경우 자동화로 절약 가능한 노동비용이 미국, 일본 등 비교 가능한 16개 나라 중에서 제일 크다는 점이다. 아래 그림에 의하면 인도나 인도네시아의 경우 자동화로 절약 가능한 노동비용은 거의 없다. 이는 자동화를 위한 기반이 조성되지 않은 점도 반영하지만, 노동비용이 워낙 낮기 때문에 자동

Social, Employment and Migration Working Papers, No. 202.

화로부터 얻을 수 있는 실익이 없기 때문이다. 반면, 노동비용이 높고 노동사용에 대한 규제가 강한 우리나라는 전체 노동비용의 33%나 절약 가능한 것으로 추정된다. 따라서, 우리나라는 자동화 도입이 어느 나라보다도 빠를 것으로 예상되며, 이로 인해 사라질 위기에 처한 일자리도 빠르게 증가할 것으로 예상된다.

[그림 8] 자동화로 2025년까지 절약 가능한 노동비용

(단위: %)

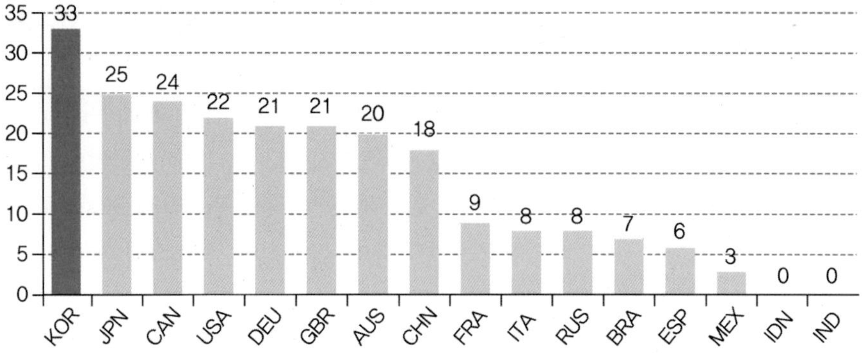

출처: “The Shifting Economics of Global Manufacturing: How a Takeoff in Advanced Robotics Will Power the Next Productivity Surge”, The Boston Consulting Group, 2015.

아래에서는 Frey and Osborne(2013)의 연구를 바탕으로 과연 우리나라의 일자리 대체 가능성이 산업별로 어느 정도인지 추정하고 자동화에 의해 대체될 일자리의 규모도 산업별로 추정해 보고자 한다. 이러한 추정은 각 산업에서 자동화에 의해 일자리가 대체될 가능성이 큰 직종의 비중을 구해 산업별 일자리 대체 위험성을 파악하는 방식을 취한다. 아래에서는 자동화에 의해 일자리가 사라질 확률을 OECD 연구와는 달리 세분화하여 대체 확률 70%~80%를 고위험군으로 정의하고 80% 이상을 최고위험군으로 정의하고자 한다. 최고위험군에는 제조업과 연관이 큰 장치, 기계조작 및 조립 종사자와 서비스업과 연관이 큰 판매 종사자가 포함되며 위험군에는 단순노무 종사자, 사무종사자와 기능원 및 관련 기능 종사자가 포함된다.

김세움(2015)[17]으로부터 구한 직종별 컴퓨터 고용 대체 확률과 고용형태별근로실태조사 임금구조부문 원자료를 활용하여 구한 산업별 취업자의 직종별 비중을 결합하여 각 산업의 일자리가 어느 정도 컴퓨터에 의한 고용 대체에 노출되어 있

17) 김세움(2015), 「기술진보에 따른 노동시장 변화와 대응」, 정책연구 2015-05, 한국노동연구원.

는지 추정한 결과, 우리나라 전체 일자리 중 약 23.1%가 자동화로 인해 일자리가 대체될 가능성이 80% 이상인 최고위험군에 속하는 것으로 추정된다. 최고위험군 비중은 제조업이 43.3%이며 서비스업은 이보다 훨씬 낮은 15.6%이며, 이처럼 제조업이 자동화 위험에 노출된 일자리가 많은 근본적인 이유는 제조업 전체 일자리 중 40.0%가 대체 확률이 0.806인 장치, 기계조작 및 조립 종사자이기 때문이다. 반면, 서비스업의 경우 대체 확률이 0.978이나 되는 판매종사자의 비중은 7.8%에 불과하고 상대적으로 대체 확률이 0.366으로 낮은 전문가 및 관련 종사자의 비중이 32.4%나 되기 때문에 최고 위험군의 비중이 15.6%에 머무르고 있다.

산업별로 살펴보면, 자율주행이 점차 현실화되면서 운수업의 최고 위험군 비중이 무려 49.5%에 달하고, 자동화가 가능하고 가치판단의 가능성이 낮은 반복적 업무가 주를 이루는 하수·폐기물 처리, 원료재생 및 환경복원업이 37.6%로 높은 수준을 보였다. 한편, 서비스업 평균은 15.6%에 그치지만 서비스업 중에서 단순 반복적이고 자동화가 가능한 도매 및 소매업이 34.4%를 기록한 것도 주의 깊게 살펴보아야 할 점이다. 이는 최근 우리 주변에 키오스크를 활용한 소매점이 크게 증가한 점을 감안하면 자연스러운 추정 결과라고 할 것이다.

[표 2] 산업별 일자리 대체 고위험군 비중

(단위: %)

산업분류	산업명(산업분류)	최고 위험군 (p>0.8)	위험군 (0.7<p<0.8)	그 외 (p<0.7)
	전 산업	23.1	43.1	33.8
C	제조업(10~33)	43.3	40.8	16.0
	서비스업(35~96, 건설업 제외)	15.6	42.9	41.5
D	전기, 가스, 증기 및 수도사업(35~36)	27.9	45.3	26.8
E	하수·폐기물 처리, 원료재생 및 환경복원업(37~39)	37.6	47.5	14.9
F	건설업(41~42)	6.9	59.5	33.7
G	도매 및 소매업(45~47)	34.4	49.9	15.7
H	운수업(49~52)	49.5	41.7	8.8
I	숙박 및 음식점업(55~56)	6.8	38.9	54.2
J	출판, 영상, 방송통신 및 정보서비스업(58~63)	4.2	30.7	65.1
K	금융 및 보험업(64~66)	3.4	78.1	18.6

L	부동산업 및 임대업(68~69)	16.3	76.8	6.9
M	전문, 과학 및 기술 서비스업(70~73)	5.5	36.3	58.1
N	사업시설관리 및 사업지원 서비스업(74~75)	21.1	62.8	16.0
P	교육 서비스업(85)	3.1	29.3	67.6
Q	보건업 및 사회복지 서비스업(86~87)	2.6	16.7	80.7
R	예술, 스포츠 및 여가관련 서비스업(90~91)	8.9	47.8	43.3
S	협회 및 단체, 수리 및 기타 개인 서비스업(94~96)	7.0	50.5	42.5

출처: 『고용형태별근로실태조사 임금구조부문』 자료에 근거한 필자의 계산.
주: 농업, 임업 및 어업(01~03), 광업(05~08), 가구내 고용활동 및 달리 분류되지 않은 자가소비 생산활동(97~98), 공공행정, 국방 및 사회보장 행정(84) 및 국제 및 외국기관(99)은 분석에서 제외.

[그림 9] 우리나라 산업별 일자리 대체 최고 위험군 비중

(단위: %)

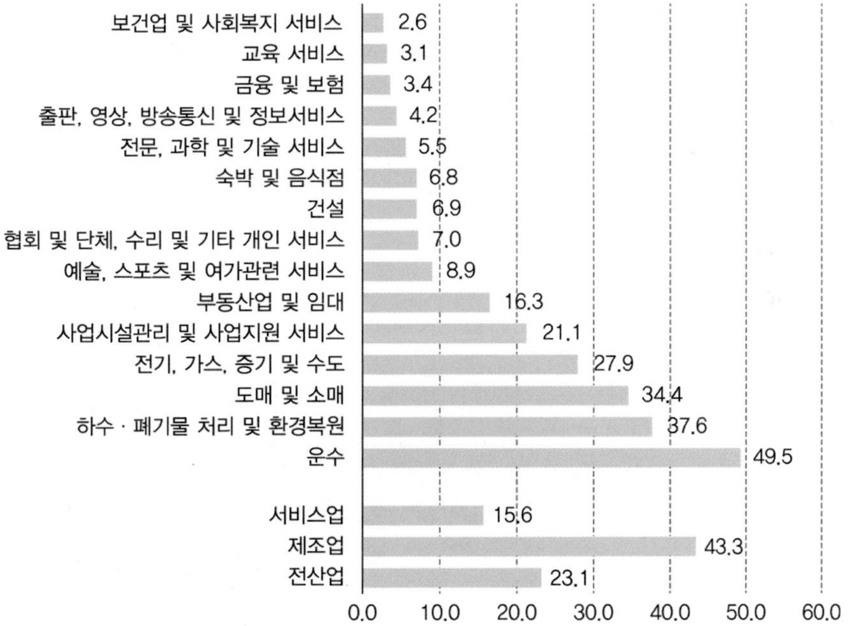

출처: 2019년 『고용형태별근로실태조사 임금구조부문』 자료에 근거한 필자의 계산.

이상에서 살펴본 것처럼 우리나라 일자리 중 상당한 규모가 기술발전에 의한 자동화로 기계나 컴퓨터에 의해 대체될 위험에 처해 있다. 아래에서는 좀 더 구체적으로 각 산업별로 자동화 등으로 인해 사라질 수 있는 일자리의 평균적인 규모를 추정하고자 한다. 우리나라 전체 일자리 중 4차 산업혁명으로 인해 확률상

사라질 수 있는 일자리는 특정 산업에서 사라질 수 있는 일자리의 합이며 특정 산업에서 사라질 수 있는 일자리는 각 산업의 총 일자리 규모에 특정 산업의 평균 일자리 대체 확률을 곱해 추정 가능하다. 따라서, 본 연구에서 ‘사라질 일자리의 규모’라는 의미는 일자리 대체에 의해 실제 사라지고 있는 일자리 규모로 해석하기보다는 ‘확률상’ 사라질 수 있는 일자리의 규모라고 해석하는 것이 바람직하다. 이러한 분석은 각 산업별로 실제 영향을 받는 일자리의 규모를 추정함으로써 4차 산업혁명이 일자리에 미치는 영향을 간접적으로나마 추정할 수 있는 방법으로 판단된다.

2019년 기준 우리나라 전체 일자리[18] 2,455만 개 중에서 자동화에 의한 일자리 대체로 인해 확률상 사라질 것으로 예상되는 일자리는 전체 일자리의 64.4%에 해당하는 약 1,580만 개로 추정된다. 이 중 약 19.9%에 달하는 315만 개는 제조업 일자리며 70.5%에 해당하는 1,115만 개는 서비스업 일자리이다. 한편, 산업별로 보면, 일자리 규모도 크고 일자리 대체 가능성도 높은 도매 및 소매업에서는 약 274만 개의 일자리가 사라질 위기에 처해 있다. 또한, 숙박 및 음식점업(143만

[그림 10] 우리나라 산업별 일자리 대체 규모

(단위: 천 개)

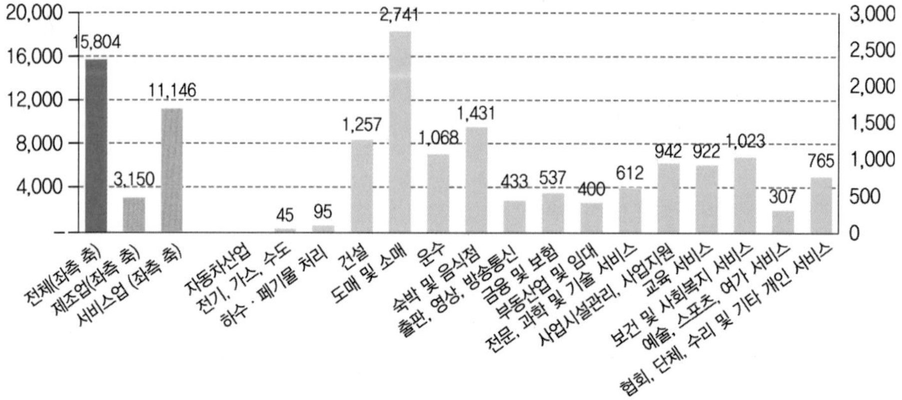

출처: 『고용형태별근로실태조사 임금구조부문』 및 『경제활동인구조사』 자료에 근거한 필자의 계산.
주: 기존의 분석과 동일한 구조를 유지하기 위해 농업, 임업 및 어업(01~03), 광업(05~08), 가구내 고용활동 및 달리 분류되지 않은 자가소비 생산활동(97~98) 공공행정, 국방 및 사회보장 행정(84) 및 국제 및 외국기관(99)은 분석에서 제외.

---

18) 『경제활동인구조사』 상 2019년 취업자는 약 2,712만 명이다. 그러나 앞선 분석과 동일한 구조를 유지하기 위해 임업 및 어업(01~03), 광업(05~08), 가구내 고용활동 및 달리 분류되지 않은 자가소비 생산활동(97~98), 공공행정, 국방 및 사회보장 행정(84) 및 국제 및 외국기관(99)은 분석에서 제외하였다. 따라서 나머지 산업의 전체 일자리는 약 2,455만 개가 된다.

개), 건설업(126만 개) 운수업(107만 개) 및 보건 및 사회복지서비스업(102만 개)에서 약 478만 개의 일자리가 사라질 위험에 처해 있다.

(2) 고용보호와 일자리 전환 가능성

4차 산업혁명으로 인해 전체 일자리가 크게 위축될 것이란 비관적인 견해를 가진 학자뿐만 아니라 일자리가 과도히 축소되지는 않을 것이란 낙관적인 견해를 가진 학자들에 의하면 전체 일자리 위축을 최소화하고 일자리 구성이 변화하는 동안의 부작용을 최소화하기 위해서는 일자리에서 일자리로의 이동이 원활해야 하며 이를 위해서는 4차 산업혁명으로 인해 위축되는 일자리로부터 적절한 수준의 인력 감축이 가능해야 한다. 또한, 이러한 인력 감축이 저학력 또는 저기술 노동력에 과도한 부담으로 작용하지 않고 사회적으로 과도한 비용을 초래하지 않고 수용 가능한 수준에서 이루어지기 위해서는 각종 직장 내 훈련, 전직 훈련 등이 절실하다. 위에서 살펴본 것처럼 우리나라를 포함한 다수의 국가에서 기술발전으로 인해 많은 일자리가 사라질 위기에 처해 있다. 따라서 이런 위기가 초래할 각종 부작용을 최소화하기 위해서는 제도적인 측면에서 전직을 포함해 일자리에서 일자리로의 전환이 용이하게 이루어질 수 있는 환경이 조성되어야 한다.

제4차 산업혁명에 의한 일자리 대체에 적극적으로 대응하기 위해서는 기존의 일자리 중 대체가 가능한 일자리를 가급적 빨리 대체하여야만 새로운 일자리 창출이 가능하다. 예를 들어, 자동차산업의 경우 내연기관 생산과 관련된 기존의 일자리가 대체되지 않는 한 전기차 생산을 위한 새로운 일자리가 생기는 것은 제한을 받을 수밖에 없다. 한편, 일반적으로 고용보호가 강할수록 고용조정이 불가능하거나 고용조정에 상당한 비용이 수반되기 때문에 고용조정이 느리게 발생한다. 따라서, 아래에서는 최근 대폭 수정된 OECD의 고용보호지수(Employment Protection Legislation index; EPL index)를 통해 고용조정이 상대적으로 어려운 정규직을 중심으로 우리나라의 고용보호 정도를 파악하고, 4차 산업혁명에 대응하여 일자리 전환을 위한 노동시장의 여건이 우리나라에 조성되어 있는지 가늠하고자 한다.

OECD의 정규직의 고용보호지수(EPL index)는 해고 절차 및 보상금과 관련된 법적 규정의 존재 여부 등을 기준으로 정규직 고용 보호 정도를 평가하며 수치가 높을수록 고용 보호가 엄격함을 의한다. OECD에서는 이러한 정규직의 고용 보호 정도를 개별해고(individual dismissals) 및 집단해고(collective dismissals) 두 지표의 가중평균을 통해 정량화하고 있다. 개별해고 및 집단해고의 두 지표는 아래 표에 있는 정규직 근로자 해고 절차상 난이도, 사전통보기간 및 해고보상금, 부당해고에 대한 규제, 부당해고에 대한 규제의 강제집행 정도의 4가지 하위 지표를 개별해고와 집단해고 경우에 대해 각각 평가한 뒤 가중평균으로 구한다. 이와 마찬가지 방식으로 해고 절차상 난이도, 사전통보기간 및 해고보상금, 부당해고에 대한 규제, 부당해고에 대한 규제의 강제집행 정도 역시 해당 범주에 속하는 하위 개별지수의 가중평균으로 구한다.

[표 3] OECD 정규직 고용보호지수의 구성 요소

상위 범주	하위 범주
절차상 난이도 (Procedural requirements)	통보 절차(Notification procedures)
	통보 전 소요 시간(Time delay before notice can be given)
통보 및 해고보상금 (Notice and severance pay)	사전통보기간(Length of notice period)
	해고보상금 규모(Amount of severance pay)
부당해고에 대한 규제 (Regulatory framework for unfair dismissals)	부당해고의 정의(Definition of unfair dismissal)
	사법 판단에 소요되는 시간(Length of trial period)
	부당해고 후 제공되는 보상(Compensation to the worker following unfair dismissal)
	부당해고 후 복직 가능성(Possibility of reinstatement following unfair dismissal)
부당해고에 대한 규제의 강행 정도 (Enforcement of unfair dismissal regulations)	부당해고 구제 신청 가능 기간(Maximum time to make a claim of unfair dismissal)
	부당해고 구제 신청 시 근로자에 대한 증거 제시 의무(Burden of proof when the worker files a complaint for unfair dismissal)
	외부 기관이 해고의 정당성을 입증할 경우 부당해고 구제 신청이 제한되는지 여부(Ex-ante validation of the dismissal by an external authority)
	사임 또는 상호 동의 하에 퇴직할 경우 해고와 동일하게 실업급여를 신청할 수 있는지 여부(Pre-termination resolution mechanism granting unemployment benefits)

출처: OECD(2020), 『OECD Employment Outlook 2020』, OECD.
주: 위 지수들을 개별해고 및 집단해고 경우에 대해 평가하고 가중평균을 적용해 전체 지수를 산출함.

우선, OECD의 고용보호지수로 평가한 우리나라 정규직의 고용 보호 정도는 OECD 평균과 유사한 수준인 것으로 나타났다. 아래 그림에서 보는 것처럼 2019년 기준 한국의 정규직 고용보호지수는 2.35로 OECD 평균 2.31과 유사한 수준이며 37개국 중 18위로 중간 순위를 차지했다. 정규직 고용 보호 수준은 미국(1.31), 스위스(1.61), 캐나다(1.68), 호주(1.70) 등이 낮고 포르투갈(2.87), 네덜란드(2.87), 터키(2.95), 체코(3.03) 등이 높은 수준이며, 한국과 유사한 수준을 나타내는 국가로는 독일(2.33), 칠레(2.34), 노르웨이(2.37), 폴란드(2.39) 등이 있다.

[그림 11] OECD 국가의 정규직 고용보호

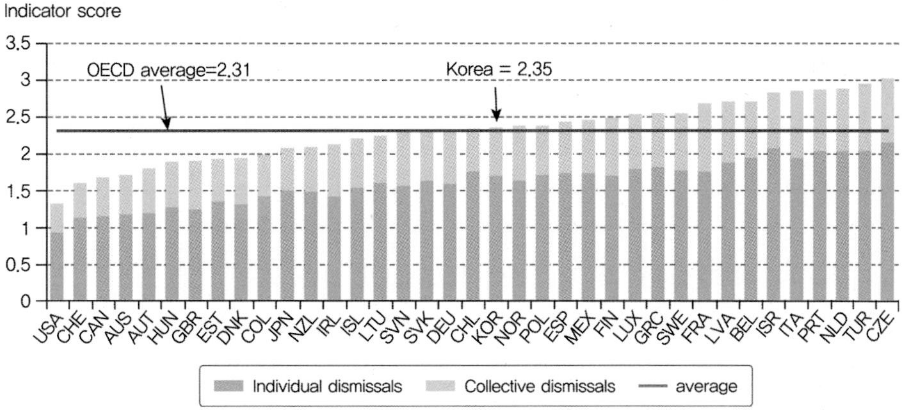

자료: stats.oecd.org

한편, 정규직의 고용보호지수 중 '개별해고'에 대한 고용보호지수를 살펴보면 [그림 12]에서 보는 것처럼 미국(0.93), 스위스(1.12), 캐나다(1.15), 호주(1.18), 오스트리아(1.19) 등이 낮은 수준이며 네덜란드(2.04), 포르투갈(2.04), 이스라엘(2.08) 및 체코(2.16)가 높은 수준을 기록하고 있다. 한국은 정규직의 고용보호지수 중 '개별해고'에 대한 고용보호지수가 1.69를 기록하여 37개국 17위로 OECD 평균(1.61) 수준이며, 한국과 유사한 수준의 고용보호를 보이는 국가로는 핀란드(1.69), 폴란드(1.71), 슬로바키아(1.63) 및 노르웨이(1.62)가 있다.

[그림 12] 정규직 개별해고에 대한 고용보호지수

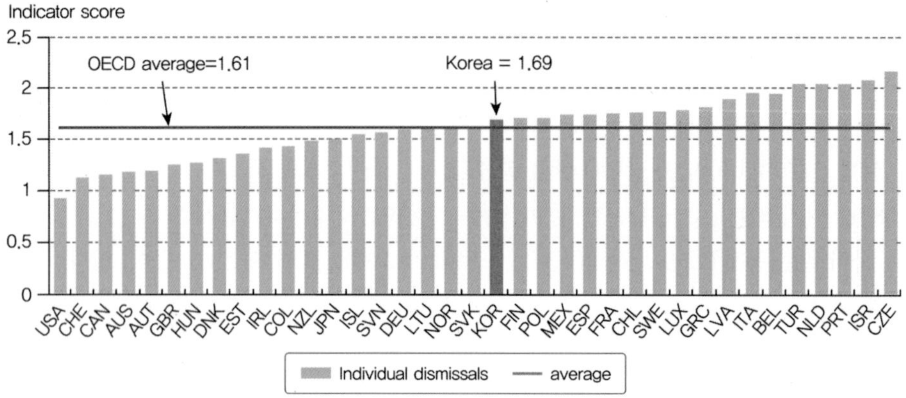

자료: stats.oecd.org

한편, 개별해고에 대한 고용보호지수의 항목 중 하나인 절차상 난이도(procedural requirements) 부문에서는 해고시 공공기관(Public Employment Service)이나 지역법원(Sub–district Court)의 승인을 필요로 하는 네덜란드(4.167)가 가장 엄격하고, 그 뒤를 이어 체코(3.833) 및 슬로바키아(2.833)가 있다. 사전 또는 해고시 근로자에게 해고의 사유를 제시할 의무가 없는 미국(0.687)이나 캐나다(0.687)의 경우 개별해고에 대한 절차상 난이도 부문에서 가장 고용 보호가 낮은 것으로 평가되며, 그 뒤를 이어 일본(0.833) 및 아이슬란드(1.000)가 낮은 수준을 기록하고 있다. 아래 그림에서 보는 것처럼 개별해고에 대한 절차상 난이도 부문에서 한국은 2.167을 기록해 OECD 평균 1.772보다 높은 수준이며 비교 가능한 37개국 중 폴란드

[그림 13] 정규직 개별해고 중 절차상 난이도

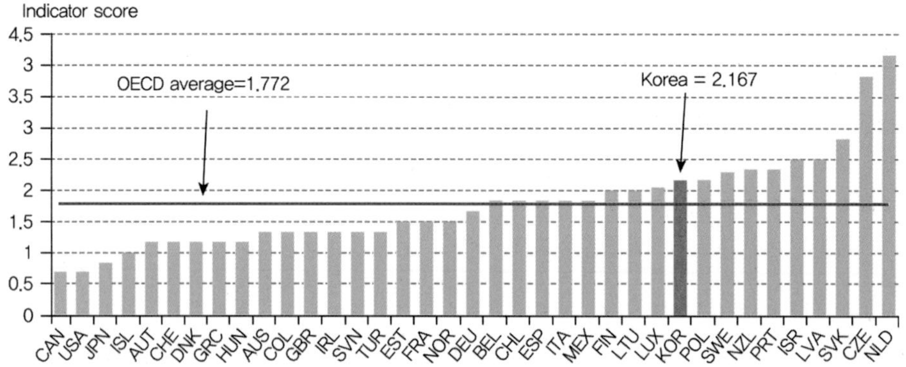

자료: stats.oecd.org

(2.167)와 함께 9위를 기록하고 있으며 리투아니아(2.000), 룩셈부르크(2.053), 스웨덴(2.293)과 유사한 수준으로 중상 이상의 난이도를 보여 고용 보호가 엄격한 편이다.

정규직 개별해고의 구성 지표 중 두 번째인 '사전통보 및 해고보상금 수준'을 살펴보면, 우리나라는 1.00에 불과해 OECD 국가 중에서 미국(0.00), 뉴질랜드(0.50), 캐나다(0.82)에 이어 독일(1.00), 핀란드(1.00) 및 일본(1.00)과 함께 낮은 수준을 기록하고 있다(아래 그림의 Korea 참조). 그러나 OECD(2013)[19] 의하면, 사전 통보 및 해고보상금 부문에서 우리나라의 정규직 고용 보호가 상당히 낮은 이유는 해고보상금제도가 없고 실질적으로 해고보상금의 역할을 하는 퇴직금이나 퇴직위로금(명예퇴직금 또는 조기퇴직위로금 등)을 반영하지 않았기 때문이다.

이러한 점을 반영하여 우리나라 정규직의 개별해고의 구성 지표 중 두 번째인 '사전 통보 및 해고보상금 수준'을 다시 살펴보기 위해 이스라엘과 터키의 사례를 살펴보고자 한다. 이스라엘과 터키는 해고 근로자에게 근무기간 1년당 1개월 치 임금을 지급하는 해고보상금제도를 운영하고 있어 우리나라 퇴직금제도와 거의 동일하며, OECD 사전 통보 및 해고보상금 평가상 고용보호가 높은 것으로 평가되고 있다. 우리나라의 경우 통상해고가 실질적으로 불가능한 상황에서 정년퇴직뿐만 아니라 명예퇴직 또는 조기퇴직시 퇴직금은 반드시 지불하여야 하며 추가로 해고보상금의 역할을 하는 퇴직위로금을 지급하는 것이 관행이다. 즉, 퇴직금과 퇴직위로금이 실질적으로 해고보상금의 역할을 하는 것이다. 기업별로 큰 차이를 보이는 퇴직위로금 대신 1년 근무에 대해 1개월의 급여를 지급해야 하는 퇴직금을 OECD가 이스라엘 및 터키에 적용한 방식과 동일하게 적용할 경우, 우리나라 정규직의 개별 해고에 대한 고용 보호 중 사전통보 및 해고 보상금 정도는 OECD 37개국 중 5위로 상승한다(아래 그림의 Korea 2 참조). 즉, 우리나라에서 해고보상금의 역할을 하는 퇴직금을 고려할 경우 정규직 개별 해고의 구성 지표 중 두 번째 지표인 '사전통보 및 해고보상금' 정도는 실질적으로 37개국 중 5위로 상당히 높은 편이다.

19) OECD(2013), OECD Employment Outlook 2013, OECD.

[그림 14] 정규직 개별 해고 중 사전통보 및 해고보상금

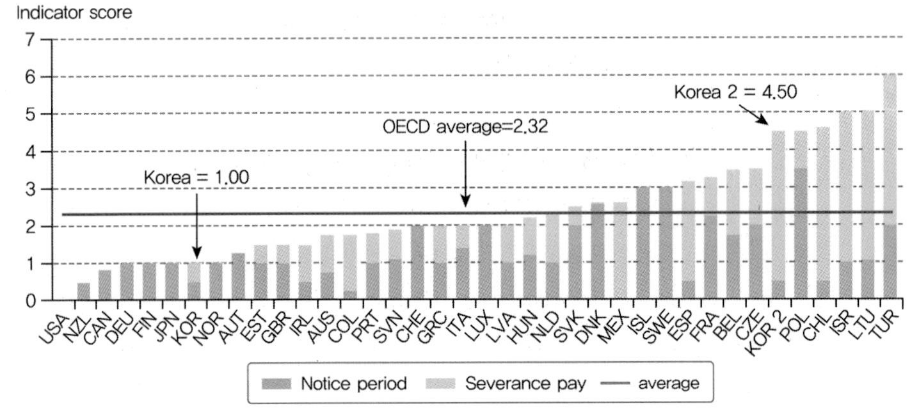

자료: stats.oecd.org 자료를 활용한 저자의 계산.

우리나라의 정규직 고용 보호가 OECD 37개국 중 중간 수준인 것으로 나타난 이유 중 하나는 앞서 살펴본 바와 같이 실질적으로 해고보상금의 역할을 하는 퇴직금이 반영되지 않았기 때문이다. 그러나 실질적으로 해고보상금의 역할을 하는 퇴직금을 반영할 경우, 37개국 중 17위였던 정규직의 개별 해고 부문 고용 보호는 체코보다 높은 1위가 된다(아래 그림 중 Korea 2 참조). 또한, 이러한 변화를 반영하면, 개별해고와 집단해고를 모두 고려한 정규직 고용 보호는 18위에서 2위로 상승한다(아래 두 번째 그림 중 Korea 2 참조).

[그림 15] 퇴직금 감안시 정규직 개별 해고에 대한 고용 보호

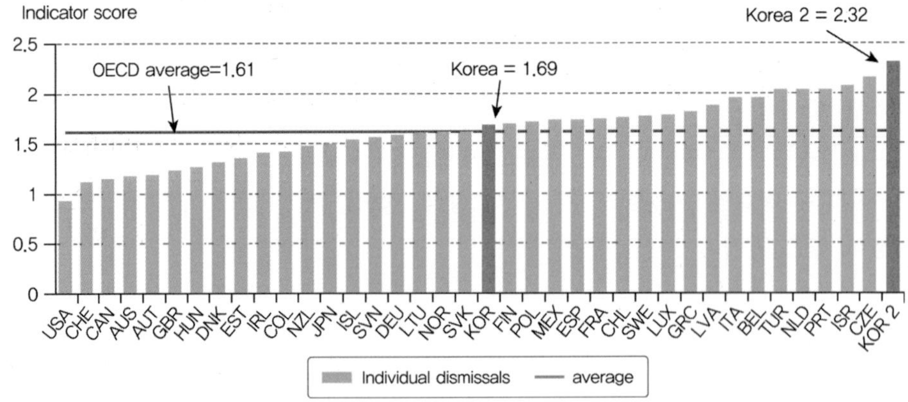

자료: stats.oecd.org 자료를 활용한 저자의 계산.

[그림 16] 퇴직금 감안시 정규직 고용 보호

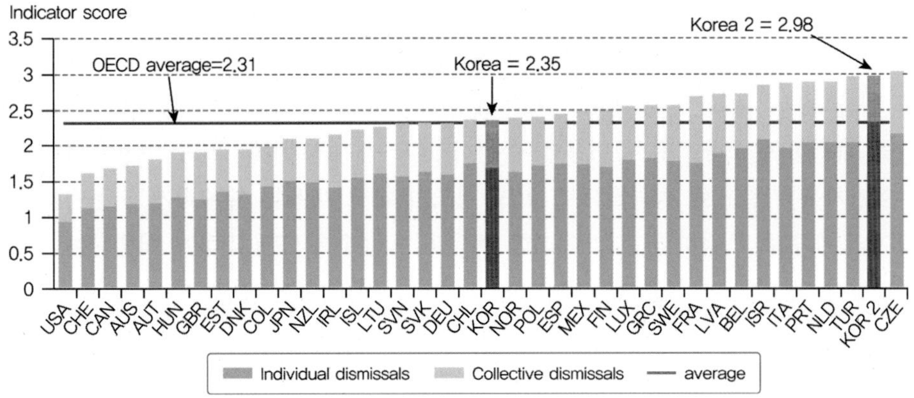

자료: stats.oecd.org 자료를 활용한 저자의 계산.

일부에서는 OECD의 EPL index를 근거로 우리나라 정규직의 고용보호가 과도하지 않다고 주장한다. 그러나 위 분석을 반영하여 정리해보면, 이러한 주장은 아래 표에 나타난 것처럼 실질적으로 해고보상금의 성격이 강한 퇴직금이나 퇴직위로금을 반영하지 않은 결과를 근거로 한다. 실질적으로 해고보상금의 역할을 하는 퇴직금을 반영할 경우, 정규직 고용 보호는 OECD 37개국 중 체코에 이어 두 번째로 강한 것으로 나타난다.

[표 4] 한국 정규직의 고용 보호 수준

	현재 OECD 방식 (퇴직금 미반영)	퇴직금 반영시 순위
정규직 고용 보호	18위	2위
개별 해고에 대한 고용 보호	17위	1위
✓ 절차상 난이도	9위	9위
✓ 사전통보 및 해고보상금	31위	5위
✓ 부당해고에 대한 규제	9위	9위
✓ 부당해고에 대한 규제의 강행 정도	19위	19위

자료: stats.oecd.org 자료를 활용한 저자의 계산.
주: 총 37개국 중 순위를 나타내며, 순위가 높을수록(즉, 1위에 가까울수록) 고용 보호가 엄격하다는 의미임.

이처럼 퇴직금을 감안할 경우 한국 정규직의 고용 보호가 엄격하다는 결과는 Heckman & Pagés(2000)[20] 연구 방식을 적용해도 유사한 결과를 얻을 수 있다. Heckman & Pagés(2000)는 남미 국가들을 대상으로 신규채용 근로자의 예상 해고 비용(정당한 해고 및 부당해고 포함)의 현재가치가 몇 개월분의 임금에 해당하는가를 측정하여 고용조정시 비용을 추정하였다. 즉, 근로자를 일단 고용하게 되면 현재가치를 기준으로 평균적으로 어느 정도의 해고 비용이 발생하게 되는지를 월 급여의 배수로 측정하였는데, 이러한 비용이 높을수록 고용조정이 어렵다는 것을 의미한다. 동일한 방식을 한국과 OECD 주요국에 적용한 결과, 한국의 고용조정 비용은 3.863으로 나타났는데, 이는 근로자를 일단 고용하게 되면 평균적으로 약 3.9개월치 월급여만큼의 해고 비용이 발생함을 의미하며 비교 가능 37개국 중 5번째로 높은 수준이다. 분석 대상 국가 중 고용조정 비용이 가장 높은 국가는 볼리비아로 평균 약 4.8개월치 급여가 소요되고 그 뒤를 이어 포르투갈(4.163)이 있다. 반대로 미국(0.000), 뉴질랜드(0.221), 호주(0.443), 캐나다(0.553) 등은 해고 관련 비용이 발생하지 않거나 상당히 낮은 수준이다. 우리나라의 고용조정 비용은 에콰도르(4.035), 터키(3.975), 페루(3.795), 온두라스(3.528)와 유사하며 상당히 높은 수준이다.

[그림 17] 한국 및 주요국의 고용조정비용

(단위: 월 급여의 배수)

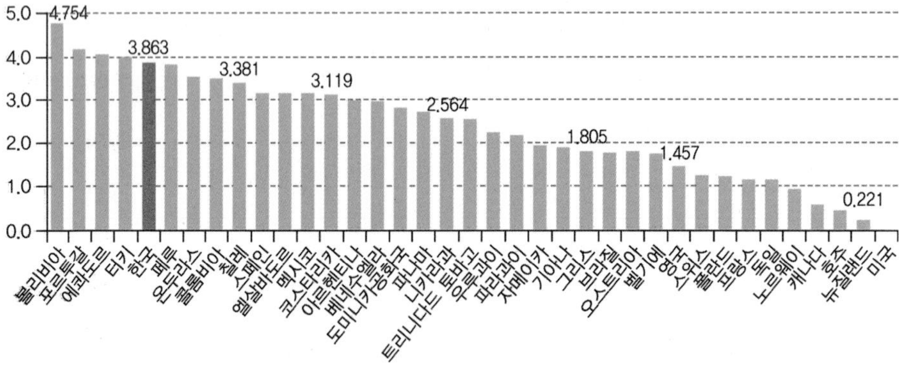

자료: Heckman & Pagés(2000)의 계산방식을 한국 등의 국가에 적용하여 산출함.

---

20) Heckman & Pagés(2000), "The Cost of Job Security Regulation: Evidence from Latin American Labor Markets", No 7773, NBER Working Papers.

3. 소 결

우리 경제는 항상 기술발전과 함께 성장하였다. 기술발전은 우리 경제가 수행할 수 있는 업무의 범위를 확장했을 뿐만 아니라 업무수행의 효율성을 제고하여 우리 경제의 경쟁력을 한층 높이는 결과를 초래했다. 특히, 기술발전으로 인해 효율적인 노동력 제공의 형태가 선택 가능해진 점은 업무수행의 효율성이 제고된 중요한 원인 중 하나이다.

앞서 살펴본 것처럼 회사들은 예전에는 거래비용이 높아 직접 생산하던 물건을 기술발전으로 인해 거래비용이 낮아지면서 전문적인 외부 업체와 장기적 계약관계를 맺고 안정적으로 공급 받는 것이 가능해졌다. 노동시장에서도 동일한 현상이 발생했다. 기술발전으로 거래비용이 낮아지면서 외부 전문가에게 전문적인 노동력 제공을 맡기는 도급이라는 형태의 노동력 거래가 확산되고 있다. 이처럼 기술발전으로 인해 직접 생산해야 할 필요성이 감소하고 도급을 통해 물품 및 노동력 제공을 아웃소싱하는 것이 가능해지면서 산업현장에는 다양한 고용형태가 등장하게 되었다. 또한, 소비자의 수요 변화에 적응하기 위해 다양한 형태의 생산방식이 보급되면서 새로운 형태의 일자리도 등장하게 되었다. 그뿐만 아니라 디지털 전환이 가속화하면서 플랫폼에 기반한 다양한 형태의 노동력 제공 방식이 크게 확산되고 있다. 이처럼 기술발전이 가속화되면서 전형적인 직접고용의 형태와는 차이를 보이는 다양한 형태의 노동력 공급이 더욱 확산될 가능성은 점차 커지고 있다.

한편, 최근 기술발전은 상상을 초월하는 속도로 진행되고 있다. 특히, 소위 4차 산업혁명이라고 불리는 최근의 기술발전은 우리가 예상한 것보다 빠른 속도로 현실화되고 있다. 사물인터넷(IoT), 클라우드 등 정보통신기술(ICT)의 급진적 발전과 확산, 그리고 자동화를 위한 산업로봇의 급격한 보급으로 인해 인간이 수행하는 업무 중 상당수가 자동화에 의해 대체될 전망이다. 비관적 견해를 가진 학자들의 연구에 의하면 4차 산업혁명이 급속도로 진행되면서 이에 대해 적시에 적응하는 것이 어렵기 때문에 사라지는 일자리를 대체할 만큼의 새로운 일자리를 만드는 것이 용이하지 않다. 긍정적인 견해를 가진 학자들 역시 새로운 일자리가 생기면서 사라지는 일자리를 대체할 것이라 예상하고 있지만 일부 일자리가 사라지는 것에 대해서는 동의한다.

우리나라는 노동사용에 대한 규제가 강하고 노동비용이 높기 때문에 자동화로부터 얻을 수 있는 효용이 높고, 그 결과, 자동화 도입 속도는 상당히 빠를 것으로 예상된다. 특히, 운수업이나 도매 및 소매업 등에서는 전체 일자리의 1/2 ~ 1/3 정도가 자동화에 의한 일자리 소멸의 위기에 처해 있고, 우리나라 전체를 살펴보면 약 1,580만 개의 일자리가 사라질 위기에 처해 있다.

이런 위기로부터의 부작용을 가급적 줄이고 빠른 속도로 적응하기 위해서는 일자리에서 일자리로의 이동이 원활해야 하며 이를 위해서는 4차 산업혁명으로 인해 위축되는 일자리로부터 적절한 수준의 인력 감축이 가능해야 한다. 그러나 실질적으로 해고보상금의 성격이 강한 퇴직금을 감안할 경우 우리나라 정규직의 고용 보호 수준은 OECD 전체에서 체코 다음으로 높은 2위를 기록하고 있다. 즉, 일자리 조정이 그만큼 어렵다는 것이다. 따라서, 4차 산업혁명으로 인한 노동시장의 변화에 적응하기 위해서는 상당한 비용을 지불해야만 하는 것이다.

이처럼 고용조정이 어려운 이유는 여러 가지가 있을 수 있지만, 과거 고도성장이 가능했던 산업화 시대의 시각을 아직도 유지하는 노동법의 경직성도 중요한 이유 중 하나이다. 고도성장이 지속적으로 가능했던 산업화 시대에는 잠시 사업이 어렵더라도 곧 회복이 가능하고 지속적으로 성장할 수 있었기 때문에 일시적인 사유로 인력을 조정하는 것을 부정적 시각으로 바라보는 견해가 많았다. 또한, 이러한 시각은 노동법에 그대로 반영되어 고용조정 자체가 실질적으로 거의 불가능한 상태가 지속되었다. 그러나 근로자들은 항상 약자이고 기업의 고용조정으로부터 보호받아야 한다는 경직적 시각은 4차 산업혁명과 같은 급속한 환경변화에 기업뿐만 아니라 근로자도 적응할 수 없도록 만든다. 고용조정을 포함한 다양한 방식의 변신만이 급변하는 환경에 기업과 근로자 모두 적응할 수 있게 만들고 우리 사회가 부담해야 할 부작용도 최소화하는 방안이다. 앞서 설명한 것처럼 직장 내 훈련이나 전직 훈련 등이 적절히 이루어지고 인력조정이 적절한 속도로 실행될 경우 일자리 소멸의 부작용이 저학력 또는 저기능 노동력에 집중되는 현상을 완화할 것이다.

기술발전으로 인해 과거에는 상상하기 힘들었던 노동력 제공 형태가 등장하면서 이제 근로기준법을 포함한 노동법이 근로자를 바라보는 시각에 변화가 필요한 시점이 되었다. 또한 기술발전에 의해 일자리가 위축되고 증가하는 산업 사이 원활한 인력이동이 가능하기 위해서도 근로기준법을 포함한 노동법의 변화가 절실하다. 이제 과거 산업화 시대에 보호의 대상이며 균질적 성격을 가진 집단으로 근로자를 바라보던 시각에서 다양한 형태의 노동력 제공 방식을 인정하고 노동시장에서 자유로운 계약을 허용하며 산업간 원활한 인력이동이 가능하도록 근로자와 기업 그리고 노동시장을 바라보는 새로운 시각이 필요하다.

Ⅲ. 사회변화와 노동시장 환경의 변화

기술발전뿐만 아니라 사회변화 역시 노동시장의 환경을 변화시킨다. 고도성장을 달성할 수 있었던 산업화 시대에는 생산에 투입될 수 있는 인력이 다수 있었기 때문에 노동의 공급이 노동의 수요를 항상 앞질렀다. 따라서 근로조건을 결정짓는 노사 간 대화에서도 근로자 측은 항상 교섭력의 열위를 보였고, 이로 인해 근로자 집단의 보호가 노동법의 최우선 과제로 여겨졌다. 특히, 우리나라의 경우 정리해고 또는 통상해고의 가능성, 파업의 유효 조건, 파업시 대체근로 투입 요건 등 여러 측면에서 사용자보다는 근로자 집단의 권리가 강조되면서 노사 간 교섭력의 균형이 근로자 측에 기울어져 있는 것이 사실이다. 고도성장이 가능했던 산업화 시대에는 이런 불균형에도 불구하고 기업은 사업을 지속할 수 있었다. 그러나 저성장・고령화로 인해 노동력이 부족해지고 과거와 같은 고도성장이 불가능한 현재에는 노사 간 교섭력의 불균형은 지속적 성장을 어렵게 만들고, 다양성을 고려하지 않는 획일적 보호규제는 오히려 노동시장 참여를 저해하게 된다. 아래에서는 저성장・고령화, 양극화 및 사회구성원의 다원화 현황을 살펴보고 노동법이 변화해 가야 할 방향에 대한 시사점을 찾아보도록 한다.

1. 저성장・고령화와 노동시장 참여의 중요성

우리 경제는 1960년대 이후 급속한 성장을 이루었다. 1970년대에는 연평균 10.5%의 성장률을 보였고 1980년대에는 연평균 8.9%, 1990년대에도 연평균 7.3%의 성장을 보였다. 지난 60년간의 성장을 살펴보면 우리나라는 1960년부터 2020년까지 60년 동안 매년 7.2%라는 그 어떤 경제도 상상하기 어려운 성장을 달성했다. 그러나 아래 그림에서 보는 것처럼 우리나라의 경제성장률은 1970~80년대를 정점으로 서서히 하락하기 시작했다. 2000~2009년 사이에는 경제성장률이 연평균 4.9%로 하락했고, 2010년에서 2020년 사이에는 연평균 2.9%까지 하락했다.

[그림 18] 우리나라의 경제성장률

(단위: %)

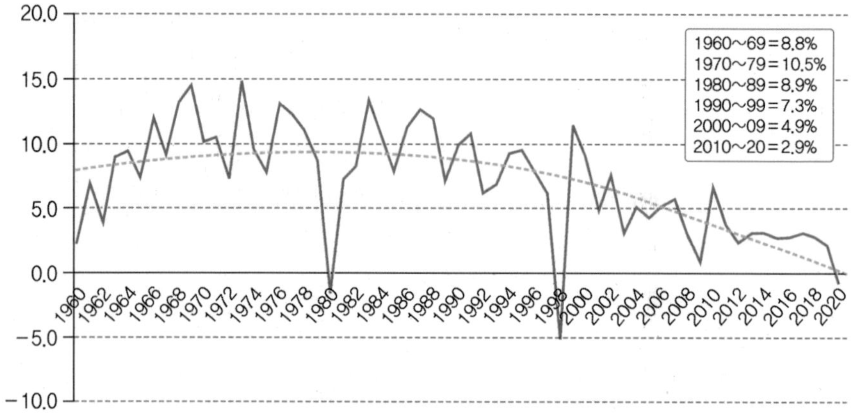

자료: 한국은행 경제통계시스템, http://ecos.bok.or.kr/

경제가 성장할수록 성장률은 하락하기 마련이다. 그러나 우리나라의 경우 우려되는 점은 그 하락 속도가 다른 나라에 비해 과도히 빠르다는 것이다. 아래 그림은 OECD가 2000년부터 2060년까지 주요국의 잠재성장률을 예측한 결과이다. 아래 그림에서 볼 수 있는 것처럼 2000년 우리 경제의 잠재성장률은 5.2%를 기록했으나 빠른 속도로 하락했으며 현재 약 2.9%를 기록하고 있다. 그러나 이러한 하락세는 상당히 오랜 기간 지속될 전망이며 2060년에 이르러 우리나라의 잠재성장률은 1.1%까지 하락할 전망이다. OECD 국가 중 고령화가 빠르게 진전되고 있는 이탈리아나 일본의 경우 현재 잠재성장률은 우리나라보다 낮은 수준이다. 그러나 이탈리아는 2013년부터, 그리고 일본은 2009년부터 서서히 증가하기 시작하여 2060년에는 각각 2.0% 및 1.3%를 기록할 전망이다. 세계에서 가장 규모가 큰 미국 경제의 잠재성장률은 현재 1.7%로 우리나라보다 낮은 수준이지만 서서히 증가하여 2060년에는 우리 경제보다 높은 2.0%를 기록할 전망이다. 이처럼 우리나라의 잠재성장률이 급속히 하락하는 배경에는 투자 부진으로 인한 생산성 향상 저하 등 다양한 원인이 작용하겠지만, 노동시장의 관점에서 보면, 저출산·고령화로 인해 생산가능인구가 감소하고, 노동시장의 각종 규제로 인해 경제활동참가율이 낮은 수준에 머물러 있어 경제활동에 투입할 노동력이 부족한 점이 가장 중요한 원인 중 하나이다.

[그림 19] 한국 및 주요국의 잠재성장률 전망

(단위: %)

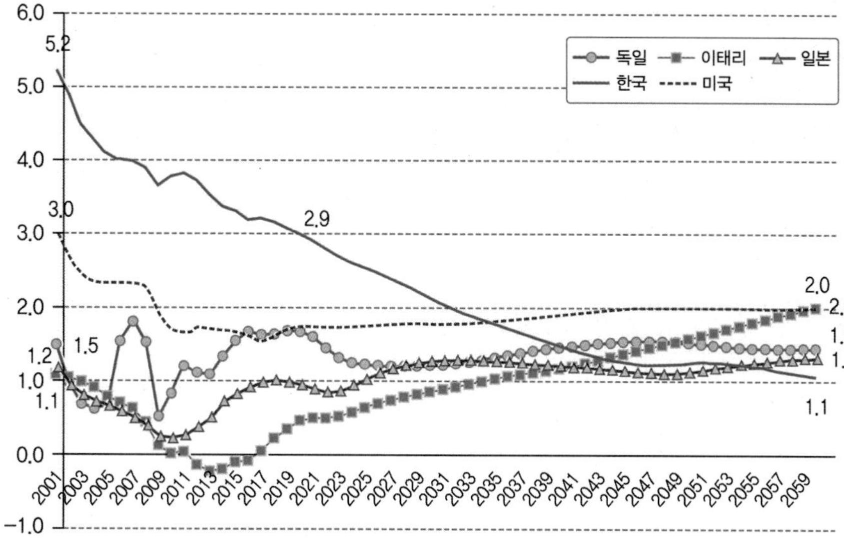

자료: OECD Stats (https://stats.oecd.org)

고령화는 우리나라뿐만 아니라 전 세계적인 현상이다. 아래 그림은 OECD 국가 및 세계 주요국의 노년 부양비[21] 예측치를 나타낸다. 그림에서 볼 수 있듯이 모든 국가에서 1980년이나 2015년보다 2050년의 노년 부양비가 크게 증가할 것

[그림 20] OECD 국가 및 세계 주요국의 고령화

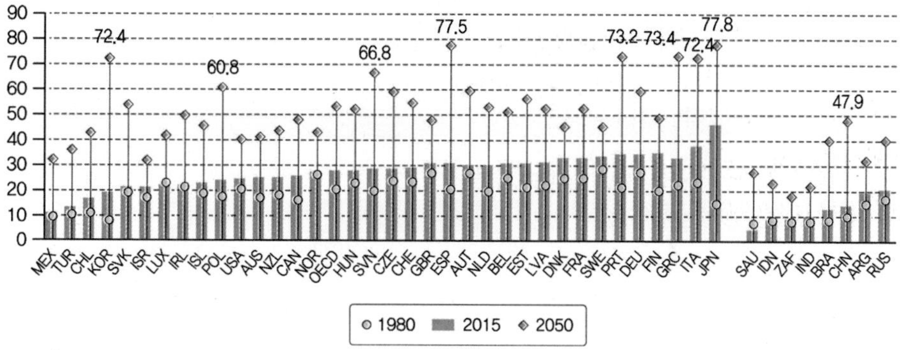

자료: OECD Employment Outlook 2019.

주: OECD 노년 부양비는 20~64세 100명이 부양해야 하는 65세 이상 인구를 나타냄.

---

21) 노년 부양비는 15~64세 또는 20~64세 100명이 부양해야 하는 65세 이상 인구를 나타낸다. 아래 그림의 OECD 노년 부양비는 20~64세를 기준으로 계산되었다.

임을 알 수 있다. 고령화가 가장 먼저 진행된 일본의 경우 2050년 20~64세 인구 100명 당 부양해야 할 65세 이상 인구가 77.8명이 될 전망이고, 그 뒤를 이어 스페인(77.5), 그리스(73.4), 이탈리아(72.4) 및 한국(72.4)에서 고령화가 급속히 진전될 전망이다. 이러한 추세는 OECD 전체 국가에서 관찰되며 OECD 회원국이 아닌 국가에서도 관찰된다. 예를 들어, 중국(47.9)을 비롯해 러시아, 브라질 등에서도 고령화가 진전되면서 노년 부양비가 빠른 속도로 증가할 전망이다.

한편, 우리나라의 고령화는 세계에서 가장 빠른 속도로 진행되고 있다. 아래 그림에서 보는 것처럼 전체 인구 중 65세 이상이 차지하는 비중이 7% 이상인 고령화사회에 접어든 이후 그 비중이 14% 이상인 고령사회로 이동하는 데, 세계에서 가장 빠른 속도로 고령화가 진전된 일본은 24년이 걸렸지만 우리나라는 불과 18년밖에 소요되지 않았다. 미국의 73년, 독일의 40년 그리고 프랑스의 115년과 비교하면 상상을 초월할 정도로 빠른 속도이다. 더욱 우려스러운 점은 이런 고령화 속도가 전혀 느려지지 않고 있다는 것이다. 고령사회에서 초고령사회(전체 인구 중 65세 이상이 20% 이상인 사회)로 이동하는 데 일본은 12년 걸렸지만 우리나라는 불과 7년밖에 걸리지 않을 전망이다.

[그림 21] 주요국의 고령화 속도

(단위: 년)

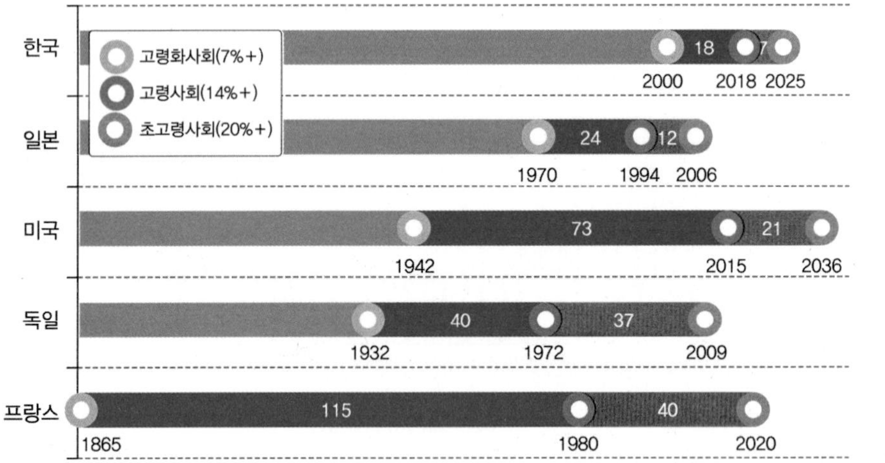

자료: Population Dynamics, Department of Economic and Social Affairs, United Nations 및 각국 통계청.

이처럼 빠른 속도로 고령화가 진전될 경우 가장 우려되는 점은 경제활동을 수행하는 15~64세의 인구가 유소년(0~14세) 및 고령층(65세 이상)의 부양 때문에 상당한 경제적 부담을 감당해야 한다는 점이다. 1960년 우리나라의 부양비(15~64세 인구 100명이 부양해야 할 0~14세 및 65세 이상의 인구)는 약 82명이었다. 이 중 유소년이 77명이었고 65세 이상 고령층은 5명에 불과했다. 그 이후 기대수명은 크게 증가하지 않는 상황에서 산아제한정책으로 인해 유소년 인구 증가세가 크게 감소하면서 1990년 부양비는 44까지 하락했다. 그 이후 기대수명이 증가하고 저출산은 지속되면서 2021년 현재 15~64세 인구 100명이 부양해야 할 0~14세 인구는 17명까지 하락했고 65세 이상의 인구는 23명까지 증가하여 부양비는 40을 기록하고 있다. 그러나 저출산이 지속되는 상황에서 고령화 속도가 크게 증가하면서 15~64세 인구 100명이 부양해야 하는 65세 이상의 인구는 2067년 102명까지 증가할 전망이고 총부양비 역시 120까지 증가할 전망이다. 즉, 15~64세 경제활동인구 100명이 고령층 102명과 유소년층 18명을 합쳐 총 120명을 부양해야 하는 사회가 도래할 전망이다.

[그림 22] 우리나라의 부양비

(단위: 명)

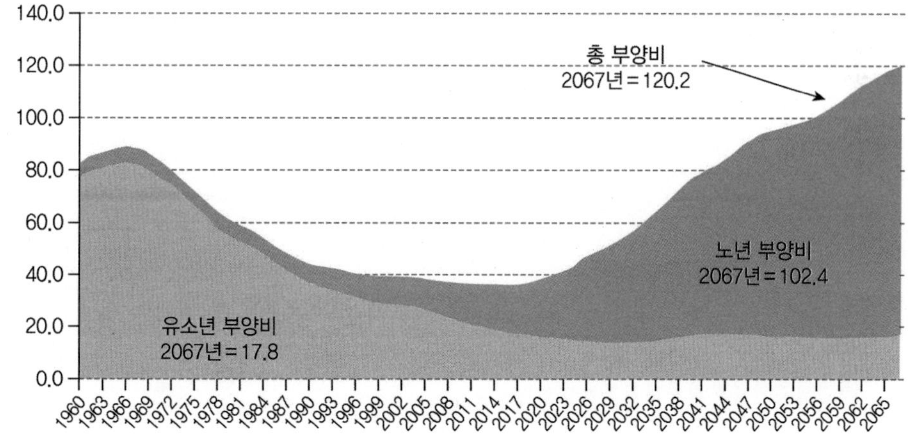

자료: 통계청 인구추계

이처럼 저출산·고령화가 급속히 진전하면서 발생하는 경제적 부담을 완화시키기 위해서는 출산율의 증가가 반드시 필요하다. 그러나 출산율의 증가가 경제활동인구의 증가로 이어지기 위해서는 최소한 15년 이상의 시간이 소요된다. 또 다른 방안은 주어진 인구 하에서 경제활동에 참여하는 사람들이 빠른 속도로 증가하는 방안이다. 그러나 2020년 기준 우리나라의 15~64세 기준 경제활동참가율은 68.6%로 OECD 평균 71.5%보다 낮으며 OECD 38개국 중에서 31위에 머물고 있다. 경제활동참가율 1위인 스위스의 84.1%에 비하면 15.5%p나 차이가 난다.

아래에서는 우리나라 경제활동참가율이 낮은 원인을 인구구성 측면에서 간략히 살펴보고자 한다. 15~64세 경제활동참가율은 OECD 38개국 중에서 31위에 머물고 있지만, 남성 40~64세의 경제활동참가율은 87.1%로 11위를 기록하고 있다. 이는 독일, 네덜란드, 덴마크와 유사한 수준이다. 반면, 청년층을 포함한 20~39세의 경우에는 70.0%에 불과하여 38개국 중에서 34위로 최하위권에 머물고 있다. 또한 15~64세 여성의 경우에도 59.1%에 불과하여 그리스, 콜롬비아 및 코스타리카와 유사한 32위 최하위권에 속한다. 즉, 우리나라의 경제활동참가율이

[그림 23] OECD 국가의 경제활동참가율

(단위: %)

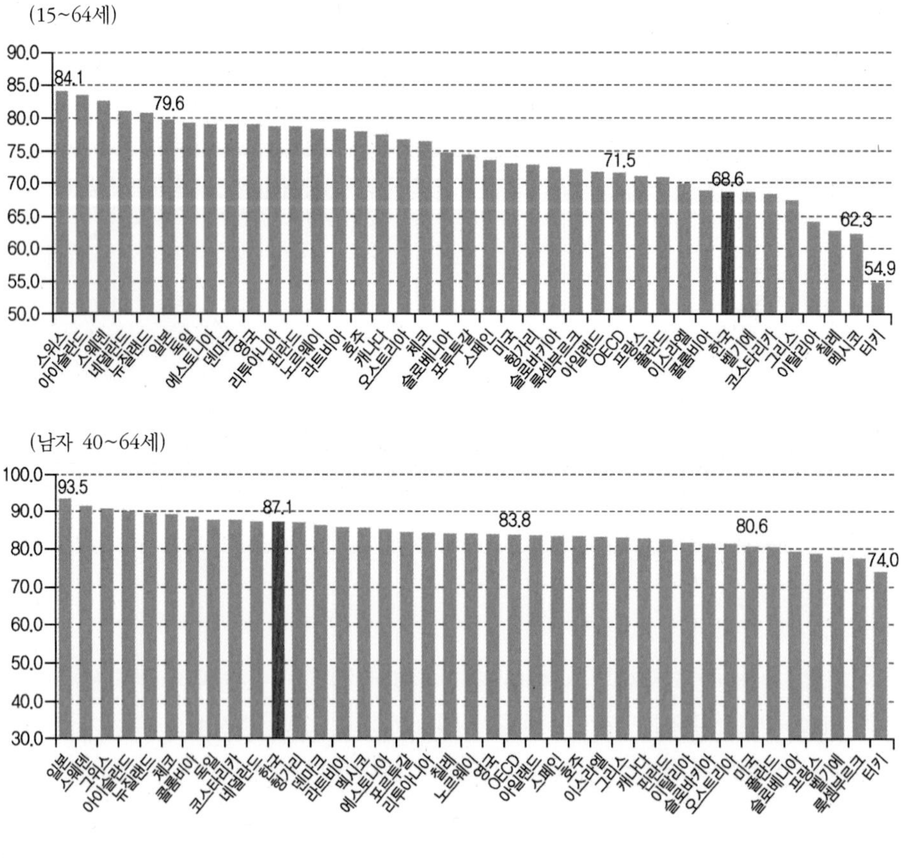

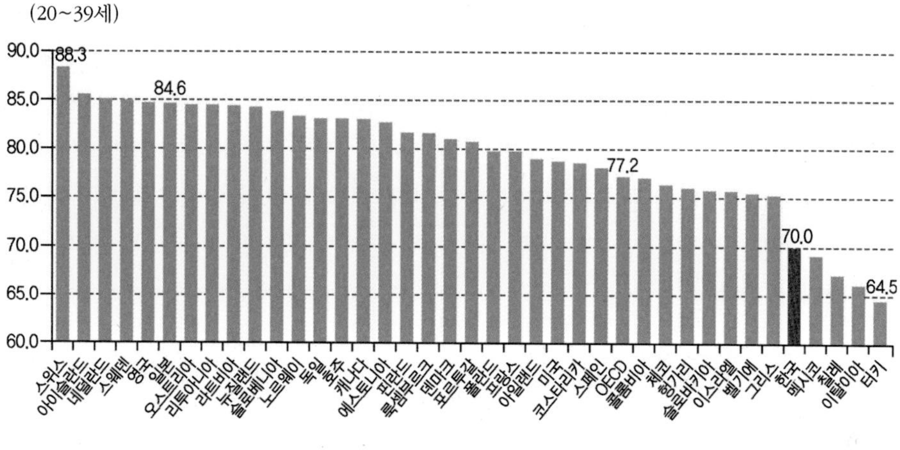

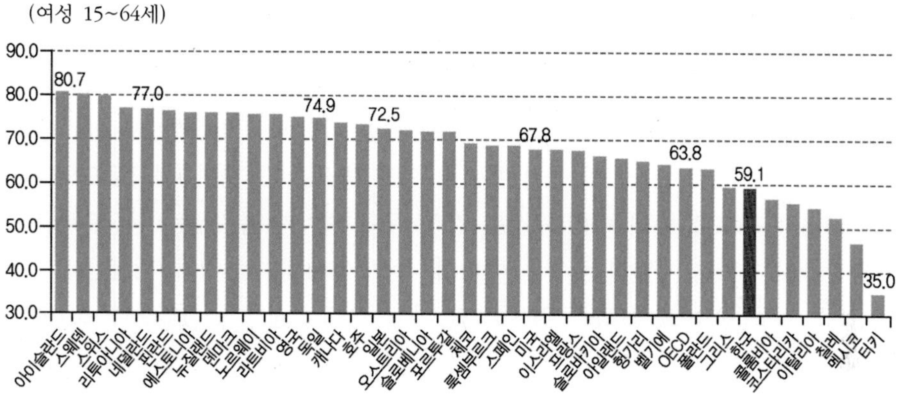

자료: OECD Stats (https://stats.oecd.org)

낮은 이유는 여성의 경제활동참가가 저조하고 20대 및 30대의 노동시장 진입이 부진하기 때문이다.

이상에서 살펴본 것처럼 우리나라의 저출산·고령화는 상당히 빠른 속도로 진행하고 있어 경제에 큰 부담으로 작용하고 있다. 또한, 이러한 부담을 완화하기 위해서는 다양한 형태의 노동력이 경제활동에 참가할 수 있는 여건이 조성되어야 한다. 예를 들어, 젊은 층이나 여성들의 경제활동 참가가 더욱 확대되어야 한다. 그러나 현재 우리나라 노동법하에서는 다양한 형태의 노동력 제공에 한계가 있다. 예를 들어, 노동력을 수요하는 사람과 공급하는 사람 사이에 다양한 형태의 자유로운 계약을 체결할 경우 자칫 차별로 인정될 가능성이 있기 때문에 상당한 제약이 있다. 사업장 내 임금체계를 개편하는 것, 하나의 사업장 내에서 다양한 형태의 임금체계를 유지하는 것 등 임금과 관련된 변화 역시 까다로운 요건을 충족해야만 가능하기 때문에 다양한 형태의 노동공급 계약을 제공하기 어렵다. 이처럼 다양한 형태의 노동계약을 실행에 옮기는 데 여러 제약이 부과되는 근본적인 원인은 우리나라 노동법이 아직 노동력을 제공하는 근로자를 하나의 균질적인 집단으로 간주하고 있기 때문이다. 저출산・고령화 및 저성장의 부작용을 최소화하기 위해서는 현재 근로기준법 및 각종 노동법이 근로자 집단을 바라보는 시각 자체가 변화해야 한다.

2. 양극화 확대와 노동시장

소득분포의 불균등도 및 양극화가 지난 1990년대 중반 이후 추세적으로 심화되고 있다. 아래 그림은 지니계수 및 P90/P10[22)]을 통해 살펴본 우리나라의 소득불균등도 및 소득양극화 추이를 나타낸다. P90/P10으로 측정이 가능한 소득양극화는 소득의 분포가 특정 수준을 중심으로 두 개의 양 극단으로 집락화(clustering)되는 것을 의미하며 주로 중산층의 몰락 등으로 인해 발생한다. 한편, 불균등도의 확대는 경제성장 등으로 인해 사회 구성원 간 소득의 편차가 증가하는 현상으로 반드시 중산층의 몰락을 수반하는 것은 아니며, 주로 지니계수를 통해 측정한다. 통계청에서는 소득분배지표 산정을 위해 그간 가계동향조사를 사용하였으나 2016년부터 가계금융복지조사로 변경하였다. 현재 국가통계포털에는 가계금융복지조사를 기반으로 하는 소득분배지표가 게시되어 있으나 장기 추세를 살펴보기에는 부족하다. 따라서 장기 추세를 보기 위해서 2016년까지 발표된 가계동향조사를 기반으로 하는 소득분배지표를 활용하고자 한다.

그림에서 보듯이 소득불균등도를 나타내는 지니계수(도시 2인 이상 가구의 시장소득 기준)는 1990년 0.266에서 출발하여 1992년 0.254로 최저점에 도달한 이후 추세적으로 상승하고 있다. 금융위기 직전인 2008년 0.320을 기록하여 최고점에 달하였으나 그 이후 추세적으로 하락하다 2016년에 다시 0.317로 급격히 상승하였다. 소득분포의 양극화를 측정하는 P90/P10도 유사한 추세를 보이고 있다. 1990년 3.30에서 1992년 3.16으로 소폭 하락한 이후 추세적으로 증가하여 금융위기 직전인 2008년 5.02에 달하였다. 그 이후 하락하던 P90/P10은 2015년부터 급

22) P90/P10은 소득 10분위 중 9분위 소득의 경계값을 1분위 소득 경계값으로 나눈 값이다. 즉, 소득 상위 10% 경계선에 해당하는 사람이 소득 하위 10% 경계선에 해당하는 사람에 비해 몇 배의 소득을 가지는지 나타내는 값이다.

격히 상승하여 2016년에는 5.01에 도달했다. 소득불평등도와 양극화 추이에서 볼 수 있는 것처럼 우리 경제의 소득분포는 지난 1990년대 초반부터 추세적으로 불균등하게 변하였다. 최근 자료와 연관하여 특히 주목할 점은 금융위기 이후 하락하던 소득불균등도 및 소득양극화가 최근 다시 상승하기 시작했다는 점이다.

[그림 24] 소득불평등도 및 양극화 추이

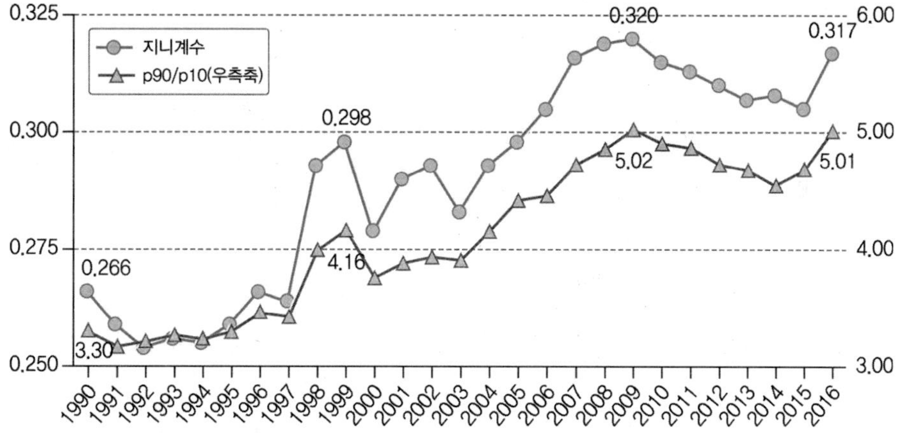

자료: 통계청 국가통계포털 자료 분석 결과.
주: 도시 2인 이상 가구의 시장소득 기준(가계동향조사).

이처럼 소득분포의 불균등 및 양극화가 확대되는 추세는 우리나라만의 현상은 아니다. 아래 그림은 처분가능소득을 기준으로 측정한 OECD 국가들의 지니계수 장기 추이를 나타낸다. 따라서 정부의 재분배정책 효과가 반영된 소득이기 때문에 시장소득 기준 지니계수에 비해 낮은 수준이다.

아래 그림 중 OECD G7 국가의 지니계수를 살펴보면 가장 큰 특징은 전반적으로 모든 국가에서 소득불균등도가 증가했다는 점이다. 특히, 1990년대 중반 이후 이러한 추세는 확연해진다. 또한, 미국과 영국의 소득불균등이 다른 국가에 비해 높은 편이며 보다 강력한 재분배정책을 사용하는 독일과 프랑스의 소득불균등은 낮다는 점이다. 또 다른 특징 중 하나는 이탈리아의 소득불균등도는 1990년대 초반 급등한 이후 추세적으로 하락했다는 점이다.

한편, 호주 및 뉴질랜드와 북유럽 국가들의 지니계수를 살펴보면 G7 국가들에 비해 상대적으로 낮은 소득불균등도를 보이고 있다는 점이 특징이다. G7 국가의 경우 평균적으로 0.3 이상을 보였고 일부 국가는 0.3 후반대에 달하고 있다. 그러나 호주 및 뉴질랜드와 북유럽 국가들은 대부분 0.2 중후반대를 유지하고 있다. 이처럼 두 집단 간 소득불균등도의 수준은 차이를 보이고 있지만 1990년대 이후 지속적으로 상승 추세를 보이고 있다는 점은 공통적이다. 뉴질랜드와 호주뿐만 아니라 노르웨이, 덴마크, 핀란드, 스웨덴 등 전통적으로 소득재분배 정책이 강했던 국가들도 1990년대 중반 이후 지속적으로 지니계수가 상승하여 소득불균등도가 심화되었음을 알 수 있다.

한편, 우리나라와 칠레, 멕시코, 그리고 남유럽 국가들의 지니계수 추이를 살펴보면, 우선 칠레, 멕시코, 터키와 같이 OECD 국가 중 상대적으로 소득수준이 낮고 정치적으로 불안정했던 국가들의 소득불균등도가 상당히 높다는 점이 특징이다. 그러나 이런 국가들의 또 다른 특징은 1990년대 후반 및 2000년대 초반에 접어들면서 서서히 지니계수가 하락하고 있다는 점이다. 한국, 스페인, 그리스, 포르투갈 및 이스라엘의 경우 칠레, 멕시코, 터키에 비해서 지니계수 수준이 낮아 2000년대 후반에 오면 G7 국가들과 큰 차이 없이 0.3 초반에서 후반 사이에 머물고 있다. 특히, 이 중에서도 한국의 지니계수는 0.3 초반에 머물고 있어 가장 낮은 수준을 유지하고 있다.

그 외 OECD 국가들의 지니계수를 살펴보면, 오스트리아, 벨기에, 체코, 헝가리, 아일랜드 및 네덜란드의 지니계수는 영미권 국가나 G7 국가들에 비해 낮은 수준을 유지하고 있다. 그러나 그림에서 보듯이 아일랜드를 제외하고 대부분의 국가에서 다른 국가들과 유사하게 1990년대 중반 이후 소폭 상승세를 보였다.

1990년대 중반 이후부터 최근까지 지니계수의 변화를 살펴보면 대부분의 국가에서 소득불균등도는 증가하였다. 특히, 지니계수가 상대적으로 높았던 영미 계열 국가들에서는 증가폭이 상대적으로 작았고, 지니계수가 상대적으로 낮았던 북유럽 국가들과 동유럽 국가들에서는 비교적 큰 폭으로 지니계수가 증가하였다. 한편, 지니계수가 눈에 띄게 감소한 국가들을 살펴보면, 원래 지니계수가 높았던 국가들이 대부분이다. 종합해 보면, 1990년대 지니계수가 상당히 높았던 일부 국가들을 제외하면 대부분의 OECD 국가들의 경우 지니계수가 상승하였고 소득불균등도가 증가하였다.

[그림 25] OECD 주요 국가의 지니계수 추이(1975~2016)

(OECD G7 국가)

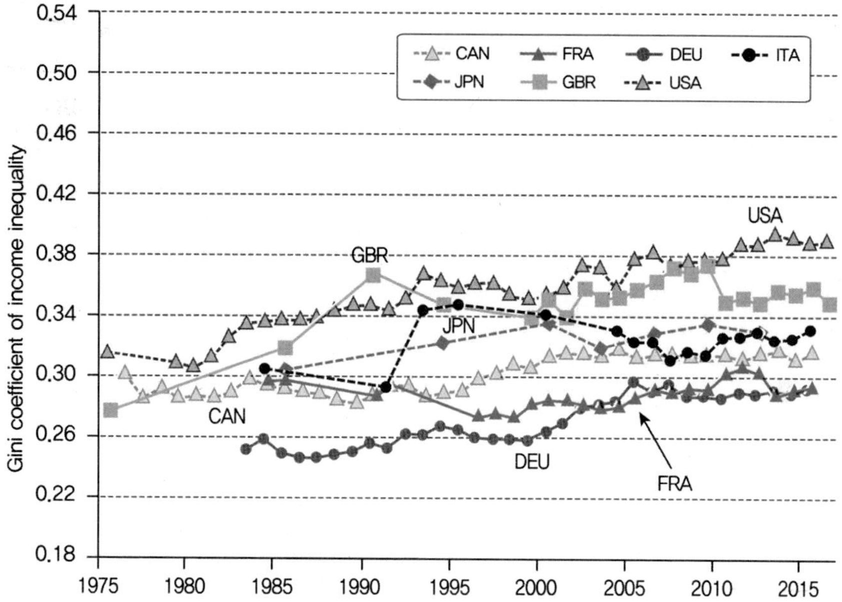

(북유럽 OECD 국가 및 호주, 뉴질랜드)

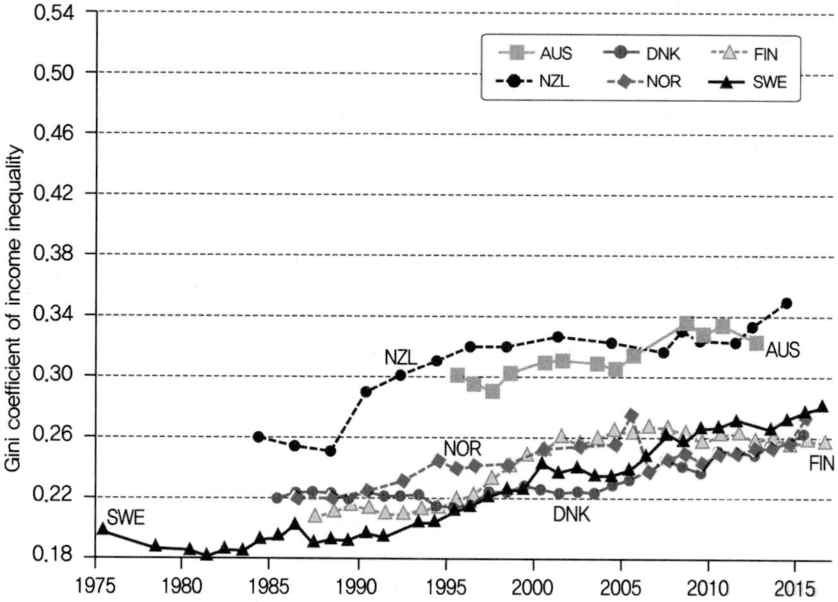

(남유럽 OECD 국가 및 한국, 칠레, 멕시코 등)

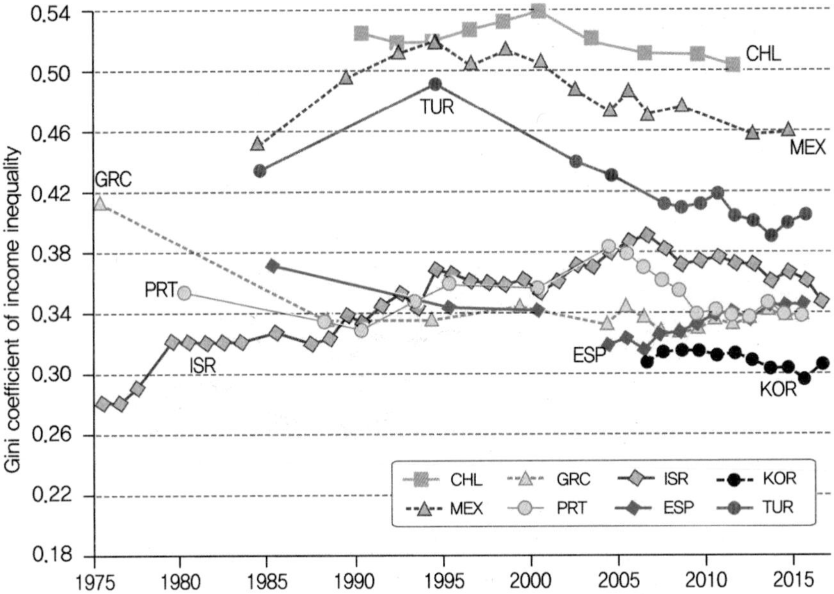

(그 외 OECD 국가)

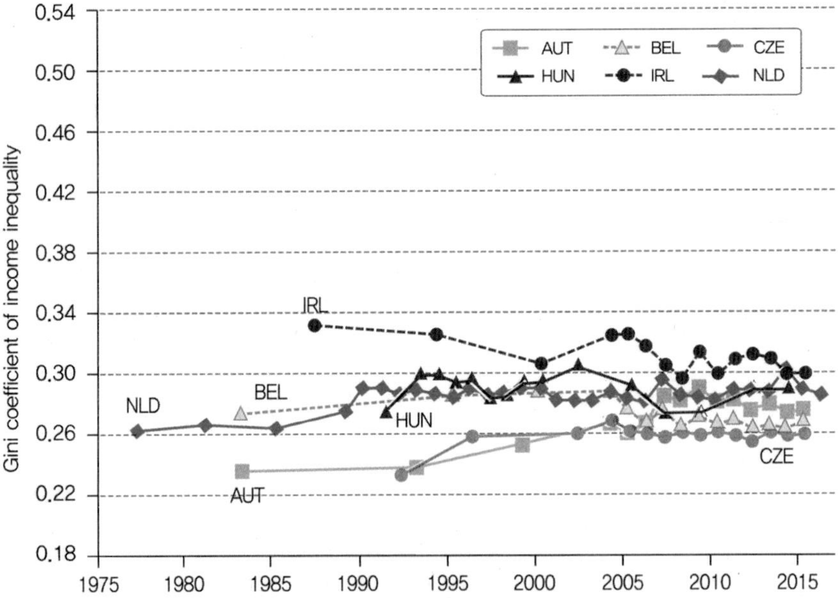

자료: Stats.oecd.org

주1: OECD(2011), "Divided We Stand: Why Inequality Keeps Rising"을 참조하여 각국의 지니계수를 업데이트하였음.

주2: 전체 가구의 처분가능소득(disposable income) 기준.

한편, OECD 주요국의 소득양극화 역시 심화 추세를 보이고 있다. P90/P10의 장기적인 변화 추이를 1년 단위로 살펴보는 것은 어렵지만, 1980년부터 지난 2008년까지의 변화는 어느 정도 살펴볼 수 있는 자료[23]가 OECD에 있기 때문에 이를 근거로 각국의 소득양극화 변화 추이를 가늠해보면, OECD G7 국가의 경우 미국, 영국, 캐나다의 소득양극화 확대 추이는 다른 국가들에 비해 확연하다. 한편, 프랑스, 일본, 독일, 이탈리아의 경우 미국 등에 비해 소득양극화 수준도 낮으면서 상승세도 작은 것으로 나타났다.

북유럽 국가들인 스웨덴, 덴마크, 핀란드 및 노르웨이의 소득양극화는 G7 국가들에 비해 상대적으로 낮지만 대부분의 국가에서 1990년대 중반 이후 상승 추세를 보이고 있다. 그 외 OECD 국가들의 소득양극화 추이를 살펴보면, 동유럽 국가와 네덜란드, 아일랜드, 뉴질랜드 등 대부분의 국가에서 전반적인 상승 추세를 관찰할 수 있다. 헝가리를 제외한 대부분 국가들의 소득양극화 정도는 비록 상승 추세를 보이지만 우리나라보다 낮은 수준이다.

우리나라의 경우 특징적인 점은 1990년대 초반까지 소득양극화가 지속적으로 하락했다는 점이다. 1980년 4.59를 기록한 P90/P10은 지속적으로 하락하여 1992년 3.63을 기록하였다. 그러나 그 이후에는 지속적인 상승세를 보여 2008년 4.78까지 상승하였다. 이는 대부분의 국가에서 1980년 이후 소득양극화가 확대한 것과는 상이하다.

아래 그림으로부터 알 수 있는 한 가지 특징적인 점은 소득불균등의 경우 소득불균등이 높았던 국가들의 상승폭이 작았던 것에 비해 소득양극화의 경우에는 그 수준과는 거의 무관하게 소득양극화가 심화되었다는 점이다. 예를 들어, 미국, 이스라엘, 일본은 소득양극화 정도도 높았지만 그 상승폭도 컸다. 또한, 또한, 스웨덴, 핀란드, 덴마크와 같이 소득양극화 정도가 낮은 국가에서도 상당 정도 소득양극화가 심화되었다.

---

23) OECD(2011), “Divided We Stand: Why Inequality Keeps Rising”, Chp. 1 “TRENDS IN WAGE INEQUALITY, ECONOMIC GLOBALISATION AND LABOUR MARKET POLICIES AND INSTITUTIONS.”

[그림 26] OECD 주요 국가의 풀타임 근로자 P90/P10 추이(1980~2008)

(OECD G7 국가)

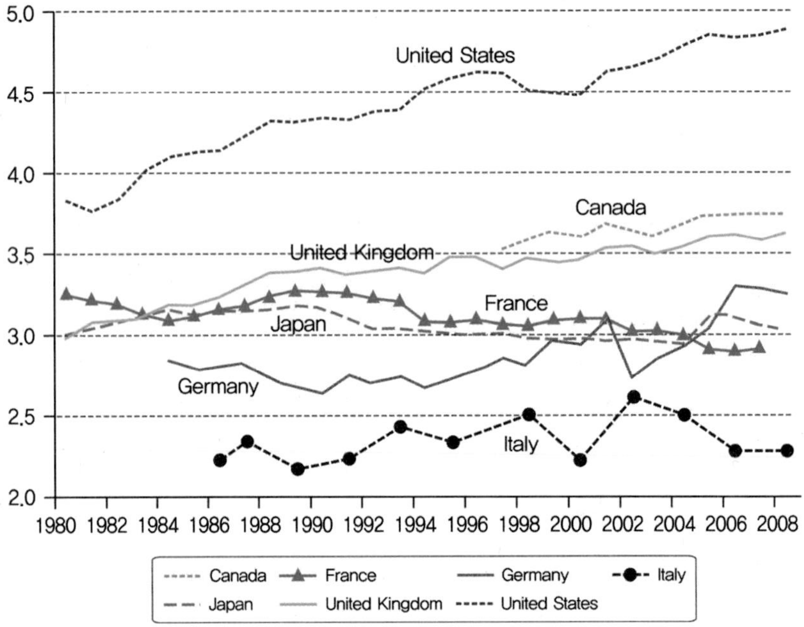

(북유럽 OECD 국가)

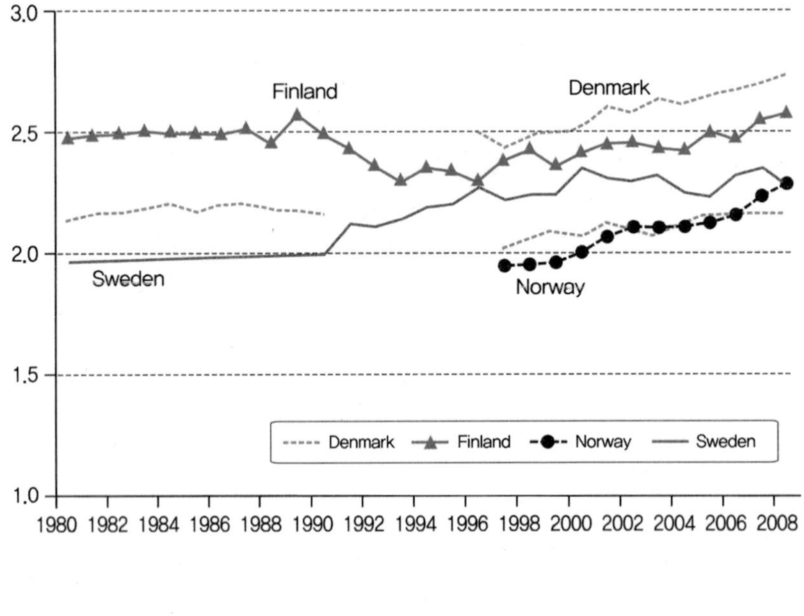

(한국 및 그 외 OECD 국가)

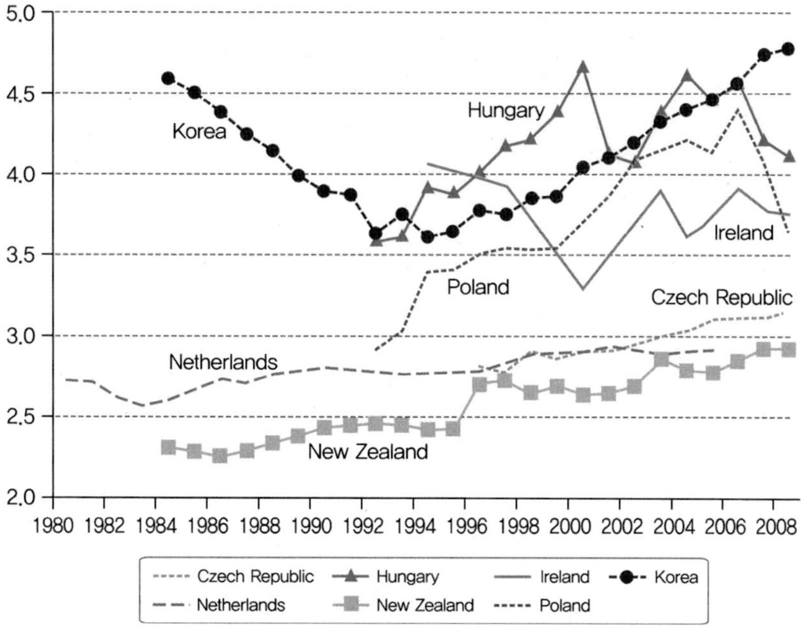

자료: Stats.oecd.org
주: 풀타임 근로자 기준 P90/P10의 변화를 나타낸다. 여러 국가의 장기 추이를 비교할 수 있는 자료가 없는 관계로 OECD(2011)에서 분석한 자료를 인용했다.
출처: OECD(2011), Chp. 1 “TRENDS IN WAGE INEQUALITY, ECONOMIC GLOBALISATION AND LABOUR MARKET POLICIES AND INSTITUTIONS.”

앞서 살펴본 것처럼 OECD 각국의 소득불균등도와 소득양극화는 일부 국가에서는 반대 방향으로 작동하기도 하였지만 대체로 지난 1990년대 중반부터 지속적으로 확대되었다. 전 세계적인 소득불균등과 소득양극화의 한 가지 원인으로 지목되는 것은 고령화, 소(小)가구화 등에 의한 가구구조 변화로 저소득 가구가 증가했다는 점이다. 인구구조의 변화로 인해 가구 규모가 줄어들기 시작했으며 이로 인해 소득불균등이 더욱 심화되는 현상이 발생할 수 있다. 특히, 고령층이나 청년층, 또는 외부모 가정의 경우 일반적인 가정에 비해 가구원당 소득이 낮은 것이 보통이며 이러한 가구의 규모가 커지면서 소득불균등이 확대되는 현상이 발생한다. 또한, 숙련 편향적 기술진보(skill-biased technological progress), 즉 고학력이며 숙련도가 높은 사람에게 유리하도록 기술이 발전하는 현상도 소득불균등 및 소득양극화의 원인이 될 수 있다. 상대적으로 숙련도가 높아 고임금을 받는 사람에게 더욱 유리한 기술진보가 누적이 되면 비숙련 근로자에게 불리하게 되고 당연한 결과로 소득불균등 및 소득양극화가 심화될 수 있다.

한편, 소득뿐만 아니라 일자리 측면에서도 양극화가 진행되고 있다. 아래 그림은 주요 OECD 국가에서 지난 1995부터 2015년 사이 전체 일자리 중 저기능(low skill), 중기능(middle skill) 및 고기능(high skill) 일자리의 비중이 얼마나 변화했는지 보여준다. 아래 그림에 의하면 모든 국가에서 중기능을 요구하는 일자리의 비중이 감소하였음을 알 수 있다. 반면, 대부분의 국가에서 고기능 일자리의 비중은 증가했고, 저기능 일자리의 비중도 헝가리, 체코 등 일부 국가만 제외하고 모두 증가하였다. 즉, 일자리에서 사용되는 기능 또는 기술의 수준 측면에서 중간층이 사라지고 양 극단이 증가하는 일자리 양극화가 진행되고 있는 것이다.

[그림 27] OECD 국가의 일자리 양극화

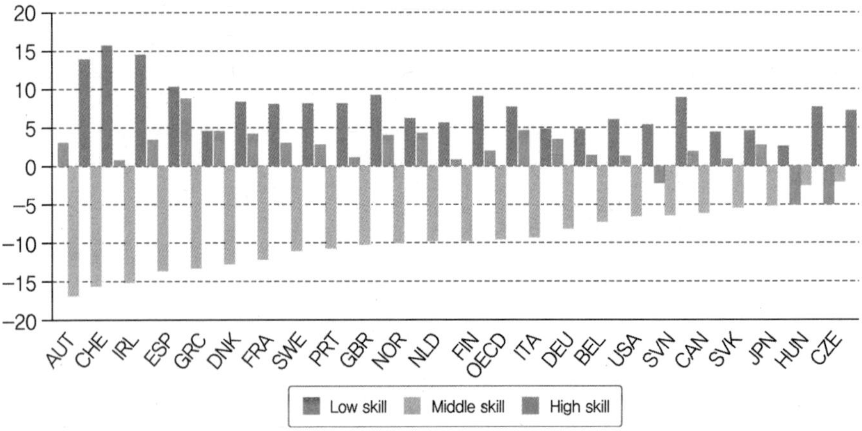

자료: OECD Employment Outlook 2019, OECD.

주1: 1995년부터 2015년 사이 전체 일자리 중 low skill, middle skill 및 high skill 일자리의 비중 변화를 나타냄.

주2: high skill 일자리는 ISCO−88 기준 입법의원, 임원, 관리자, 전문지 및 전문기술직 일자리를 의미하고, middle skill은 사무직, 기능원 및 관련 기능 종사자 및 장치·기계조작 및 조립종사자를 의미한다. 한편, low skill은 서비스종사자, 판매종사자 및 단순노무종사자를 의미한다.

위에서 살펴본 OECD 국가의 일자리 양극화는 우리나라에서도 진행 중이다. 아래 그림은 직종별 임금, 근로조건, 근로자 규모 등을 파악한 고용노동부의 고용형태별근로실태조사 자료를 앞서 설명한 OECD의 일자리 기준에 따라 고기능, 중기능 및 저기능 일자리로 구분한 뒤 각각의 비중 변화를 살펴본 결과이다. OECD 국가들과는 달리 고위 임직원 및 관리자나 전문가 등으로 구성된 고기능 일자리의 비중은 2009년 이후 증가하지 않았다. 그러나 저기능 일자리의 비중은 2009년

15.7%에서 2019년 20.3%로 증가하였으며 중간 일자리를 나타내는 중기능 일자리의 비중은 같은 기간 56.1%에서 51.6%로 4.5% 포인트 하락했다. 즉, 우리나라에서는 고급 일자리는 증가하지 않은 채 중간 일자리는 감소하고 상대적으로 낮은 급여를 받는 저기능 일자리는 증가하는 방향으로 일자리 양극화가 진행하고 있는 것이다.

[그림 28] 우리나라의 일자리 양극화

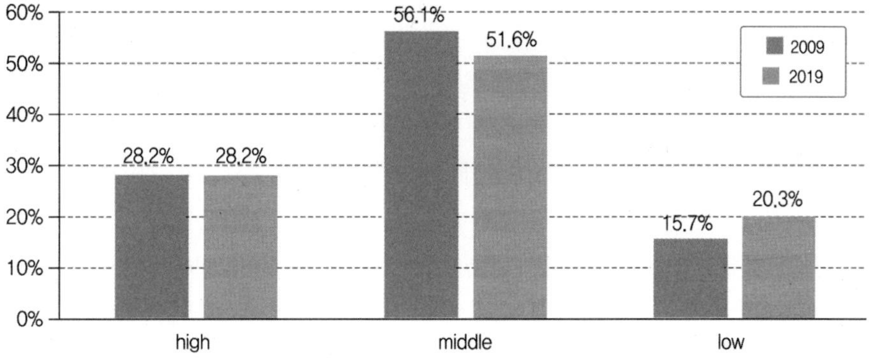

자료: 고용노동부, 고용형태별근로실태조사.

이상에서 살펴본 것처럼 전 세계적으로 소득불균등화 및 소득양극화가 진행되고 있다. 특히, 우리나라의 경우 1990년대 중반 이후 소득양극화가 빠른 속도로 진행되고 있으며 최근에는 일자리 양극화까지 발생하고 있다. 앞서 고령화에 대한 분석 부분에서 살펴본 것처럼 소득 및 일자리 양극화의 부담을 완화하기 위해서는 다양한 형태의 노동력이 경제활동에 참가할 수 있는 여건이 조성되어야 하며, 이를 위해서는 근로자를 균질한 하나의 집단으로 바라보는 시각은 수정되어야 하며, 다양한 형태의 자유로운 계약이 체결될 수 있는 노동시장 여건이 조성되어야 한다.

3. 사회구성원의 변화와 노동시장의 다원화 및 개별화

경제가 발전하는 단계에 따라 사회구성원의 관심사가 변하고 이로 인해 노동시장의 환경 역시 변화한다. 2차 산업혁명 이후 대량생산방식이 확대되던 시기에는 교섭력 측면에서 상대적으로 약세에 있었던 근로자들의 집단화가 진전되었고, 이런 과정에서 균질적 근로자들의 보호가 노사관계 및 노동법의 중심에 등장하게 되었다. 그러나 인터넷을 통한 커뮤니케이션 기술발전을 통해 많은 사람들이 수평적으로 연결되는 3차 산업혁명이 진전되면서 사회적 기본 이념은 점차 개인화되어 가는 양상을 보였다. 이런 과정에서 노동시장에도 집단적 이슈보다는 다양한 개인적 관심사가 논의의 중심에 등장하게 된다.

한편, 인공지능, 사물인터넷, 가상현실, 빅데이터 등 정보통신기술의 융합이 현실화되면서 초연결성을 바탕으로 모든 사람과 사물이 연결되는 4차 산업혁명의 시대에는 과거 사소하고 개인적인 것으로 인식되던 이슈들도 이제 모든 사람이 공유할 수 있는 것이 되면서 우리 사회의 기본 이념도 과거에 비해 더 개인화되고 있으며 노동시장도 개인적이며 다양한 이슈에 관심을 둘 수밖에 없는 시기가 되고 있다. 따라서 앞으로 4차 산업혁명이 진행될수록 집단적 이념 추구와 공통되고 단일화된 근로조건 결정보다는 개별성·다양성이 중시되고 개인의 근로조건 결정이 훨씬 중요한 이슈가 될 전망이다.

최근 우리나라 노동시장에서는 MZ세대 사무직 근로자의 노조 결성이 중요한 이슈로 부각되었다. 성과급 결정 과정에서 생산직에 비해 차별을 받았다는 점이 노조 결성의 표면적 이유로 알려져 있지만, 더 근본적인 원인은 개인의 다양한 요구사항을 기존의 단체협약이 반영하지 못한 것에 대한 불만이라고 할 수 있다. 예를 들어, 정년연장과 같은 베이비붐세대의 요구사항을 단체협상의 주요 요구사항으로 제시하는 현재의 노동시장에서 성과에 대한 즉각적 보상을 중시하는 MZ세대는 불만을 가질 수밖에 없다. 즉, 현재의 노동시장에서는 MZ세대의 다양한 요구사항이 반영될 통로가 없는 것이 가장 큰 문제이다.

한편, 이러한 MZ세대의 노동조합 결성은 그간의 불만을 묵묵히 감수하다가 단순히 임계점을 넘어 불만이 폭발한 것으로 보이지는 않는다. 노동시장을 포함한 우리 사회를 구성하는 구성원의 비중이 드디어 베이비붐세대에서 소위 MZ세대로 넘어갔기 때문에 2021년 현재 MZ세대 사무직의 노동조합 결성이 표면으로 부상한 것으로 보인다. 아래 그림은 우리나라 노동시장에서 활발히 활동하는 연령대라고 예상되는 25~64세 인구 중 MZ세대(1985~2000년 출생)와 베이비붐세대(1955~1963년 출생)의 비중을 나타낸다. 불과 10여 년 전인 2010년에는 베이비붐세대의 비중이 20%를 넘었다. 그러나 베이비붐세대의 비중은 서서히 감소하다가 초기 베이비붐세대가 65세에 다다른 2020년부터 본격적으로 감소하기 시작해서 매년 평균 77만 명의 베이비붐세대가 65세에 이르게 된다. 그 결과 베이비붐세대의 비중은 2027년 2.5%까지 감소하고 2028년에는 완전히 퇴장할 것이다. 반면, 2010년에는 비중이 1.8%에 불과했던 MZ세대는 매년 평균 68만 명씩 25세에 이르면서 그 비중이 급속도로 증가하여 2020년 20.4%에 다다르며 드디어 베이비붐세대를 추월하게 된다. MZ세대의 사무직 노조 결성이 올해 크게 부각된 것이 우연만은 아닌 이유이다.

[그림 29] 25~64세 인구 중 베이비붐세대와 MZ세대의 비중

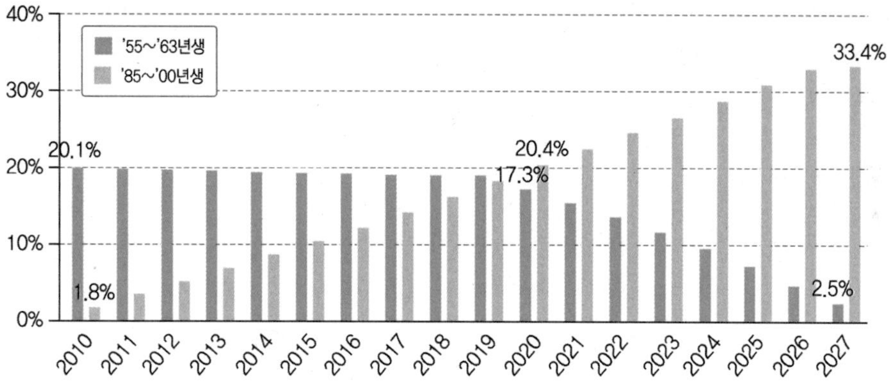

자료: 통계청 국가통계포털 자료를 이용한 계산.

이처럼 사회구성원이 변화하면서 노사관계 및 노동시장의 핵심 의제와 노동시장 시스템이 변화하는 것은 당연한 현상이며 외국에서도 관찰되는 현상이다. 2차 세계대전 이후 독일 노동시장에서는 직무급과 산별교섭이라는 두 가지 원칙을 통해 개별화된 교섭에서 나타날 수 있는 노사관계의 불안정성을 극복하는 것이 노동시장의 핵심 의제였다. 그러나 1970~80년대에 접어들면서 대량생산 방식에서 소규모 유연생산방식으로의 이동이 급격히 진행되고, 균질적 근로자 집단을 가정하고 업무를 단순 분류한 직무급은 점차 현실과의 정합성을 상실하게 된다. 이 시기부터 획일적인 산별교섭 또한 현실과의 정합성을 상실하게 되고 단체교섭에서 개별성·다양성을 인정해야 할 필요성이 커지게 된다.

사회구성원이 변화하면서 개인의 다양한 경제적 이슈를 어떻게 반영할 것인가가 노사관계 안정에 중요한 핵심이 될 전망이고, 이런 관점에서 제도적 유연성이 반드시 필요하다. 앞서 살펴본 독일의 경우, 산별교섭의 장점을 살리면서 개별성·다양성을 반영하고 합리적 예외를 인정하기 위해 여러 가지 제도적 변화를 수용했다. 예를 들어, 효율적 교섭을 위해 산별 교섭에서 최저 수준의 근로조건에 대한 합의만 도출하고, 개별 기업이나 근로자의 특성을 반영하기 위해 사용자와 근로자

가 단체협약과는 다른 내용의 협약을 체결할 수 있도록 개방조항(Öffnungsklausel)이나 곤란조항(Härteklausel)을 도입한 것이 가장 대표적인 사례라고 할 수 있다.

다양한 관심사를 가진 새로운 세대가 노동시장의 핵심으로 부상하면서 이제 우리나라 노동시장에서 핵심 의제를 구별하기는 쉽지 않게 되었다. 그만큼 다양성이 중요한 쟁점이 되었다는 의미이다. 따라서 이러한 변화를 반영하기 위해 노동법도 균질적 근로자 집단을 전제로 노동시장을 바라보는 시각에서 벗어나야 한다. 다양한 주제를 효율적으로 논의하기 위해서는 노동법의 변화가 요구된다.

4. 소 결

기술발전은 노동시장의 환경을 급속도로 변화시킨다. 그러나 이에 못지않게 중요한 요소는 사회적 환경의 변화가 노동시장에 미치는 영향이다. 위에서 살펴본 것처럼 고도성장을 달성할 수 있었던 산업화 시대의 노동환경과 저출산·고령화·저성장이 새로운 노멀(normal)로 자리를 잡은 현재의 노동환경은 큰 차이를 보인다.

우선, 현재 우리가 처한 상황은 과거와 달리 저출산·고령화·저성장으로 인해 노동력이 부족해지고 과거와 같은 고도성장이 불가능한 상황이다. 경제성장률은 빠르게 낮아지고 있으며, 특히 우리나라의 잠재성장률은 주요 OECD 국가들에 비해 상당히 빠른 속도로 감소할 전망이다. 여기에 더해, 저출산·고령화로 인한 경제적 부담은 점차 커져서 2060년이면 경제활동인구 100명이 고령층 102명을 부양해야 하는 소위 목말시대[24]가 도래하면서 미래세대의 고통은 빠른 속도로 증가할 전망이다.

저출산·고령화·저성장뿐만 아니라 소득 및 일자리 양극화도 노동시장 환경에 큰 영향을 미칠 전망이다. 우리나라를 포함한 전 세계 상당수의 국가에서 소득불균등화 및 양극화가 관찰되고 있다. 특히 우리나라는 지난 1990년대 중반 이후 소득양극화가 빠르게 진행하고 있다. 또한, 소득뿐만 아니라 일자리 양극화도 동시에 진행되고 있다. 예를 들어, 지난 10년간 우리나라 일자리 중 중간 수준을 차지하는 일자리의 비중은 감소하고 낮은 수준의 일자리 비중은 증가했다. 즉, 일자리 분포에서 중간층을 차지하는 양질의 일자리가 줄어들고 있는 것이다.

---

24) 목말은 어깨 위에 어린아이의 두 다리를 벌려 올려놓고 서 있는 것을 의미하며, 경제활동인구 1명이 고령층 1명을 부양해야 하는 상황을 비유한 것이 목말시대이다.

또한, 사회구성원의 변화로 인해 노동시장의 핵심 과제도 변화하게 된다. 균질적 근로자 집단의 보호를 최우선 과제로 삼던 시기는 이제 지났으며, 앞으로는 얼마나 다양한 요구를 효율적으로 수용할 수 있는 제도적 유연성을 확보할 수 있는지가 노동시장의 핵심 논쟁거리가 될 전망이다.

저출산 · 고령화 · 저성장 및 소득과 일자리 양극화는 노동시장에서 가장 보호받아야 하는 계층에 각종 부담을 집중시키는 부작용을 초래한다. 젊은 층이 새로운 일자리를 찾기가 점차 어려워지고 고령층, 여성 및 저학력 계층의 노동시장 참여도 점차 어려워지게 된다. 이러한 부작용을 완화하기 위해서는 더 많은 사람이 노동시장에 참여할 기회가 보장되어야 한다. 그러나 산업화 시대의 획일적 시각을 바탕으로, 근로자들을 보호받아야 하는 균질적 집단으로 간주하는 현재의 노동법은 역설적이지만 가장 보호를 받아야 하는 집단을 보호로부터 소외하는 부작용을 초래한다. 이러한 부작용은 다양한 요구를 반영하지 못하는 노동법의 경직성에서 초래된다고 할 수 있다. 따라서 이제 근로기준법을 포함한 노동법은 이러한 다양성을 반영할 수 있는 방향으로 변모해야 할 것으로 판단된다.

Ⅳ. 결 론

법과 제도는 인간의 행동을 규제하고 이로 인해 인간의 행동 양상은 변화한다. 그러나 그 반대 역시 필요하다. 즉, 인간의 행동이 변화한 점을 법과 제도가 반영해야 한다. 이는 법이 불변의 선과 악을 구분하는 기준이 아니라 인간 사회의 질서를 유지하기 위한 기준이기 때문이다. 본 연구에서는 우리 사회에 초래된 각종 변화를 살펴보고 이를 통해 근로기준법을 포함한 현재의 노동법이 변화해야 할 필요성을 살펴보았다.

근로기준법은 벌칙과 강행규정을 통해 근로자의 최저한의 근로조건을 확보하고, 이를 통해 '근로자의 기본적 생활을 보장 · 향상'하기 위해 제정되었고, 또한 근로기준법은 노동시장에서 지켜져야 할 기본적인 질서를 제시한다. 그러나 현재의 근로기준법은 산업화 시대 공장제 생산체제 아래에서 찾아볼 수 있는 균질적인 집단으로서의 근로자를 보호의 대상으로 가정하고 있다. 월요일부터 금요일까지 아침 9시부터 저녁 6시까지 근무하고 일주일에 이틀은 쉬면서 매달 정해진 월급을 받고 연장근로시 가산수당을 받으며 정해진 임무를 반복적으로 수행하는 전형적이면서 균질적인 근로자 집단을 보호 대상으로 가정하고 있는 것이다. 그러나 기술의 발전, 경제의 정보화 및 사회의 인적 구성 변화가 급속히 진행되면서 다양한 인적 자원을 가진 근로자들이 노동시장에서 노동력을 제공하고 있다. 그 결과, 예전에는 상상하기 어려운 다양한 형태의 일자리가 생기고, 근로조건의 결정 역시 일자리에 대한 사용자, 근로자 그리고 소비자의 다양한 요구 조건을 반영하여 다원화·개별화 양상을 보이고 있다.

우선, 본 연구에서는 기술발전에 의해 새로운 형태의 노동력 제공 계약이 등장할 수 있음을 살펴보았다. 가장 대표적인 형태가 소위 도급이라 불리는 외부 전문가에게 노동력 및 제품의 공급을 의뢰하는 계약 형태이다. 앞서 살펴본 것처럼 도급은 노동법의 규제에서 벗어나기 위해 탄생한 비정상적인 노동력 제공 형태가 아니다. 과거에는 도급은 거래비용이 높아 사용하기 어려웠던 형태의 노동력 제공 방식이지만 기술발전에 의해 거래비용이 낮아지면서 도급이 새로운 노동력 제공 형태로 확대·보급되고 있는 것이다.

또한 소비자의 수요 변화에 적극적으로 대응함으로써 경쟁력을 갖추기 위해 도급을 활용하는 경우도 살펴보았다. 전문적인 물류 업체에게 적시에 필요한 만큼의 부품을 공급하도록 요청하는 린 생산방식이 그런 예이고, 혼류 생산방식 및 모듈 생산방식의 원활한 운용을 위해 부품의 보관 및 관리뿐만 아니라 생산 순서에 맞춰 필요한 부품을 적기에 생산라인까지 공급하는 업무를 전문적으로 수행하는 물류 업체에게 부품 공급의 중요한 부분을 도급을 통해 맡기는 것도 그런 예이다.

기술발전이 새로운 노동력 공급 형태의 등장을 초래한 가장 대표적인 사례는 바로 디지털 플랫폼을 통해 노동력 공급 계약을 수행하는 경우라 할 수 있다. 이 또한 기존 노동법의 규제를 회피하기 위해 고안된 비정상적인 거래 형태가 아니라, 정보통신기술을 포함한 각종 기술의 발전으로 인해 과거와는 달리 시간과 공간의 경계를 넘어 이해관계자들이 연결되고, 이를 통해 노동력을 포함한 다양한 형태의 제품과 서비스가 거래될 수 있는 환경이 조성된 결과로 탄생한 것이다. 그리고 이러한 새로운 형태의 노동력 거래는 더욱 확대될 것으로 보인다.

이처럼 기술발전으로 인해 다양한 형태의 노동력 제공 방식이 등장하면서 산업화 시대 균질적인 근로자 집단을 전제로 하는 현재의 근로기준법을 적용하기에는 큰 무리가 따르는 사례가 속출하고 있다. 예를 들어, 제조업 생산공정에서 원활한 정보의 공유를 위해 활용되는 MES(Manufacturing Execution System)를 업무수행에 구속력이 있는 상당한 지휘·명령으로 판단함으로써 도급을 불법파견으로 판단하는 사례가 있다. 또한, 노동력 공급은 직접고용을 통해 이루어지는 것이 전통이며 간접고용은 기존 노동법의 규율 범위를 벗어나려는 탈노동법적 의도가 있다는 인식하에 기술발전으로 인해 새롭게 등장한 각종 간접고용의 노동력 제공 형태를 비정상적인 거래 형태로 바라보는 사례도 많다. 이런 사례로 인해 새롭게 탄생될 일자리가 탄생하지 못하고, 기존에 일자리를 가지고 있는 사람들만 보호의 대상이 되고 새롭게 노동시장에 진출하려는 사람들에게 노동법은 새로운 장벽과 차별로 작용하고 있는 것이다.

한편, 기술발전으로 인해 상당한 규모의 일자리가 사라질 전망이다. 특히, 가치 판단의 필요성이 작고 단순 반복적인 업무를 수행하는 일자리는 자동화에 의해 사라질 전망이다. 기술발전으로 인해 일자리 규모가 증가할지 축소될지에 대해서는 명확한 결론을 내리기 어렵다. 그러나 낙관적 견해와 비관적 견해의 공통된 점은 현재와 같은 기술발전 초기에는 기술발전에 빨리 적응하지 못하는 국가나 노동력이 존재하기 때문에 새로운 일자리 탄생이 느리고 전체적으로 일자리 위축이 발생할 수밖에 없다는 점이다. 즉, 비록 장기적으로 새로운 일자리가 생기면서 전체 일자리 규모는 증가할 수 있지만, 초기에는 불가피하게 일자리 위축이 발생할 수밖에 없다는 것이다. 특히, 노동사용에 대한 규제가 강하고 임금이 높기 때문에 자동화로부터 얻을 수 있는 혜택이 클 수밖에 없는 우리나라는 이러한 일자리 위축의 위험을 피해갈 수는 없을 것으로 보인다.

이처럼 일자리가 위축되고 일자리의 구성이 변화하는 동안의 부작용을 최소화하기 위해서는 일자리 간 이동이 원활해야 한다. 즉, 4차 산업혁명으로 인해 위축되는 일자리로부터 적절한 수준의 인력 감축이 가능해야 한다. 만약 적절한 수준의 인력조정이 불가능하다면 위축되는 산업의 상황은 더욱 악화될 것이며 새롭게 등장하는 산업의 일자리 탄생도 더딜 수밖에 없다. 그러나 OECD의 EPL 지수를 통해 살펴본 우리나라의 고용 보호 수준은 OECD 국가 중 높은 수준에 속한다. 특히, 현재 EPL 지수를 산정하는 데 반영되지 않은 퇴직금을 감안할 경우 우리나라 정규직의 고용 보호 수준은 OECD 전체에서 체코 다음으로 높은 2위를 기록하고 있다. 즉, 일자리 조정이 불가능하거나 그만큼 큰 비용을 지불해야 한다는 것이며, 이로 인해 4차 산업혁명으로 인한 노동시장의 변화에 적응하기 위해서는 상당한 비용을 지불해야만 하는 것이다.

이처럼 고용조정이 어려운 이유 중 대표적인 것은 인력조정 자체를 부정적으로만 바라보는 경직적인 노동법의 시각이라 할 수 있다. 고용조정 자체를 부정적으로 바라보고 실질적으로 금지시키는 경직적 시각의 노동법하에서는 누구도 변화하는 환경에 적응할 수 없으며, 기업뿐만 아니라 근로자들까지도 그 피해를 감당해야 하는 것이다. 따라서 노동시장을 포함한 우리 사회 전체가 큰 부작용 없이 새로운 변화에 빠르게 적응하기 위해서는 근로기준법을 포함한 노동법의 변화가 절실하다.

앞서 살펴본 기술발전은 노동시장 환경에 큰 변화를 초래했다. 그러나 이와 마찬가지로 우리 사회의 변화 역시 노동시장의 환경을 변화시킨다. 가장 대표적인 것이 저출산·고령화로 인한 노동력 부족 현상이다. 전 세계에서 가장 빠른 속도로 늙어가는 우리 사회의 미래세대들은 고령화의 부담을 고스란히 짊어질 전망이다. 이런 부담을 최소화하기 위해서는 보다 많은 사람이 경제활동에 참여해야 한다. 그러나 현재의 근로기준법은 중장년 남성이라는 대표적 형태의 노동력을 염두에 둔 경직적 시각을 가지고 있으며, 이들에게 적용되는 모든 규칙과 규제를 고령자, 여성 및 청년층에게도 적용하도록 강요하는 경직적 시각을 가지고 있다.

고령화뿐만 아니라 전 세계적으로 확산되고 있는 소득 및 일자리 양극화 역시 경직적인 노동법의 시각이 변화하여야 함을 의미한다. 소득 및 일자리 양극화의 부담을 완화하기 위해서는 다양한 형태의 노동력이 경제활동에 참가할 수 있는 여건이 조성되어야 하며, 이를 위해서는 근로자를 균질한 하나의 집단으로 바라보는 시각은 수정되어야 하며, 다양한 형태의 자유로운 계약이 체결될 수 있는 노동시장 여건이 조성되어야 하기 때문에 노동법의 변화가 절실하다.

또한, 새로운 세대의 등장 역시 노동환경의 변화를 초래하고 있으며, 노동법의 변화를 요구하고 있다. 인공지능, 사물인터넷, 가상현실, 빅데이터 등 정보통신기술의 융합이 현실화되면서 모든 사람과 사물이 연결되는 4차 산업혁명의 시대에는 개인적인 관심사도 모두가 공유 가능한 이슈가 될 수 있으며 우리 사회의 기본 이념도 과거에 비해 더 개인화되고 있다. 따라서 노동시장에서도 집단적 이념 추구와 공통된 질서 확립, 그리고 단일화된 근로조건의 결정이 예전만큼 중요하지 않게 되었다. 오히려 개별성·다양성이 중시되고 개인의 근로조건 결정이 훨씬 중요한 이슈가 될 전망이다. 이러한 변화를 반영하기 위해 노동법도 균질적 근로자 집단을 전제로 노동시장을 바라보는 시각에서 벗어나야 한다. 다양한 주제를 효율적으로 논의하기 위해서는 노동법의 변화가 요구된다.

이상에서 살펴본 것처럼 우리 노동시장에는 다양한 변화가 일어나고 있다. 그리고 이러한 변화는 기존의 노동법이 가진 경직적 시각에서는 수용하기 어려운 변화이다. 그러나 이러한 기존의 노동법을 기준으로 새로운 변화에 잣대를 댄다면 부작용만 초래될 전망이다. 그리고 근로자 보호를 위해 제정된 근로기준법의 부작용은 역설적으로 불안정한 일자리를 가지고 있는 사람들이나 노동시장에 참여하고 싶지만 참여가 어려워 노동법의 보호가 가장 절실한 사람들에게 집중될 전망이다. 이제 근로기준법을 포함한 우리 노동법 전체의 시각이 바뀌어야 할 이유는 충분하다고 보인다.

제3장

주요국가의 근로계약법제

Ⅰ. 독 일

1. 근로계약법 제정 시도의 역사

(1) 독일의 노동법 체계

독일은 현재까지 통일된 노동법전이 존재하지 않고, 기본법을 비롯한 개별 법률에 의해 근로관계가 규율되고 있다. 개별적 노동법에 국한해서 보자면 성질, 목적에 따라 근로계약법 및 근로자보호법으로 분류할 수 있다. 근로계약법은 계약당사자의 권리의무의 내용을 규제하는 여러 법규의 총체를 의미하고, 민법, 상법, 영업법, 임금계속지급법, 연방연차휴가법, 해고제한법 등의 법률이 있다. 근로자보호법은 주로 근로자의 안전, 건강 보호를 목적으로 삼아 주로 사용자에게 행정상의 감독과 벌칙을 수반하는 공법상의 의무를 부과하는 여러 법규의 총체를 의미하는데, 노동보호법, 모성보호법, 연소근로자보호법 등의 법률이 있다.[1)]

예를 들어, 근로계약에 관한 사항은 민법과 상법 등에서, 해고제한에 관한 사항은 해고제한법에서, 근로시간에 관하여는 근로시간법에서, 연소자의 근로에 관하여는 연소근로자보호법에서 각각 규정하고 있다. 한편, 집단적 노동관계법은 근로자협의회법, 공동결정법, 단체협약법을 제외하고는 대부분 노동법원의 판례에 의존하고 있다.

이와 같이 근로관계에 관한 내용이 여러 개별 법률에 산재해 있는 문제로 인해, 전문가에게도 접근이 어려울 정도로 복잡해 독일 노동법 체계를 파악하기가 쉽지 않다는 비판이 계속 제기되어 왔고 독일의 국제경쟁력에 불리한 요소로 작용하고 있다는 인식이 팽배해 있다.[2)]

---

1) JILPT, 이정 역, 「주요 선진국의 근로계약법제」, 한국경영자총협회, 2007, 93면.

2) Fischer, Ulrich, Rechtsfort– oder Rücktritt durch Rechtsstillstand – Das Arbeits–

(2) 근로계약법 입안의 역사

근로계약법 입안의 역사는 19세기 후반경부터 시작된다. 제국의회는 1896년 12월 11일 임금에 대한 대가로 가사 공동체, 다른 경제적 또는 영업적 기업을 위하여 정신적·육체적 노동력을 제공할 의무를 부담하는 계약은 제국법률에 의해 규율되어야 한다고 결의했지만 실제 실행되지는 못했다.[3]

1차 세계대전 종전 후 바이마르공화국이 출범하면서 1919년 바이마르헌법(Weimarer Verfassung) 제157조 제2항에서 "제국은 통일된 노동법을 제정한다"고 규정하였다. 이에 따라 정부는 노동법 제정을 위한 노동법위원회를 구성하여, 노동법위원회가 1923년 총 196개 조항과 상세한 입법이유서로 구성된 근로계약법안 등을 마련하여 제출하였다. 그러나 전반적으로 선언적인 규정을 마련하는 데 그쳤고 결국 정부안으로 채택되지 못했다.[4]

나치시대에는 기존의 법규가 그대로 유지되었다. 1934년 국가노동법(Gesetz zur Ordnung der nationalen Arbeit)은 나치의 이념이 근로계약에도 적용된다는 규정을 두었는데, 그 결과 실무에서는 민법에 근거한 쌍무계약이 주가 된다는 이론과 충성관계에 의한 나치의 이념이 우선시된다는 의견이 맞서고 있었다.[5] 1938년에는 노동법위원회의 획(Alfred Hueck) 의장이 제국노동부장관에게 나치의 이념이 반영되지 않은 근로관계에 관한 법의 초안을 제출했다. 이 초안은 1942년 민법을 대체할 국민법전(Volksgesetzbuch)안의 근로에 관한 규정 편에 삽입되었으나, 역시 입법화되지는 못했다.[6]

독일 분단 이후 동독에서는 1950년에 통일적인 노동법전이 만들어졌으나, 서독에서는 1969년에 이르러서야 빌리 브란트 총리가 국정연설에서 "체계를 알 수 없게 된 노동관련 법률을 하나의 노동법전으로 묶을 것"을 천명함으로써, 1970년 학자, 노동조합 및 사용자단체의 대표, 법관, 행정부처로 구성된 위원회가

---

vertragsgesetzes: Fata Morgana oder "wenn nicht jetzt, wann dann?", NZA 2006, 1395(한국노동법학회, 「외국의 근로계약법제 도입과정 및 내용분석 연구」, 노동부, 2009. 11, 7면에서 재인용).

3) 김기선, "독일 근로계약법 토론 초안의 진행상황", 「국제노동브리프」(Vol. 6, Np. 3), 2008. 3, 57면.

4) 한국노동법학회, 앞의 보고서, 9면.

5) Rüthers, Bernd, Die unbegrenzte Auslegung. Zum Wandel der Privatrechtsordnung im Nationalsozialismus, 2. Aufl.(1973), 379ff.; Richard, Reinhard, Arbeitsvertragsgesetz und Privatautonomie, NZA 1992, 769(770)(한국노동법학회, 앞의 보고서, 9면에서 재인용).

6) 한국노동법학회, 앞의 보고서, 9면.

구성되었다. 이 위원회는 1976년 총 130개조로 이루어진 일반계약법(Allgemeines Vertragsrecht)을 제출하였다. 그러나 이 초안의 상당 부분의 내용에 관해 사회 전반의 합의가 지배적이었음에도 불구하고 법률로 성립되지 못한 채 1977년 위원회가 해산되면서 법 제정이 이루어지지 못했다.[7)]

1989년 11월 9일, 독일 통일 후, 서독과 독일은 통화, 경제 및 사회연합과 함께 노동법전의 제정에 대하여도 합의를 하였다. 1990년 8월 31일 통일 협약 제30조는 동서독 지역에 공통으로 적용되는 근로계약법을 가능하면 속히 제정할 것을 독일 정부의 과제라고 명시하였으나,[8)] 현재까지 이행되지 못하고 있다.

1992년에는 교수로 구성된 팀이 제59차 독일법률가회의(Deutscher Juristentag)에 근로계약법을 위한 초안(Entwurf eines Arbeitsvertragsgesetzes)을 제출하였다. 이후 1995년에 작센 주정부의 주도로 연방상원에 법률 초안(Sächsischer Gesetzent-wurf)이 제출되었고, 그 다음 해인 1996년에는 브란덴부르크 주에 의해 상당히 유사한 내용의 법률 초안(BrandenburgischerGesetzenwurf)이 제출된 바 있었으나,[9)] 결국 실현되지 못했다.

이후 2005년 베르텔스만 재단의 연구용역에 의해 쾰른 대학의 '헨슬러 교수와 프라이스 교수'(이하 '헨슬러 · 프라이스'라고 한다)는 2006년 8월 근로계약법의 초안(1차 초안)을 마련하였고, 이에 대한 각계의 의견을 수렴하여 2007년 10월 개정안을 발표하였다. 독일에서는 1차 초안 발표 이후 다시 한번 통일된 근로계약법 제정을 위한 논의가 활성화되었으나 노사단체의 반대 등 정치적 이유 때문에 아직까지 입법화하지 못하고 있는 실정이다.[10)]

(3) 근로계약법 제정의 필요성

독일에서 통일된 근로계약법 제정이 필요한 이유는 다음과 같다.

---

7) 김기선, 앞의 논문, 58면.

8) BT-Dr 11/7760, 369. 통일협약 제30조 제1항은 "서독 근로계약법의 일부는 100여전 전에 제정되었다. 그 밖에 일부는 법의 미비로 판례에 의해 규율되고 있다. 그러므로 근로계약법을 통합하여 제정하는 것이 전 독일 입법자의 시급한 과제이다"라고 정하고 있다(한국노동법학회, 앞의 보고서, 10면).

9) 김기선, 앞의 논문, 58면.

10) 임서정, 「근로계약법에 관한 연구」, 한국노동연구원, 2013, 59-60면. 이에 대하여 프라이스 교수는 독일의 정치인들이 노동조합과 사용자단체를 두려워하고 있으며 노동법의 이슈에 대하여 공공연히 논의하는 것을 위험하다고 생각하여 가능한 이 논의 자체를 피하려고 하는 점을 입법 실패의 원인으로 지적하며, 이를 노사단체 권력에 대한 입법부의 항복이라고 표현했다(Ulrich Preis, 조성혜 역, "독일의 근로계약법 초안", 「노동법학」 제32호, 2009. 12, 25면).

첫째, 과거부터 지속적으로 제기되는 문제로 근로계약을 둘러싼 법률이 너무 복잡하고 불명확하다는 점이다. 독일에서는 근로관계와 관련된 규정들이 민법 및 기타의 단행법률에 산재해 있는데 중요한 법률만 해도 무려 30여 개에 이른다. 그렇기 때문에 노동법률 체계를 한눈에 파악하기가 무척 힘들 뿐만 아니라 실제 사건에 있어 중요한 법률규정을 찾는 것 또한 상당히 어렵다는 지적이 계속되어 왔다. 뿐만 아니라 근로관계에 관한 규정이 개별 법률에 흩어져 있어 법률의 통일성을 기하기 어렵고 군데군데 근로관계에 관한 중요 규정에 대한 법적 흠결이 있다는 비판이 있었다. 물론 판례에 의해 일정부분 이러한 법적 흠결이 보완되어 왔지만, 사용자나 근로자 개인이 수많은 연방노동법원의 판례를 파악하고 이를 평가하기는 결코 쉬운 일이 아니기 때문이다.[11)]

둘째, 최근 근로관계에서 발생하는 문제들이 증가하고 있는데 복잡한 문제들은 대부분 근로계약 문제를 둘러싸고 발생한다는 점이다. 예를 들어 고용불안, 탄력적 근로시간제, 임금비용의 삭감, 유사근로자 및 유사자영업자의 등장, 기간제 및 시간제근로자의 증가, 근로보호 및 해고의 제한, 일과 가정의 조화, 간접고용, 불법파견 등의 문제는 모두 근로계약과 관련된 문제인데, 문제해결을 위해서는 통합법전이 없기 때문에 민법을 비롯한 수많은 개별 법률을 찾아보아야 하고, 경우에 따라서는 개별 법률에도 규정되어 있지 않은 경우가 허다하기 때문이다.[12)]

셋째, 최근 더욱 부각되는 이유로 헨슬러 · 프라이스 초안의 내용에도 영향을 미치지만, 노동법의 부재가 외국인의 투자를 어렵게 한다는 것이다. 외국기업이 독일에 투자를 하려면 근로관계에 대한 명확하고 예측 가능한 규범이 있어야 하는데 독일에는 통합 노동법이 부재하고 개별법도 복잡하여 독일과의 협력 및 독일 내 투자에 소극적일 수밖에 없다는 것이다.

넷째, 유럽연합 회원국들은 유럽연합의 노동보호관련 지침들을 국내법에 반영할 의무가 있는데, 이 같은 지침들을 반영한 규정을 산재하는 개별법들에 일일이 신설하는 것은 복잡할 뿐만 아니라 결과적으로 무의미한 작업이기 때문이다. 다시 말해 통합 근로계약법의 제정은 유럽연합의 지침들과 국내법과의 조화를 이루는 데도 필요하다고 할 수 있다.[13)]

---

11) 유성재, "근로계약법의 제정 필요성에 대한 연구", 한국경영자총협회부설 노동경제연구원 연구조사자료, 2004, 17－18면; 김기선, 앞의 논문, 56면.
12) 조성혜, "독일의 통합 근로계약법 제정논의와 초안", 「노동저널」 821, 노사신문사, 40면.
13) 한국노동법학회, 앞의 보고서, 14면.

이하에서는 2007년 헨슬러 · 프라이스 초안에 대해 살펴보고자 한다.

2. 2007년 헨슬러 · 프라이스 근로계약법 초안

(1) 법안의 배경

1992년 노동법 교수들이 근로계약법 초안을 발표하고 작센 및 브란덴부르크주에서 입법절차에 관한 초안을 마련한 것 이외에는 근로계약법 입안을 위한 진전은 없었다. 이후 2005년 베르텔스만 재단(Bertelsmann-Stiftung)[14]의 연구용역에 의해 쾰른(Köln)대학의 헨슬러(Martin Henssler) 교수와 프라이스(Ulrich Preis) 교수는 2006. 8. 근로계약법(Arbeitsvertragsgesetzbuch)의 초안(1차 초안)[15]을 마련하였고, 이에 대한 각계의 의견을 수렴하여 2007. 10. 개정안(2차 초안)을 발표하였다.

근로계약법을 민법(BGB)에 편입시키자는 의견이 나오기도 했는데,[16] 실제로 헨슬러 · 프라이스의 근로계약법 초안도 제1조 제1항에서 "근로관계는 계약에 기초한다. 이 법이 달리 정하고 있는 경우 외에는 민법의 규정이 적용된다"고 함으로써 민법과 근로계약법의 밀접한 관계를 명시하고 있다.[17]

---

14) 베르텔스만 재단은 1977년 몬(Reinhard Mohn)에 의해 설립된 사단법인으로 베르텔스만 주식회사의 76.9%의 지분을 갖고 있다. 독립적, 초당적, 중립적 재단을 표방하는 동 재단은 국가의 개입을 최소화하고 기업의 자유와 사회 전 분야에 걸쳐 능력 위주의 시스템을 구축하여 사회의 현안문제를 해결하는 데 기여하는 것을 목적으로 한다(한국노동법학회, 앞의 보고서, 12면).

15) 초안은 1992년의 독일법률가회의의 초안과 1995년의 작센(Sachsen)과 1996년의 브란덴부르크(Brandenburg) 주의 초안을 종합한 것이다. 이에 대하여는 Preis, Die Aktualität des Arbeitsvertragsgesetzes, Friedrich-Ebert-Stiftung, New Deal im Arbeitsrecht?/ Forschungsinstitut der Friedrich-Ebert-Stiftung, Abt. Arbeit und Sozialpolitik.- [Electronic ed.].-Bonn, 1999., http://www.fes.de/fulltext/asfo/00627009.htm; Sittard, Ulrich, Der Entwurf eines Arbeitsvertragsgesetzes und die Lösung sog. Zukunftsfragen, RdA 2008, 249; Albin, Wolf, Neues deutsches Arbeitsrecht, http://www.handelsblatt.com/unternehmen/karriere/neues-deutsches-arbeitsrecht;1225188(한국노동법학회, 앞의 보고서, 13면).

16) Richardi, Reinhard, Arbeitsgesetzgebung und Systemgerechtigkeit, NZA 2008, 1(6).

17) NZA Beilage 1/2007 zu NZA Heft 21/2007. 이에 대하여 자세히는 Preis, Ulrich, Die Aktualität des Arbeitsvertragsgesetzes, Friedrich-Ebert-Stiftung, New Deal im Arbeitsrecht? / Forschungsinstitut der Friedrich-Ebert-Stiftung, Abt. Arbeit und Sozialpolitik. - [Electronic ed.]. - Bonn, 1999., http://www.fes.de/fulltext/asfo/00627009.htm; Moritz, Klaus, Zum Entwurf des Arbeitsvertragsgesetzes von Henssler/Preis, U.F.O., Unternehmensrecht Forum Online, 03/2008http://www.jura.uni-hamburg.de/ufo/ausgabe-03-2008/moritz-zum-entwurf-des-arbeitsvertragsgesetzes-von-henssler-preis.html(한국노동법학회, 앞의 보고서, 13면에서 재인용).

헨슬러 · 프라이스 교수는 흩어져 있는 개별적 근로관계법들을 단순히 한 법률로 통합[18]하려고만 하였으나, 통합 과정 중 현행 법률간의 불일치 또는 모순이 발견되어 단순화와 체계화 작업을 하지 않을 수 없게 되었다. 법률의 체계적 통합을 위해서는 불가피하게 새로운 규정을 신설하였는데, 그 과정에서 유연화에 대한 노동계의 저항에 부딪혀 초안의 작성이 쉽지만은 않았다. 언뜻 근로계약법을 제정한다는 것이 노동의 유연화가 전 세계적인 흐름인 데 비추어 모순적인 것으로 비칠 수도 있다. 그러나 무질서하게 산재하는 노동 관련법들을 하나의 법에 체계적으로 통합하는 작업이야말로 의미있는 유연화라고 볼 수도 있다는 것이 초안작성자들의 견해이다.[19]

이들의 견해를 요약하면 다음과 같다.

현존하는 독일의 노동관련 법들이 유연화되었다고 생각하는 것은 오해이다. 입법의 흠결을 50년 동안 연간 600.000건의 노동법원의 판례가 보충하여 온 나머지, 판례가 제2의 입법자라고 할 정도로 노동법의 중요한 축을 형성해왔다. 그 결과 노동법은 더 복잡하게 되었고 전문가가 아니고는 접근조차 어려워지게 되었다. 설령 법규가 있다 해도 일반조항에 그치고 있어 결국은 판례에 의해 당사자의 이해관계가 조정될 수밖에 없다. 해고관련 법이 대표적인 예이다. 상호 모순되거나 구시대적인 수많은 노동관련 법들을 논리적이고 체계적인 통합법전에 정리하는

---

18) 독일에서 법전 편찬이라 함은 민법(BGB), 상법(HGB), 민사소송법(ZPO) 등 특별한 체계하에 법률을 제정하는 대(大) 편찬을 의미한다. 법전의 편찬은 여러 차례에 걸친 법학자들의 토론의 산물이라고도 할 수 있다. 체계적인 목차 아래 개별법들을 구성하려면 체계에 관한 근본적인 질문 등을 수반하여 새로운 문제 제기에 직면하게 된다. 대표적인 예가 1900년 이후 체계에 관한 새로운 질문을 던지게 한 민법전의 편찬이었다. 예컨대 총칙의 범위를 어느 정도로 할 것인가, 또는 계약 체결상의 과실 또는 법률행위근기의 상실 등을 법전의 내용에 포함시킬 것인가 등의 질문이다. 민법전 자체도 처음부터 판례법을 반영할 것인가 여부를 논의할 수밖에 없었다. 2000년의 민법 채권편의 개혁은 100년간 축적된 판례를 법에 반영한 것이었으나 개별 판례를 매매계약에 넣을지, 도급계약에 넣을지 아니면 채권총칙편에 넣을지를 고민하지 않을 수 없었다. 통합 근로계약법의 제정도 마찬가지의 문제를 안고 있다. 단순히 기존의 법률 또는 판례들을 일정한 체계하에 정리한다고 해도 불가피하게 법 전체를 개관하는 새로운 규정을 신설할 수밖에 없다. 초안을 작성했다 해도 그 내용과 의견이 분분하여 입법화한다는 것이 쉬운 일이 아니다. Vgl. Moritz, Klaus, Zum Entwurf des Arbeitsvertragsgesetzes von Henssler/Preis, U.F.O., Unternehmensrecht Forum Online, 03/2008 http://www.jura.uni-hamburg.de/ufo/ausgabe-03-2008/moritz-zum-entwurf-des-arbeitsvertragsgesetzes-von-henssler-preis.html(한국노동법학회, 앞의 보고서, 13면).

19) Preis, Ulrich, Die Aktualität des Arbeitsvertragsgesetzes, http://www.fes.de/fulltext/asfo/00627009.htm

것이야말로 노동법의 유연화라고 할 것이다. 특히 구동독 지역의 주민들은 개관이 어려운 노동법 때문에 여전히 어려움을 겪고 있다. 나아가 통합 노동법의 부재는 독일 내 외국인 투자를 어렵게 한다. 독일에 일자리를 창출하는 투자자들로서는 독일의 노동법이 어떻게 구성되어 있는가를 바로 알 수 없다는 점 때문에 독일과의 협력 및 독일 내 투자에 소극적으로 될 수밖에 없다.

그 밖에 유럽연합(EU)의 회원국들은 유럽연합의 노동보호 관련지침들을 국내법에 반영해야 할 의무가 있는데, 이 같은 지침들을 반영한 규정을 산재하는 개별법들에 일일이 신설하는 것은 복잡하기도 하지만, 결과적으로 무의미한 작업이다. 다시 말해 통합 근로계약법의 제정은 유럽연합의 지침들과 국내법과의 조화를 이루는 데도 필요불가결하다.

나아가 통합 근로계약법은 실업률을 낮추고 고용을 촉진하는 데도 기여해야 한다. 그러나 고용을 촉진할 목적으로 해고제한 규정을 대폭 완화하여 기존 근로자들의 고용을 불안하게 하는 것은 시민법으로의 회귀를 의미한다는 점에서 신중을 요한다. 다만 해고제한법이 근로자를 사용자의 부당한 해고로부터 보호하는 기능을 수행하기보다는 해고무효확인소송에서 사용자로부터 더 높은 합의금을 받아내는 데 필요한 장치로 변질되었다는 점에서 해고제한법을 현실에 맞게 정비할 필요성은 충분히 존재한다.[20)]

그 밖에 노동법이 정규직 전일근로자에 대한 보호만을 고수할 것이 아니라 단시간근로를 활성화하고 1년 또는 2년까지의 기간제근로를 허용하는 것도 고용을 촉진하는 데 기여한다고 할 수 있다. 다만 기간제 근로계약의 반복적 갱신으로 해고제한규정이 형해화되지 않도록 해야 할 것이다. 장기실업자나 고령자의 고용을 촉진하는 것도 입법의 과제로 남는다.

독일의 국제경쟁력 측면에서 임금비용을 낮추는 것도 정부의 중요한 정책이라고 할 수 있으나, 이는 노동법보다는 사회보장비용을 낮추는 것과 더 관련이 깊다는 점에서 통합 노동법에서는 심도 있게 다루지 않았다.

(2) 헨슬러 · 프라이스의 근로계약법 초안의 개관

2007년 11월에 발표된 헨슬러 · 프라이스의 근로계약법 초안은 다음과 같이 전

20) Preis, Ulrich, "근로계약법제의 현황과 과제", 한국노동법학회 국제학술대회(2009년 추계), 2009, 23면.

체 7장 149개 조문으로 구성되어 있다.

제1장: 총칙(제1조~제10조)
제2장: 근로관계의 성립(제11조~제24조)
제3장: 근로계약의 내용(제25조~제98조)
제4장: 계약상 의무의 정지(제99조~제107조)
제5장: 근로계약의 종료와 사업의 양도(제108조~제145조)
제6장: 소멸시효 및 제척기간(제146조, 제147조)
제7장: 부칙(제148조, 제149조)

이 초안은 법률의 전체 체계나 구성에 있어서 1992년에 독일법률가대회에 제출되었던 초안, 1995년 작센 주 법률 초안 및 1996년 브란덴부르크 주 법률 초안의 형태를 따르고 있다.

또한 그 내용에 있어서는, 엄격한 의미에서 볼 때 근로계약에 해당하는 사항을 현행 법률과 판례에 근거하여 집약·체계화하고, 법률 해석 및 적용상의 문제점을 분석하고, 이전에 제기된 바 있는 개정 제안들을 평가하는 방식에 의하였다. 또한 법정책상 논란의 소지가 있는 문제에 관해서는 관련 전문가들이 보다 상세한 논의를 할 수 있도록 여러 가지 대안을 제시하는 방식을 취하고 있다. 뿐만 아니라 근로자의 보호와 기업의 필요성 내지 유연화 요구라는 상충되는 이해관계를 적절히 고려함으로써 균형성을 확보하기 위해, 근로계약법 토론 초안은 여러 차례에 걸쳐 행해진 각 사회집단과의 의견수렴과정을 통해 진행되었다.

이상의 헨슬러·프라이스 초안의 내용을 각 장별로 나누어 개괄적으로 설명하면 다음과 같다.[21)]

제1장은 근로계약의 핵심요소를 다루고 있는데, 근로계약의 기초와 관련, 명확성을 증가시키기 위하여 여기서 처음으로 중요한 개념이 언급되고 있다(제1조). 즉, 근로자에 관한 중요한 법적 정의(제2조)들 외에 소위 유사근로자의 법적 개념이 규정되어 있다. 유사근로자들은 자유롭게 용역을 제공하거나 사업을 하면서 주로 한 사람을 위해 근로를 제공하면서 경제적으로 종속된 자다. 이같이 유사근로자들은 외형상으로는 독립적으로 보일지 모르나, 경제적으로는 종속되어 있기 때문에 근로자와 유사하다. 다른 법적인 개념으로 이러한 "준근로자"는 종종 자영업

---

21) 이하의 내용은 한국노동법학회의 앞의 보고서, 15-25면의 내용을 요약한 것이다.

자의 범주에 속한다고 간주되기도 한다. 이렇게 경제적인 종속성으로부터 근로계약법의 몇 가지 원칙을 그들에게도 적용해야 한다는 주장이 정당화될 수 있다(제3조). 제4조부터 제10조까지는 균등처우를 비롯하여(제4조 및 제5조) 괴롭힘과 성희롱으로부터의 보호 및 금지를 규정하고 있다(제6조 및 제7조). 나아가, 이 장은 근로자의 이의제기권(제8조)과 근로자가 합법적으로 자신의 권리를 행사할 경우 사용자에 의한 징계를 금지하는 규정을 두고 있다(제9조). 마지막으로, 종교단체와 이념적 목적을 띤 단체(예컨대 언론 및 미디어분야의 출판사업)의 설립을 보호하는 규정을 두고 있다(제10조).[22]

제2장에서는 근로관계의 성립과 관련된 모든 원칙을 규정을 하고 있다. 제1절은 구인광고(제11조)와 사용자의 지원자에 대한 질문권(제12조), 지원자의 고지의무(제13조), 적성검사(제14조), 지원서류의 반환(제15조) 등 계약체결 전 단계에서 발생하는 법적인 문제를 다룬다. 제2절은 근로계약의 성립과 관련한 기본적인 원칙을 규정하고 있다. 한편, 제2절은 근로계약을 작성할 때 사용자가 충족해야 할 형식적인 요건을 규정하고 있다. 계약의 체결의 방식(제17조), 일반계약조건의 내용적 검사(제18조), 계약의 취소(제19조), 계약의 무효(제20조) 등을 다룬다. 제3절에서는 근로관계의 기간이라는 제목하에 근로관계의 기간(제22조), 수습기간(제23조) 및 묵시의 갱신(제24조)을 다룬다. 그중 일부는 EU지침에 근거한 소위 근로조건서면화법(Nachweisgesetz)이라 불리는, 근로관계에 적용되는 실질적인 조건의 서면화에 관한 규정을 반영하고 있다.[23]

제3장 '근로관계의 내용'은 근로계약당사자들의 주된 권리와 의무를 규정하고 있는 가장 광범위한 장이다. 제1절 근로의 제공, 제2절 임금, 제3절 근로제공이 없는 경우의 임금지급, 제4절 근로관계당사자의 그 밖의 권리와 의무, 제5절 근로자 측에서의 급부장애, 제6절 근로자의 파견으로 이루어져 있다. 주요 내용으로는, 근로제공에 있어서 근로자의 권리와 의무, 사용자의 지시권, 근로시간의 변경청구권, 특정한 조건하에서 근로자의 근로거부권, 최저임금 등을 비롯한 임금 및 특별상여금 지급 여부, 휴가 휴일 병가 경영장애 일신상의 이유로 인한 결근 육아휴직 모성보호와 병역의무 등 근로 제공이 없음에도 불구하고 임금을 지급해야 하는 경우, 사용자의 의무 및 근로자의 의무, 근로자의 책임있는 사유에 의한 이행불능, 근로자파견, 이른바 변경해약고지(Äderungsküdigung)로서 변경된 근로조

22) Ulrich Preis, 조성혜 역, 앞의 논문, 30면.
23) Ulrich Preis, 조성혜 역, 앞의 논문, 30－31면.

건하에서 근로조건의 수락 아니면 해고의 선택 등을 규정하고 있다.

제4장에서는 그 밖의 중요한 계약 당사자의 권리 및 의무를 규정하고 있다. 제1절 총칙, 제2절 육아휴직(제101조 내지 제102조), 제3절 병역의무 및 공익근로(제103조 내지 제105조), 제4절 기타 휴직(제106조 및 제107조)으로 구성되어 있다.

제5장 '근로관계의 종료와 사업의 양도'는 가장 중요하면서도 가장 논란이 많은 장이라 할 수 있다. 제1절은 해고와 관련된 규정인데 제108조 내지 제127조에서는 주로 실체적인 해고법을 규정하고 있고, 제135조 내지 제139a조는 해고와 관련한 절차법적인 규정으로 이루어져 있다. 제2절은 기간제 근로계약, 제3절은 합의해지, 제4절은 근로관계의 종료시 법적 보호, 제5절은 사업의 양도, 제6절은 근로관계의 청산을 규정하고 있다.

제6장은 '소멸시효 및 제척기간'으로 해고분쟁중 청구권의 실효, 근로계약에 의한 제척기간 및 실효기간에 대해 규정하고 있다.

제7장은 '부칙'으로 법률과 다른 규정이 적용할 수 있는 경우와 행정기관에 대한 근로계약법의 적용, 근로자대표와의 합의, 직업훈련법과의 관계(제149조)에 대한 규정을 두고 있다.

이상의 헨슬러・프라이스 초안의 내용을 유형별로 분류하면 아래의 표와 같다.

〈헨슬러・프라이스 초안의 유형별 분류〉[24)]

구 분	내 용
1) 판례를 입법화한 규정	◦ 채용시 사용자의 질문권 ◦ 적성검사 ◦ 근로계약의 취소 및 무효화 ◦ 계약내용의 검토 ◦ 기간제 근로계약 ◦ 사용자 지시권의 종류와 범위 ◦ 균등처우 ◦ 근로자의 책임 ◦ 경영장애로부터 근로자의 보호 ◦ 간접적 근로관계 ◦ 근로조건의 철회 및 변경
2) 기본권 보호 규정	◦ 사용자의 영업의 자유와 근로자의 직업선택의 자유(경업금지 및 직업선택의 자유) ◦ 근로자의 사생활 보호

24) 한국노동법학회, 앞의 보고서, 15－17면.

	◦ 성별, 인종, 출신, 신념, 종교, 사상에 의한 차별금지 ◦ 특정 목적(정치, 종교, 교육, 학술, 예술 등)을 띤 사업장의 보호 ◦ 근로자의 인격권을 침해하는 적성검사 및 건강검진의 제한 ◦ 근로자의 양심의 자유 보호
3) 개정이 필요한 규정	◦ 노동법의 적용범위(근로자의 개념) ◦ 노동법의 대기업그룹에의 원칙적 적용 및 그룹 차원에서의 사용자의 책임(특히 해고와 관련) ◦ 직장과 가정의 조화 ◦ 근로자의 책임 ◦ 조기 합의해지의 제한 ◦ 무효인 근로조건에 대한 노사단체의 제소권
4) 현행법의 통합	◦ 근로자에 대한 경업금지 ◦ 근로관계의 종료(해고, 기간제근로계약, 계약의 취소, 일반 근로자에 대한 해고제한 및 특정 근로자에 대한 해고제한)시 제소기간 ◦ 서면작성의무 관련 규정 ◦ 특정 근로자(중증장애인 등)의 해고무효소송을 노동법원으로 통일 ◦ 모성보호 및 육아휴직시 해고제한규정의 통일
5) 노사 자율에 위임할 규정(유연화)	◦ 기간제근로계약 ◦ 근로시간 ◦ 임금 및 상여금 ◦ 병가 ◦ 휴가의 원칙 ◦ 근로조건의 변경 가능성 ◦ 경영상 이유에 의한 해고시 해고대상자의 선정기준 ◦ 정년 및 고령자단시간근로
6) 과도하지 않은 범위 내에서 근로자 보호 비용의 절감	◦ 병가를 1년 내 6주 한도로 제한 ◦ 병가 비용의 부과방식 확대 ◦ 1년을 결근한 경우 휴가사용권 소멸 ◦ 모성보호 비용을 사용자로부터 납세자에게 이전
7) 유연화	◦ 투자를 촉진하는 개관가능하고 예측가능한 법 ◦ 해고비용의 합리화(해고제한 규정의 구체화 또는 경영상 이유에 의한 해고시 법률 또는 단체협약에 의한 금전보상제도의 도입) ◦ 고용정책적 필요성이 있는 경우 기간제근로계약의 허용(신규근로자, 고령자 등) ◦ 경영이 악화된 경우 사용자의 단시간근로 도입 의무 및 근로자의 단시간근로권 ◦ 해고시 최후수단의 원칙은 고용 유지에 필요한 경우에 한해 적용. 예컨대 단체협약에 의한 유연화 규정의 도입 의무(해고제한법과 집단적 노동법의 교착) ◦ 취업이 어려운 자(여성, 중증장애인, 장기실업자)를 객관적으로 고용할 수 없는 경우 사용자의 고용의무 면제 ◦ 신규고용을 촉진하기 위해 중소기업에 대한 노동법적 의무 완화

3. 헨슬러 · 프라이스 초안의 주요 쟁점

헨슬러 · 프라이스 초안의 주요 쟁점 사항은 해고의 제한, 기간제 계약, 파견근로자, 유사근로자, 최저임금, 병가 등에 관한 사항을 들 수 있다.[25)]

(1) 해고의 제한

초안 중 가장 논란이 많았던 부분으로, 초안은 해고의 제한과 관련된 현행법의 골격은 유지하되 상당부분 유연화하고 현실에 맞는 규정으로 바꾸었다. 이를 구체적으로 보면, 우선 현행 해고제한법에서는 해고대상자의 선정시 근속기간, 부양의무, 연령 및 장애 여부를 고려 요소로 삼고 있는데 초안은 이 중 연령과 장애 여부를 삭제하였다(제117조 제1항 제1호). 또한 현행 해고제한법에 의하면 이 법의 적용범위가 근속기간이 6개월 이상인 근로자들로 되어 있는데 초안은 그 요건을 12/18/24개월(미정)로 연장하고 있다. 그리고 현행법에 의하면 '긴박한 경영상의 필요'가 있어야 경영상 이유에 의한 해고를 할 수 있는데 초안은 '긴박한'이라는 요건을 삭제해 경영상의 이유만 있으면 해고 및 변경해약고지를 할 수 있도록 하고 있다.

한편 금전보상규정은 기존의 해고제한법의 내용을 크게 벗어나지 않았다. 즉 해고가 부당하다고 판결났으나 사업의 목적상 당사자의 계속적 협력을 기대할 수 없거나 당사자 일방의 사유로부터 볼 때 근로관계의 지속이 기대될 수 없는 경우 당사자 일방의 신청에 의하여 법원은 근로관계를 종료하고 사용자에게 적정한 금액으로 보상을 명할 수 있다(제119조 제1항). 다만, 즉시해고의 경우 근로자가 복직을 원하지 않는 경우에 한하여 적용한다(제19조 제3항). 금전 보상금은 최고 18개월의 임금상당액으로 하되, 예외가 인정된 경우 이 금액 이상으로 정할 수 있다(제120조 제1항).

(2) 기간제계약

기간제계약에 관한 규정은 상당부분 현행 단시간 및 기간제계약법의 내용을 유지하였다. 다만, 일부는 현행 기간제법에 있는 신설규정이 추가되었다. 기간제계약 체결의 사유(제129조 제1항 제2문 제7호 및 제130조 제1항), 합리적 사유를 필

25) 이하의 내용은 한국노동법학회, 앞의 보고서, 26－43면; 임서정, 앞의 책, 74－76면을 요약한 것이다.

요로 하지 않는 취업(제129조 제2항 제2문) 및 소송의 제기(제135조 제3항) 등이 이에 해당한다.

(3) 파견근로자

파견근로에 관한 규정도 현행 파견근로법의 내용이 유지되고 있다. 다만, 이와 관련해서는 2002년 말 이후 파견근로가 기간의 제한 없이 가능하게 되었고, 또한 파견근로법은 단체협약으로 법에 반하는 규정을 둘 수 있도록 되어 있어, 단체협약상 파견근로가 가장 낮은 임금으로 노동력을 살 수 있는 분야가 되어 버렸음에도 초안 작성자들은 상황을 전혀 인식하지 못하고 규제의 필요성도 느끼지 못한 것 같다는 비판이 제기되었다.

(4) 유사 근로자

초안은 유사 근로자를 정의하고 법의 적용대상에 포함하였다. 유사 근로자란 "자영업에 종사하는 자로서 지속적으로 도급인만을 위해 근로자를 두지 않고 개인적으로 급부를 제공하여 생업에 필요한 임금의 1/2 이상을 평균적으로 지급받는 자"를 말한다. 여기서 생업에 필요한 임금을 예측할 수 없는 경우는 지난 6개월간의 임금을 기준으로 하고, 기간이 짧은 경우는 그 기간에 지급된 임금을 기준으로 하였다(제3조 제2항). 그리고 가사사용인 및 그와 동등한 자도 유사 근로자로 본다(제3조 제3항).

(5) 최저임금(임금의 수준)

초안은 근로자의 임금이 시장 통상적 임금의 70%에 미달하는 경우 근로와 합의된 임금 간에 현저하게 불합리한 차이가 존재한다고 하고 이에 대한 임금합의는 무효라고 하였다(제34조).

(6) 병 가

병가는 현행의 질병시 임금계속지급법의 내용을 원용하였으나 요건이 엄격해졌고 보호수준도 상당히 축소하였다. 특히 병가의 최장한도를 1년에 6주로 한정하였다(제51조 제1항 제1문).

4. 헨슬러 · 프라이스 근로계약법 초안에 대한 평가

헨슬러 · 프라이스 초안은 근로계약 당사자가 그들의 권리와 의무를 아주 쉽고 간결하게 이해할 수 있도록 근로계약상의 권리와 의무를 요약하는 데 일반적인 목적이 있었다. 이를 위해 근로계약법을 전반적으로 정비하여 소수의 규정으로 통합, 연방노동법원에 의한 판례를 성문화함으로써 수범자의 예측가능성을 증대, 중요한 EU지침을 축약하여 규정, 위헌적이고 시대에 뒤떨어진 규정을 현대적인 규정으로 대체, 명확한 구성과 쉬운 언어로 이용자에게 편한 근로계약법을 추구, 기업의 임금 외의 노동비용을 절감, 근로계약법의 체결과정을 보다 유연화하고 동시에 부당해고로부터의 보호를 강화, 노동법원과 행정법원으로 이원화되어있던 해고무효소송절차를 노동법원으로 단일화하는 내용을 담고 있다. 즉, 여러 개별 법률과 판례 등에 흩어져 적용되어 오던 근로계약에 관한 내용을 하나의 법률로 통합하고 그간 경직된 고용관련 법규를 대폭 완화하여 기업의 일자리창출과 근로자의 고용촉진을 도모하고자 하였다.

그런데 헨슬러 · 프라이스 근로계약법 초안에 대한 각계의 반응은 상이했다.

학계의 경우, 프리드리히 에버트 재단(Friedrich－Ebert－Stiftung)은 헨슬러 · 프라이스 초안에 대한 학계의 견해를 수렴하기 위해 2008년 2월 15일과 16일 양일에 걸쳐 "고용촉진, 사회적연대, 미래지향성"의 주제하에 대토론회를 개최하였다. 이 자리에서 50여 명의 독일 노동법 전문가들은 기존의 수많은 개별적 근로관계 법들을 하나의 법으로 통합한 데 대해서는 대부분 긍정적인 평가를 했지만, 각 쟁점별로는 특히 해고제한의 완화, 병가의 축소 등 일부 고용촉진을 목적으로 유연화되는 일부 규정에 대해서는 비판적 견해를 보이기도 했다.[26)]

노동단체를 비롯한 비판적 견해를 가진 전문가들은 초안이 자유주의에 근거하여 유연성과 실용성에만 관심을 둔 나머지 근로자의 지위를 전반적으로 불리하게 하였다며 부정적인 반응을 보였다.[27)] 또한 자유주의에 근거한 계약자치를 강조한 나머지 노동법의 민법으로의 회귀라는 인상을 주었으며, 근로자의 기본권, 근로자의 보호 원칙 및 개별적 근로관계와 집단적 노사관계의 상호 연관성 등은 초안에

---

26) Beschäftigungsförderund? Sozialverträglich? Zukunftsfähig?, Friedrich－Ebert－Stiftung, 2008. 2. 15(한국노동법학회, 앞의 보고서, 43면).

27) Wroblewski, Andrej, Sachstand "Arbeitsvertragsgesetz" － Verwirklichungschancen einer Kodifikation, rechtspolitische Gemengelage und Positionen, NZA 2008, 622(한국노동법학회, 앞의 보고서, 47면).

전혀 반영되어 있지 않고 오히려 해고의 제한 완화, 파견근로 등 근로자의 보호에 역행하는 일련의 규정들이 다수 포함되었다고 주장하였다.[28]

이에 반해, 독일 사용자단체는 간결하고 명확한 근로계약법의 초안으로 법적 안정성을 기할 수 있게 되었다는 사실만으로도 큰 성과라며 전반적으로 긍정적인 평가를 하고 있다. 독일상공회의소(Deutsche Industrie- und Handelskammertag: DIHK)의 2006년 조사에 의하면 사용자들은 기업을 경영하는 데 가장 걸림돌이 되는 법제가 무엇이냐는 설문에 42%가 노동법이라고 하고, 34%가 세법이라고 답했다고 한다. 설문에 참여한 사용자의 97%가 통합법전이 필요하다고 답했고, 70%가 상당한 정도로 규제를 완화해야 한다고 답했다고 한다.[29] 그러나 유사 근로자, 시간제근로 청구권, 최저임금 수준 등 구체적인 내용에 있어 좀 더 친기업적으로 유연화될 필요성이 있다고 주장하였다.

기타 정치인과 법조계에서는 숄츠(Olaf Sholz) 전 장관이 2008년 슈피겔(Spiegel)지를 통해 근로계약법 초안에 대하여 긍정적으로 평가하였다. 다만 노사가 근로계약법에 대하여 의견의 일치를 볼 경우 100여년 이상 걸린 근로계약법 초안을 입법화할 용의가 있다고 하여, 노사의 반대를 무릅쓰고 법안을 통과시킬 의지는 없음을 간접적으로 시사하였다. 2007. 7. 기민당(CDU) 포팔라(Roland Pofalla) 사무총장도 독일은 이해하기 쉽고 실무에 적합한 통합 근로계약법이 필요하고 매우 의미심장하다고 하긴 했으나, 현행법을 그대로 통합할 것인지 아니면 이를 개정하여 입법화할 것인지에 관해서는 의견을 표명하지 않았다.[30] 슈미트(Ingrid Schmidt) 연방노동법원장은 2008. 1. 30. 연방노동법원(BAG) 신년담화문에서 통합 근로계약법에 대한 찬성 의견을 표시하며, 통합근로계약법이 제정될 경우 항상 법의 체계화를 신경 써야 하는 법원의 부담이 한층 경감될 것이라고 밝혔다.[31] 나아가 연방변호사회(Die Bundesrechtsanwaltskammer: BRAK)와 독일변호사협회(Deutscher Anwaltverein: DAV)도 2007. 2. 6. 베르텔스만 재단의 후원하에 이루어진 헨슬러·프라이스 근로계약법 초안에 원칙적으로 찬성한다는 의견을 표

---

28) 임서정, 앞의 책, 77면.

29) Deutscher Industrie- und Handelskammertag, Stellungnahme zum Thema Diskussionsentwurf eines Arbeitsvertragsgesetzes, Berlin, 15. 01. 2007, 1(3)(한국노동법학회, 52면).

30) 포팔라 사무총장은 이미 언론(FAZ v. 4. 8. 2006) 및 연방의회(Deutscher Bundestag)의 공청회(Debatte v. 9. 7. 2006)를 통해 비슷한 취지의 의견을 밝힌 바 있다. 또한 2007. 1. 13. 브레멘에서도 같은 의견을 표시하였고, 2007. 12. 2. 메르켈(Angela Merkel) 총리도 연방 기민당 총회에서 같은 의견을 밝혔다.

31) Wroblewski, a.a.O., 627.

명했다.[32] 동시에 노동계와 사용자단체에 대해 초안을 기득권에 대한 공격 또는 기득권의 확장을 위한 정치적 도구로 이해하지 말 것을 당부하며, 정치인들과 노사당사자가 서로 양보하여 현대적이고, 투명하고, 이해가 쉬운 노동법을 만들어야 한다는 점을 강조했다.

전반적으로 독일 정치인과 법조인들은 통합 근로계약법 초안이 사용자에게는 유연성을, 근로자에게는 효율적인 법적 보호를 보장해준다는 점에서 긍정적인 반응을 보이고 있다.[33]

그러나 이와 같은 근로계약법 초안에 대한 호의적인 평가에도 불구하고 여전히 입법이 되고 있지 않다. 근로계약법 초안을 작성한 당사자인 프라이스 교수는 이에 대하여, 독일의 정치인들이 노동조합과 사용자단체를 두려워하고 있으며 노동법의 이슈에 대하여 공공연히 논의하는 것을 위험하다고 생각하여 가능한 이 논의 자체를 피하려고 하는 점을 입법 실패의 원인으로 지적하며, 이를 노사단체 권력에 대한 입법부의 항복이라고 표현했다.

5. 시사점

독일의 근로계약법 초안은 개별적 근로관계에 관하여 흩어진 현행 법률들을 하나의 법으로 통합한 것뿐만 아니라 유연화를 통해 고용 촉진을 도모하려고 했다는 점에서도 의의가 있다고 할 수 있다.

우리나라의 경우 개별적 근로관계에 관한 법률인 근로기준법이 이미 존재하므로 독일과 차이가 있으나, 우리나라도 고용환경의 변화에 따라 근로기준법만으로는 규율하기가 어려워 특별법들이 증가하는 추세에 있다. 이러한 독일의 경험에 비추어 우리나라도 현행 노동관계법들을 점검하여 향후 특별법들이 과도하게 늘어날 경우 발생할 문제점들에 대해 검토할 필요가 있다.

또한 근로계약법 초안이 개별적 근로관계에 관한 통합법이라는 점에서 그 구체적인 내용들이 향후 우리나라의 개별적 근로관계법이 나아가야 할 방향을 제시하는 역할을 할 수 있다. 그리고 논의 과정에서 쟁점이 되었던 부분에 대하여도 참고할 필요가 있다. 특히 근로자를 두텁게 보호하던 독일이 누구보다도 먼저 고

32) BRAK und DAV für einheitliches Arbeitsvertragsrecht, Juraforum 07. 02. 2007(임서정, 앞의 책, 78면).

33) Sittard, Ulrich, “Ein Arbeitsvertragsgesetz für Deutschland?” – Symposium von CDA und Bertelsmann Stiftung in Berlin, RdA 2007, 377(378)(한국노동법학회, 앞의 보고서, 56면).

용 유연화에 대한 입법 논의로 전환했다는 점은 그만큼 변화된 고용환경에 대응하기 위한 현실적인 이유가 존재했었다는 사실을 유념할 필요가 있다.

다만, 독일은 거의 100년 이상 근로계약법 제정 시도에도 불구하고 노동조합이나 사용자단체의 반대에 부딪쳐 여전히 입법이 이루어지지 않았다는 점에서, 입법에 대한 정부의 의지는 물론 노동조합과 사용자단체 간의 타협이 중요하다는 점을 시사하고 있다.

Ⅱ. 일 본

1. 근로계약법 제정 배경

일본에서 근로계약에 대한 논쟁은 노동법학의 주요 논의주제 중 하나였다. 노동기준법과 별개로 근로계약법[34]을 제정할 것인지에 대한 논의를 본격적으로 시작하게 된 것은 1993년 후생노동성의 노동기준법제연구회가 "금후 근로계약법제에 관한 보고"에서 근로계약 전반에 대한 문제를 검토한 뒤에 새로운 근로계약법제를 모색할 필요가 있다고 지적하면서부터라고 할 수 있다.[35] 이 보고서에 대해서는 근로자와 노동조합의 입장을 간과하였다는 비판적인 견해가 제기되었고,[36] 특히 근로자측에서 최저한의 근로조건을 보호하는 노동기준법의 보완과 근로자의 보호를 강조하는 주장이 제기되어 근로계약의 법제화는 다양한 관점에서 논의가 되었다.[37]

2000년대에 접어들어 취업형태 및 인사관리의 개별화·다양화가 확대·진행되고, 노동심판제도가 운용됨에 따라 기존의 노동기준법과 판례법리만으로는 노동환경변화에 능동적으로 대처할 수 없다는 견해가 설득력을 가지게 되었다. 이러한 문제의식이 점차 확대하는 가운데 근로계약법의 법제화가 추진되는 직접적인 계기는 2003년 노동기준법 개정에서 '해고권남용법리'라는 기본적인 근로계약에 관한 판례법리가 제18조의2에 신설되면서이다. 행정단속법규인 노동기준법에 '해고

34) 일본에서의 정식 명칭은 노동계약법이지만 이하에서 근로계약법으로 변경하여 사용하도록 한다.
35) 労働省労働基準局監督課編, 「今後の労働契約等法制のあり方について」, 日本研究機構, 1993 참조.
36) 大阪労働弁護团, 「真の労働契約法制を目指して」, 労働法律旬報 第1364号(1995. 7) 참조.
37) 土田道夫, "労働契約法制の課題", 独協法学 第44号(1997. 6), 321면 이하; 日本労働法学会, 「講座21世紀の労働法 第4巻 労働契約」, 有斐閣, 2000.

권남용법리'라는 이질적인 민사상의 룰이 규정되어 법체계에 대한 문제제기와 더불어 근로계약법제의 검토가 활발하게 진행되었다.[38)]

먼저, 중・참 양원의 후생노동위원회에서 근로계약에 관한 포괄적인 법률의 입법을 위하여 전문적인 조사연구 결과를 토대로 법령상의 조치를 포함한 필요한 조치를 취할 것을 결의하였다.[39)] 이를 근거로 후생노동대신(厚生労働大臣)은 전문가를 위촉하여 2004. 4에 '금후 근로계약법제에 관한 연구회'(이하 '연구회'라 한다)를 설치하였다.[40)]

이 연구회는 28회에 걸친 검토회를 거쳐 2005. 4. 13.에 중간보고서를 발표하였고, 중간보고서에서는 노동기준법과는 별도로 민사상의 룰을 정하는 새로운 법률로서 '근로계약법' 제정의 필요성이 주장되었다.[41)]

이와 같이 근로계약법이 탄생되기에 이른 배경으로는 다음과 같은 사회경제적 상황 및 노동시장을 둘러싼 환경의 변화가 작용했다고 할 수 있다.

(1) 근로조건의 개별적・신속한 결정・변경의 필요성

장기고용관행 및 연공적 처우체계의 재검토가 진행되어 중도채용의 증가, 채용방법의 다양화, 성과주의나 능력주의적 처우제도의 도입 및 확대 등 인사관리의 개별화・다양화・복잡화가 진행되고 있다. 또한 파트타임이나 유기계약근로자 등 비정규고용으로 취업하는 근로자가 증가하고 있고, 전문적인 능력을 보유하고 사용자로부터 구체적인 작업지시를 받지 않고 자율적인 근무방식을 가지는 근로자도 증가하고 있다. 한편, soho, 재택근무, 재택취업자와 독립된 계약자 등 고용과 자영의 중간적인 근무방식의 증가가 지적되고 있다. 이러한 다양화된 노동과 전문화된 노동에 대하여는 계약관계의 법적인 룰의 바람직한 방향에 대하여 다양한 문제가 생겨나고 있다. 특히 거품경제 붕괴 후 저성장이 계속되는 가운데 근로조

38) 菅野和夫, 「労働契約法制定の課題」, Business Labor Trend, 2005. 9, 3면(한국노동법연구회, 앞의 보고서, 154면에서 재인용).
39) 荒木尚志 外, 「詳說勞働契約法」, 弘文堂, 2008, 2면.
40) "今後の労働契約等法制の在り方に関する研究会" 참가자 10명: 菅野和夫(明治大学 法科大学院 教授: 좌장), 荒木尚志(東京大学大学院 法学政治学研究科 教授), 内田貴(東京大学大学院 法学政治学研究科 教授), 春日偉知郎(慶応義塾大学大学院 法務研究科 教授), 曽田多賀(弁護士), 土田道夫(同志社大学 法学部・法科大学院 教授), 筒井健夫(法務省 民事局 参事官), 西村健一郎(京都大学大学院 法学研究科 教授), 村中孝史(京都大学大学院 法学研究科 教授), 山川隆一(慶応義塾大学大学院 法務研究科 教授), 한국노동법연구회, 앞의 보고서, 154면에서 재인용.
41) 한국노동법연구회, 앞의 보고서, 153-154면.

건의 변경에서는 근로조건이 인하되는 경우가 많았고 불가피한 분쟁이 증가하고 있다.

기업의 입장에서는 사업환경과 경영환경의 급격한 변화에 대해서 종전보다 더욱 신속하게 적응하지 않으면 기업의 존속 자체가 위험하게 되는 경우도 발생하고 있어, 이러한 경우에는 분쟁 없이 근로조건의 변경이 신속하게 행해지는 것이 필요하게 되었다.[42]

(2) 노사당사자의 자주적인 결정과 공정하고 투명한 룰의 필요성

위와 같은 취업형태의 다양화 등에 의한 근로조건의 개별적인 결정 내지 변경의 필요성으로부터는 노사당사자가 최저기준에 저촉되지 않는 범위에서 근로계약의 내용을 그 실정에 따라 대등한 입장에서 자주적으로 결정하는 것이 중요하게 된다. 이러한 룰이 설정되면, 노사당사자가 이를 바탕으로 근로계약을 적정하고 명확한 내용으로 체결하는 것과 체결된 근로계약을 바탕으로 적정하게 운용하는 것, 그리고 근로계약의 내용을 적정하게 변경해가는 것이 촉진된다.

기업의 현황을 더욱 잘 파악하고 있는 노사당사자가 공정하고 투명한 룰에 따라 대등한 교섭에 의해 자주적으로 근로조건을 결정해가는 것은 기업의 입장에서도 경영환경의 변화 등에 신속하고 유연하게 대응할 수 있다는 큰 이점이 있다고 보았다.[43]

(3) 판례법리의 한계 등 현재 근로계약에 관한 룰의 문제점

근로계약법 제정 이전 근로계약을 둘러싼 룰은 판례법리에 위임이 되어있는 부분이 많지만, 판례법리는 추상적인 것이 많아 그 내용을 이해하기가 어렵고 구체적인 사안에 적용하는 경우 예측가능성이 낮아 투명하고 공정한 법적 룰로서는 불충분한 문제가 있다. 이러한 점에서 근로계약을 둘러싼 분쟁을 보다 신속, 간결하면서도 안정적으로 해결할 수 있는 제정법에 의한 명확한 룰의 설정이 요청되었으며 만일 제정법에 의한 명확한 룰이 정해진다면 기업의 인사관리나 노사관계에 있어 행동규범으로서의 기능도 크게 되어 분쟁의 예방에도 도움이 될 것으로 기대되었다.[44]

---

42) 日本厚生勞動省, JILPT, 이정 역, 앞의 책, 497면.
43) 日本厚生勞動省, JILPT, 이정 역, 앞의 책, 497－498면.
44) 山川隆一(2008), 労働契約法の制定－意義と課題 , 「日本労働研究雑誌」 576号, 4면(임서정, 앞의 책, 116면에서 재인용).

2. 근로계약법 제정 경과

(1) 연구회 설치와 보고서 마련

근로계약에 관한 포괄적인 법률을 제정해야 한다는 제안은 정부측으로부터 상당히 오래전부터 있어 왔다. 즉 멀리는 1979년 9월의 "노동기준법연구회보고(근로계약 · 취업규칙 · 임금관계)"가 계약의 체결부터 종료에 이르는 근로계약 전반에 걸친 사항에 대하여 검토를 하였고, 또한 1993년에는 노동기준법연구회의 근로계약등법제부회(労働基準法研究会労働契約等法制部会)가 "금후 노동계약법제에 관한 보고"를 제출하였다. 그러나 이것들은 노동기준법의 근로계약규제에 대한 재검토를 중심으로 구상한 것으로 노동기준법과 별개의 근로계약법을 제정하는 것을 명확히 지향한 것은 아니었다. 반면, 노동단체로부터는 근로계약법제의 필요성에 대한 문제제기가 상당히 오래전부터 있어 왔다.[45] 예를 들면 멀게는 1993년의 일본노동변호단의 "근로계약법제 입법선언"(제1차안 발표), 1996년 전국노동조합연락협의회(이하 '전노협'이라 한다)의 "해고제한법안" 발표와 2001년 일본노동조합총연합회(이하 '연합'이라 한다)의 "근로계약법안"(골자안 발표) 등까지 거슬러 올라갈 수 있다. 이번 근로계약법 입법작업과 관련해서도 연합은 2004년 6월 근로계약법 제정을 '2005년도 연합의 중점정책'으로 제시한 바 있고, 2005년 5월에는 일본노동변호단이 "근로계약법입법제언"을, 동년 10월에는 연합총합생활개발연구소(이하 '연합총련'(連合総研)이라 한다)의 근로계약법제연구위원회가 포괄적인 "근로계약법시안"을 제안하였다.[46]

---

45) 일본의 경우 근로계약법의 입법 필요성에 대해 우리나라와 달리 노동조합으로부터 먼저 그리고 강력히 제기되었다. 이는 우리나라의 경우 근로기준법에 해고의 정당성에 관한 규정 등 근로계약에 관한 규정을 근로기준법이 포함하고 있어 근로계약법의 제정이 근로기준법의 유연화 방안의 하나로 논의되는 것으로 비춰짐에 비해, 일본의 경우 노동조합의 조직률은 매년 감소하고 기업의 구조조정으로 인한 해고, 퇴직강요, 근로조건의 일방적 저하 등으로 인한 개별노동분쟁은 증가하는 상황임에도 이의 해결을 위한 입법은 법체계상 노동기준법의 개정을 통해서는 해결하기 어려워 일본의 노동단체는 오래전부터 근로계약법의 제정을 주장해 왔다(임서정, 「일본의 근로계약법에 관한 연구」, 중앙대학교 법학박사 학위논문, 2013, 122면).

46) 岩出誠, 「早わかり労働契約法 － 要点と逐条解説」(労政時報 第3719号 特別付録), 労務行政研究所, 2008. 2, 9면.

〈노동단체의 근로계약법 입법제언 연혁〉[47]

	노동조합 등	후생노동성
1993	일본노동변호단: 근로계약법 입법선언	
1996	전노협: 해고제한법안	
2001	연합: 근로계약법안	
2003		중 · 참 양원후생노동위원회: 부대 결의
2004	연합: 2005년의 중점 정책	근로계약법제연구회 발족
2005	일본노동변호단: 근로계약법 입법제언 연합총련근로계약법제연구위원회: 근로계약법 시안	근로계약법제연구회: 최종보고

이러한 상황하에서 후생노동성이 현실성을 동반하여 입법작업을 본격적으로 개시한 것은 2003년 노동기준법 일부를 개정하면서 중 · 참 양원에서 근로계약법제와 관련한 부대결의("노동기준법의 일부를 개정하는 법률안에 대한 부대결의")가 있고서부터이다. 부대결의 내용에는 "근로조건의 변경, 출향, 전적 등 근로계약에 대하여 포괄적인 법률을 책정하기 위해 전문적인 조사연구를 행하는 장을 마련하여 적극적으로 검토를 진행하고, 그 결과에 기초하여 법령상의 조치를 포함한 필요한 조치를 강구할 것"이라는 내용이 포함되어 있었는데 후생노동성이 이를 받아 근로계약법제연구회를 설치한 것이다

(2) 연구회의 제안내용

근로계약법제연구회는 2004년 4월 후생노동성 내에 메이지(明治)대학교 교수 菅野和夫 교수를 좌장, 학식경험자를 구성원으로 하여 발족하였다. 여기에서는 근로계약을 둘러싼 룰에 대한 현상과 문제점의 파악이 이루어졌는데 2005년 4월 중간보고를 거쳐 2005년 9월 15일 최종보고가 공식 발표되었다.

최종보고에는 근로계약법의 필요성 및 그 내용에 대한 제언이 이루어졌는데, 그 제언 내용은 상당히 상세하였고 근로계약을 둘러싼 룰에 관한 문제가 거의 망라되어 취급되었다. 즉 해고와 취업규칙의 불이익변경에 관한 판례법리의 명문화 이외에도 노사위원회에 의한 취업규칙의 변경절차, 근로시간법제의 재검토, 고용

47) 岩出誠(2007), *労働契約法・改正労基法の個別論点整理と企業の実務対応*, 日本法令, 2007. 6. 20, 21면 참조(임서정, 앞의 책, 122면에서 재인용).

계속형 계약변경제도, 해고의 금전해결제도 등이 포함되었으며, 동 보고와 관련하여 노사쌍방은 근로계약법 제정의 필요성은 인정하면서도 보고서의 내용에 대해서는 용인할 수 없다는 취지의 견해를 표명하였다.

한편 연구회보고와는 별개로 일본노동변호단은 2005년 5월 1994년의 "근로계약법제입법제언"을 개정한 "근로계약법입법제언"을 발표하였고, 연합총련에 설치된 근로계약법제연구위원회에서도 "근로계약법제시안"을 2005년 10월에 발표하였다. 이 두 가지 입법안은 연구회보고와는 달리 노동단체의 입장을 반영하여 이루어진 것이었다.[48]

(3) 주요 쟁점 내용과 노사단체의 입장

1) 주요 쟁점 내용

가) 상설적인 노사위원회의 설치

노동조합의 조직률 감소와,[49] 집단적 근로조건결정시스템의 기능이 상대적으로 약화되고 있는 가운데 근로조건의 결정에 관한 운용 상태를 상시적으로 조사·논의하여 근로자의 이익을 공정하게 대표할 수 있는 상설적인 노사위원회제도의 설치가 제안되었다.

취업형태와 가치관이 다양화하고 근로자의 균질성이 낮아지고 있는 최근 상황에서 노사위원회가 해당 사업장의 다양한 근로자의 이익을 공정하게 대표할 수 있는 구조가 필요하며, 또한 노사당사자가 실질적으로 대등한 입장에서 협상할 수 있는 구조가 마련되어야 한다는 것이다.[50]

나) 취업규칙 변경 법리의 명문화

일본에서는 秋北버스사건 최고재판소 판결[51] 이후 판례의 축적으로 취업규칙에 의한 근로조건의 변경이 합리적인 것이면, 이것에 동의하지 않아도 변경의 효력이 있다는 취업규칙의 불이익변경법리가 확립되어 있다. 연구회는 이 판례법리

---

48) 임서정, 앞의 책, 123면.

49) 일본의 노동조합 조직률은 2004년 기준으로 19.2%이고, 특히 99명 이하의 중소영세기업에서의 조직률은 1.2%에 지나지 않는다.

50) 구체적으로 노사위원회제도는 근로자위원의 선출 및 운영에 필요한 비용부담의 문제 등을 포함하여, 노사위원회가 해당 사업장의 다양한 근로자의 이익을 공정하게 대표할 수 있도록 하고, 노사당사자가 실질적으로 대등한 입장에서 교섭할 수 있도록 하는 관점에서 법제화를 검토하는 것이 필요하다는 것이다(한국노동법학회, 앞의 보고서, 158면).

51) 秋北バス事件, 最高裁 1968. 12. 25. 判決.

를 입법하여 근로조건의 결정과 변경에 관한 일반원칙을 명시하는 것이 필요하다고 정리하였다.

최고재판소는 취업규칙의 내용이 합리적인 한, 노사당사자에게 근로조건은 취업규칙에 의한다는 의사가 있으며, 근로자가 취업규칙의 개별규정을 실제로 알고 있는 것과 관계없이 취업규칙의 내용이 근로계약의 내용이 된다고 해석하고 있다. 또한 실제로 근로조건은 취업규칙에 정한다는 사실은 노사당사자에 널리 인식되고 있어, 이 법리를 법에 명문화하는 것이 타당하다는 것이다.[52)]

다) 고용유지형 계약변경제도의 창설

근로계약의 개별화에 따라 개별계약에 의해 근로자의 직무내용과 근무지가 특정되는 사례가 증가하고 있다는 점에서 계약변경제도의 법제화를 고려할 필요가 있다고 보고서는 제안하였다.

요컨대 사용자는 해당 근로자에게 근로계약의 변경을 제안하고 근로자가 이에 동의하지 않는 경우 해고할 수 있는데(이른바 변경해지; Änderungskündigung), 근로자가 고용을 유지하면서 근로계약변경의 합리성을 다툴 수 있도록 하는 제도(고용계속형 계약변경제도)의 도입이 필요하다는 것이다.[53)]

라) 사외전출 중의 임금보장

사외전출을 명하기 위해서는 근로계약, 취업규칙 또는 단체협약의 근거가 필요하다는 것을 명확히 해둘 필요가 있으며, 또한 당사자간에 특별한 합의가 없는 한 사외전출 중의 임금은 사외전출 직전의 임금수준을 고려하여 사외전출시키는

---

52) 다만, 법제화가 이루어진다면, 취업규칙의 내용이 합리성이 결여된 경우를 제외하고 근로자와 사용자 사이에 근로조건은 취업규칙의 정하는 바에 따라 계약된 것으로 추정한다는 취지의 규정을 마련하는 것이 필요하며, 이 경우 추정은 반증을 들어 번복할 수 있다고 보고서는 정리하였다(한국노동법연구회, 앞의 보고서, 159면).

53) 일반적으로 특정된 근로조건을 변경해야 할 경우 등에는 통일적이고 집단적인 근로조건 변경방법인 취업규칙변경법리에 합당하지 않는 경우도 있기 때문에 사용자는 해당 근로자에게 근로조건의 변경(근로계약의 부분변경)을 제안하고, 근로자가 이에 동의하지 않을 경우 해고할 수 있다. 이러한 사용자의 의사표시는 이른바 '변경해지'라 불리고, 이 경우 해당 근로자는 사후적으로 해고의 합리성을 다툴 수는 있지만, 일단 고용계약상의 지위를 잃는 큰 불이익을 당하게 된다. 그러나 이러한 경우 사용자는 근로자가 근로계약의 변경에 응하면 고용은 유지되기 때문에 이 문제는 해고의 문제로 취급되는 것은 아니다. 따라서 근로자가 고용을 유지하면서 근로계약 변경의 효력을 다툴 수 있는 장치가 필요하다. 이것은 앞으로 개별적인 인사관리의 필요성이 증대되고, 취업규칙변경법리로는 대응할 수 없는 경우가 증가할 것이 예상되는 바, 해고라는 사회적 비용을 피해 합리적인 해결책을 마련할 필요가 있다는 것이다(한국노동법연구회, 앞의 보고서, 159－160면).

사용자와 사외전출을 받는 사용자가 연대하여 그 근로자에게 지급할 의무가 있다는 규정을 두는 것이 필요하다고 제안하였다.[54)]

마) 해고의 기본원칙 정립

근로계약법은 오랫동안 논란이 되어온 해고의 기본원칙을 명확히 제시하였다. 역사적으로 볼 때, 일본에서 해고에 관한 규정은 민법에만 존재하였고, 노동기준법에는 산전·산후 해고제한, 해고예고제 등을 제외한 일반원칙에 관한 규정은 없었다.

따라서 해고이론은 학설과 판례에 의하여 정립되어 왔는데, 처음에는 해고도 일반 민사계약의 해지와 마찬가지로 자유롭게 행해질 수 있다고 해석되어 왔다. 그러나 근로계약은 일반 민사계약과 달리 그 해지, 특히 사용자측으로부터의 해지는 노동자의 삶의 기반을 상실하게 하는 요인이 되므로 제한적으로 행해져야 한다는 의미에서 '정당사유설'과 '권리남용설'이 제기되었다.[55)]

---

54) 그러나 사외전출에 관해서는 강행규정보다는 임의규정화를 제시하고 있다. 즉 사외전출 근로자 보호는 민법규정, 개별계약, 취업규칙 등에 근거하는 권리남용의 법리이나 취업규칙의 법리에 의해 어느 정도 도모할 수 있기 때문에, 3자(삼면관계)의 권리의무관계를 명확히 하여 분쟁을 예방하기 위한 규정으로 순수한 임의규정으로 충분하다고 한다(한국노동법연구회, 앞의 보고서, 163면).

55) 일본의 해고에 관한 권리남용론의 형성과 발전과정은 다음과 같다. 일본에서는 처음 해고자유의 원칙을 비판하고, 제한하여야 한다는 이론으로는 '권리남용설'과 '정당사유설'이 주장되었다. 전자는 사용자의 해고의 자유를 자본주의체제 사회의 원칙으로 전제하면서, 이에 권리남용법리(민법 제1조 제3항)에 의하여 제약을 가하려고 하는 주장이 제기되었다. 노동기준법의 시행 당시에는 해고자유설에 의하여 운용되었으나, 시간이 지남에 따라 해고에는 '정당한 사유'가 있어야 한다는 학설이 제기되었으나, 민법의 해고자유규정의 해석상 무리였으므로, 권리남용법리를 원용하여 해고권남용법리를 형성하게 된 것이다. 즉, 정당사유설은 확실히 입법론으로는 타당한 견해라 할 수 있지만, 민법 제627조에 의하여 사용자에게 널리 해고의 자유가 인정되어 있으므로 해석론으로서는 무리이며, 불가피하게 권리남용설을 따를 수밖에 없게 되었다.
이 견해에는 해고권남용의 범위를 큰 폭으로 용인하는 것은 해고자유의 원칙 자체를 훼손할 위험이 있다고 하여 남용의 범위를 한정적으로 파악하는 입장도 없는 것은 아니지만, 오히려 해고권남용법리 자체 가운데 노동자에 대한 생존권 확보의 요청을 인정하여 해고자유의 범위에 대폭적인 제한을 가하는 경향이 지배적이며, 결론적으로는 '정당사유설'에 가깝다. 이 설은 권리남용의 유무를 사용자측의 해고의 필요성과 그것에 의하여 노동자측이 입는 불이익을 비교형량하여 결정하는 것이므로, 결과를 예측하기 어렵기 때문에 권리남용의 기준을 가능한 한 구체적이고도 명확히 할 것이 요청된다.
일반적으로 그 기준으로서는 ① 신의칙 위반, ② 기업의 합리적 유지·운영의 요청에 대한 위반, ③ 피해고자의 인성 기타 해고절차상의 불비, ④ 해고 이유별로 정당사유를 밝히지 않는 해고 등이 거론되고 있다. 다음 '정당사유설'은 해고를 하기 위해서는 반드시 정당한 이유가 있어야 하며, 사용자는 그 이유와 이에 해당하는 사실을 명확히 하여야 한다. 이 견해의 경우 이론적 근거로는 헌법의 생존권·노동권 등 학자에 따라 다양하게 주장되고 있다.
다만, 이 설에서도 정당사유의 범위가 문제이지만, 외국의 입법에나 ILO조약이 나타내는 바와

바) 해고의 금전해결제도 도입

해고분쟁에 관한 구제수단의 선택을 확대하는 관점에서 해고의 금전해결제도가 필요하다고 제안하였다. 신속한 해결이라는 관점에서 분쟁의 '1회 해결'을 위해 해고의 유효·무효와 금전해결의 판단을 동일 법원에서 하며, 해결금의 액수는 개별기업에서 노사간 집단적으로 해결금 액수의 기준에 대하여 합의가 사전에 이루어진 경우에 한하여 신청할 수 있도록 하고, 그 기준에 의하여 해결금의 액수를 결정하는 것으로 정리하였다.[56]

사) 유기근로계약의 갱신거부의 규정화

유기근로계약에 관해서는 사용자가 계약기간을 서면으로 명시하지 않은 경우 이는 기간의 정함이 없는 계약으로 보며, 노동기준법에 근거하여 제정된 '유기근로계약의 체결, 변경 및 갱신거부에 관한 기준'[57]에서 정한 절차를 이행한 것을

같이 ① 노동자의 능력상 사유(부상·장해 등에 의한 근로능력의 결여나 저하), ② 노동자의 행동상 사유(근로계약상의 의무위반, 의무이행에 있어서 폭행·동료와의 불화, 근로관계의 계속을 곤란하게 하는 직무 외의 행동 등), ③ 급박한 경영상의 필요성의 세 개를 주된 기준으로서 들 수 있을 것이다.

물론, ① 노동자의 능력상의 사유에 관하여는 노동자의 상병이나 장해가 있으면, 곧 해고가 정당화되는 것은 아니며 기능회복이나 설비의 변경, 배치전환 등에 의하여도 필요한 근로급부를 기대하기 곤란한 경우라야 한다. 또한 ② 노동자의 행동상의 사유에 관하여는 의무위반의 내용·정도나 기업의 근로생활에 미치는 위험성의 정도가 근로관계를 계속하기 어려울 만큼 중대한 것이어야 하며, 특히 노동자의 사생활영역의 행동의 경우에는 근로관계에 참으로 중대한 구체적 영향을 미치는 것에 한정되게 된다. 나아가 ③ 경영상의 필요성에 관하여도 업적부진 등에 의하여 당해 노동자의 해고가 불가피하여 근로시간의 단축이나 기업의 기술적·조직적 변경 등의 대체조치에 의하여 해고회피를 기대하기 어려운 경우일 것이 요구된다. 또한 이 경우에는 피해자의 선택에 있어서 연령·근속년수·가족수·수입상황 등을 고려할 것이 요구되며, 이 점의 배려를 결여한 경우에는 정당성이 상실된다고 할 수 있을 것이다. 결국 정당사유설에 있어서도 정당사유의 존부의 구체적 판단에 있어서는 노사 쌍방의 포괄적 이익형량을 필요로 하지 않을 수 없다.

위의 정당사유설과 권리남용설의 사이에는 해고자유의 원칙에 관한 이해의 방법 외에 입증책임의 점에서도 차이점이 있다. 즉, 정당사유설의 경우 정당사유의 입증책임은 사용자측에 있지만, 권리남용설의 경우 노동자가 사용자의 권리남용을 입증하여야 한다. 그러나 권리남용설의 경우에도 입증책임의 부담의 공평의 원칙의 관점에서 사용자측에게도 해고이유의 입증책임을 인정하는 견해가 있으며, 사용자측이 노동자의 주장을 배척할 수 있는 충분한 해고이유를 입증할 수 없는 경우에는 해고권의 남용으로 보아야 한다는 주장도 있다. 따라서 양설의 실질상 큰 차이는 없다는 견해도 성립한다(片岡昇, 「労動法(2)」, 有斐閣, 2009, 189－190면; 한국노동법학회, 앞의 보고서, 162－163면에서 재인용).

56) 한국노동법학회, 앞의 보고서, 163면.

57) '有期労働契約の締結及び更新・雇止めに関する指針'(2000年 12月 28日 基発 779号): 유기근로계약의 체결, 갱신 및 갱신거부에 있어 사용자는 다음의 점에 대하여 적절한 조치를 강구하여야 한다.

갱신거부의 유효성을 판단함에 있어 고려요소로 한다고 제시하였다.

그 밖에 기업이 근로자의 적성과 업무수행을 평가하여 본채용을 하는 이른바 시용계약에 관해서는 계약기간이 만료한 후 계속하여 기간의 정함이 없는 계약을 체결할 가능성이 있다는 취지를 명시하여 시용목적의 유기근로계약의 성격을 명확히 해둔다는 것이 필요하다고 하였다.

2) 근로자측의 주장

근로자 측은 기본적으로 근로계약법의 필요성은 인정하고 있다.[58] 다만 단시간 근로자, 파견근로자, 계약사원 등 비정규직 근로자가 급속히 증가하고 있고, 노동조합의 조직률이 감소하는 현실을 고려하여 근로계약법의 제정안에 다음과 같은 문제점을 제기하였다.

① 노사위원회가 과연 노사대등을 담보할 수 있느냐의 문제, ② 고용계속형 계약변경제도의 내용이 불분명한 문제, ③ 해고문제에서 정리해고의 4요건을 명문화하는 문제와 금전해결제도의 문제점, ④ 근로시간제도는 근로계약법의 범주가 아니라는 점을 강조하였다. 이는 노동기준법에서 정하고 있는 주 40시간 원칙을 포기하고 생활의 변화에 대응하여 근로자가 자유롭게 근로시간을 설정할 수 있는 '자율적 근로시간제도'의 도입이 검토되고 있다는 것에 반대의견을 명확히 한 것이다.[59]

근본적으로 근로자측이 문제시하는 것은 근로계약법의 민사법적 성격이다. 노동법적 제재가 동반되지 않는 계약적 책임만으로 노동법으로서의 효력을 담보할 수 있느냐의 문제이다.[60]

---

1. 계약의 체결에 있어 갱신의 유무 및 그 인식, 갱신·갱신거부를 할 경우 판단기준을 설명하도록 노력할 것.
2. 갱신할 때 계약기간을 불필요하게 단기간으로 하지 않고, 계약의 실태와 근로자의 희망에 따라 가능한 한 장기간이 되도록 노력할 것.
3. 갱신을 거부하는 경우에는 적어도 30일 전에 예고하도록 노력할 것.
4. 갱신을 거부할 경우 근로자가 희망하는 경우에는 '계약기간의 만료'와는 별도로 갱신하지 않는 이유를 고지하도록 노력할 것.

58) Business Labor Trend(2005. 9), '特輯 新しい労働契約法制を考える―中間取りまとめの主張と課題', 9면.

59) 일부 관리직·사무직 근로자를 시간외수당의 지급대상자에서 제외하는 이른바 'ホワイトカラー・エグゼンプション(white collar exception)制度'를 둘러싼 논의를 의미한다.

60) 日本労働組合総連合会, "労働契約法案の可決・成立についての談話"(2007. 11. 28).

3) 사용자측의 주장

이에 대해 사용자측은, 근로계약법 제정은 또 다른 규제가 되는 것은 아닌가라는 우려에서 반대입장을 취하였다. 그렇지만 근로계약법이 제정된다면 다음과 같은 점은 반드시 반영되어야 한다고 주장하였다.[61)]

근로계약법은 계약법이므로 계약자유의 원칙을 최대한 존중하여 노사의 자주적인 근로조건결정을 보완하는 법률이어야 한다. 따라서 벌칙이 부가되지 않는 것은 당연하며, 그 성격은 임의규정에 머물러야 하고 실체적 규제가 되어서는 아니된다. 제정안에서 제시된 시용기간의 상한규제, 개별합의를 무효로 하는 것은 실체를 규제하는 것으로 재고를 요한다는 것이다.

또한 징계처분, 유기근로계약, 채용내정의 유보해약사유, 시용제도, 전적, 경업피지, 비밀유지 등 각 근로계약에 대하여 서면화를 요구하고, 서면으로 명확히 하지 않으면 무효 등 사용자측을 불리하게 취급하는 경향이 있다. 이러한 강행법규화는 근로계약법의 성격에 맞지 않을뿐더러 오히려 노사분쟁을 유발할 우려가 있다는 것이다. 사용자의 부수의무(안전배려의무, 개인정보보호의무)를 법률로 명문화하는 것이 타당하다면 계약법의 성격상 근로자의 성실의무(기업질서준수의무, 비밀유지의무, 경업회피의무, 자기건강유지의무 등)에 대해서도 적극적으로 규정되어야 한다고 한다.

개별 문제점에 대하여는 우선 취업규칙의 합리성 추정요건의 완화와 해고의 금전해결제도의 조속한 도입과 더불어 유기근로계약의 갱신거부에도 금전해결제도를 도입하여야 한다고 주장하였다. 사직의 효력발생시기에 대하여 민법은 2주간이 경과하면 고용계약이 종료하는 것으로 되지만(日民 제627조), 근로계약에서는 적어도 1개월 이상 되어야 하며, 배치전환명령과 징계의 권리남용규정은 불필요한 입법의 개입이 되므로 이를 반대하였다. 고용계속형 계약변경제도는 요건・효과를 구체적으로 검토하여 졸속하게 도입되어서는 안 된다는 점을 주장하였다. 또한 노사위원회를 상설화하여 노사관계의 모든 면에서 절차적 요건으로서 동의를 구하는 것은 문제가 있고, 만약 도입된다고 하더라도 획일적인 다수결 요건(5분의 4의 찬성)은 찬성할 수 없으며 노사자치에 위임하여야 한다는 점이다.

사용자측의 주장을 요약하면, 근로계약법의 민사법의 성격을 최대한 반영하여

---

61) 社)日本経済団体連合会, “厚生労働省　今後の労働契約法制の在り方に関する研究会「中間取りまとめ」に対する意見”, 2005.6.20(http://www.keidanren.or.jp/japanese/policy/2005/044.html)

강행법규화 및 지침을 발령하여 기업을 규제하려는 내용은 전부 반대 또는 재검토를 요한다는 것이다.62)

〈근로계약법에 대한 입법제언 비교대조표〉63)

항목 / 제언	후생노동성 보고서	노동변호단 제언	근로계약법 시안
근로계약법의 기본원칙	노사자치의 존중과 실질적 대등성 확보	노사대등결정과 근로자의 인권옹호	거래의 공정원리, 적정한 계약원리, 사회적 공정원리
집단적 근로조건의 변경	취업규칙의 불이익변경에 대하여 ① 과반수조합의 합의 또는 노사위원회의 4/5 이상의 결의에 의거하여 합리성 추정, 또는 ② 변경내용의 합리성을 조건으로 하는 사용자의 일방적 변경권한	취업규칙의 불이익변경조항이 근로자에게 수인시킬 수 있을 정도의 고도의 필요성에 의거한 합리적인 내용을 조건으로 하는 사용자의 일방적 변경권한	① 근로자대표와의 협의에 의한 취업규칙 그 밖의 통일적 근로조건에 대한 사용자에 의한 변경신청과 승낙을 거부한 근로자에 대한 사용자의 계약변경청구권 ② 도산시 근로자대표와의 합의에 의거한 변경해약고지
개별적 근로조건의 변경	고용계속형 계약변경제도(변경해약고지 또는 사용자의 계약변경권)	특별히 없음	① 노사간의 협의로 합의가 성립하지 아니한 경우 법원에 대한 노사쌍방의 변경청구권 ② 임금 등 계약의 중요한 요소에 해당하지 않는 근로조건에 대해서는 사용자의 약정변경권
배치전환	권리남용법리의 법규정화와 사용자가 강구하여야 할 조치의 지침화(노사위원회의 사전협의 등은 권리남용의 판단요소가 됨)	업무상 필요성 · 인원선정의 합리성이 있고, 불이익이 경미함과 동시에 30일 전 사전설명 · 의견청취를 조건으로 하는 사용자의 배치전환명령권	① 약정변경권에 의거한 경우에는 근로자에 대한 협의설득과 권리남용법리에 의한 규제 ② 약정변경권이 없을 때에는 근로자의 동의 또는 계약변경청구권

(4) 노동정책심의회에서의 논의

연구회의 최종보고 이후, 후생노동대신은 2005년 9월 28일 노동정책심의회에

62) (社)日本経済団体連合会, "労働契約法制に対する使用者側の基本的考え方", 2005. 10. 13.
63) 浜村 彰, "労働契約法制の立法化をめぐる議論と基本問題ー報告の趣旨説明", 日本労働法学会誌 第107号(2006.5), 9면(한국노동법학회, 앞의 보고서, 167면).

향후의 근로계약법제의 방향에 대한 조사심의를 요청하였고, 10월 4일 제42회 노동정책심의회 근로조건분과회에서 근로계약법에 대한 심의가 개시되었다. 그러나 이미 근로계약법제연구회의 중간보고 단계에서부터 노사단체로부터 그 내용에 대해 상당한 비판이 제기되었던 가운데, 이러한 비판을 그다지 반영하지 않고 제출된 최종보고서는 노사양측 대표위원의 큰 반대에 직면하였다.

이에 따라 이후의 논의 진행방법에 대해 논의한 2005년 10월 21일 제43차 노동정책심의회 근로조건분과회에서는 모두에 노사쌍방 위원이 소속단체의 견해를 표명하였는데, 그 요지는 노사 모두 근로계약법제의 필요성은 인정하지만 연구회 보고의 내용은 인정할 수 없다는 것이었다. 이와 같이 노사가 모두 반대한 이유는 근로자측의 경우 노사위원회제도, 취업규칙변경에 의한 근로조건의 불이익변경, 고용계속형 계약변경제도, 해고의 금전해결제도 등 노동조합으로서 받아들이기 힘든 내용이 포함되었기 때문이며, 사용자측의 경우는 원래 포괄적인 근로계약법을 제정하는 것은 규제강화로 연결되기 쉽고 노사자치에 개입해서는 안 된다고 하는 기본입장에도 반한다고 보았기 때문이다. 이에 따라 분과회의 심의는 공전되었으며, 결국 연구회의 최종보고를 검토원안으로 삼지 않기로 하고 분과회에서 근로계약법제의 필요성과 그 내용에 관한 심의를 새롭게 백지상태에서부터 다시 하게 되었다.[64]

근로조건분과회에서 근로계약법에 대한 논의가 개시된 지 반년이 지났음에도 노사양측 대표위원의 소극적 태도로 논의의 진전이 없는 가운데, 2006년 7월을 중간보고 일정으로 하고 있던 분과회사무국은 2006년 4월 11일 "근로계약법 및 근로시간법제에 관한 검토의 관점"이라는 문서를 제출하였다.[65] 이것은 분과회에서 논의한 것을 정리한 것이 아니고 사무국측에서 근로계약법에 대한 실질적인 논의를 촉진시키기 위해 근로계약법(및 근로시간법제)의 골격과 구체적 논점을 열거한 것이었다.[66]

대략적인 골격은 기본적 사항, 취업규칙을 둘러싼 룰의 명확화, 중요한 근로조

64) 제43차 근로조건분과회에서 노사대표 모두 연구회보고는 어디까지나 연구자에 의한 보고이고 심의회에서의 논의의 기본자료는 아니라는 의견이 표명되어 결국 연구보고서는 분과회 논의에 있어 하나의 참고자료로만 사용하기로 하였다(임서정, 앞의 책, 125－126면).

65) (労働契約法制及び労働時間法制に係る検討の視点)에 대해서는 http://www.mhlw.go.jp/shingi/2006/04/s0411－2a.html 참조.

66) 근로조건분과회에서는 근로계약법과 함께 노동기준법상의 근로시간규제의 적용제외에 대한 새로운 구조가 검토되었고, 여기에 대해서도 노사대표의 견해가 크게 대립되었다(임서정, 앞의 책, 126면).

건에 관한 룰의 명확화(근로조건 사항의 설명, 채용내정, 시용, 출향, 전적, 전근, 징계, 근로조건변경의 룰, 경업피지, 겸업금지, 개인정보보호 등), 근로계약종료의 경우의 룰의 명확화(해고 룰의 명확화, 금전적 해결방식의 검토), 유기근로계약을 둘러싼 룰의 명확화, 국가의 역할 등을 포함하는 것이며, 각각에 대하여 검토의 관점을 제시하였다. 이와 관련해서는 근로자대표위원으로부터 특히 취업규칙 룰의 명확화와 관련하여 강한 반대의견이 표명되었다.

또한 2006년 6월 13일 제58차 근로조건분과회에서는 근로시간에 대한 논의가 이루어진 후 사무국으로부터 "근로계약법제 및 근로시간의 방향에 대하여(안)"가 제시되었다.[67] 이에 대해서도 2006년 6월 27일 제59차 근로조건분과회에서는 회의 개시부터 근로자대표위원, 사용자대표위원 모두로부터 사무국의 안은 노사의 검토를 충분히 반영하지 않았고 본래의 의미에서의 논의가 충분히 이루어지지 않았으므로 심의를 중단해야 한다는 취지의 견해가 제시되었다. 이에 따라 분과회 심의는 일시 중단되었고, 2006년 7월부터 8월에 걸쳐 비공식적인 회의 등의 개최를 통해 심의재개를 모색하였다.

이와 같이 근로계약법 제정을 위한 심의가 난항을 겪게 된 것은 첫째, 근로계약법에 포함하려고 하는 각 주제 자체가 학계에서도 논의가 갈려있는 큰 쟁점들로서, 이들 다수의 큰 문제를 한꺼번에 논의하게 되었기 때문에 노사단체 모두 의견집약에 어려움을 겪었고, 둘째, 논의해야 하는 내용이 노동기준법과 같은 전통적인 노동보호법규와 달리 순수한 민법규범이고 또한 기술적, 전문적인 법률학의 논점에까지 이르고 있어 노사쌍방 당사자에게는 익숙하지 않은 논의였으며, 셋째, white-collar exemption[68]을 포함한 근로시간제도의 개정과 함께 논의됨으로 인하여 노사의 대립이 보다 심한 가운데 심의가 이루어졌기 때문이라고 할 수 있다.[69]

한편 분과회의 논의가 중단된 가운데 정부 내에서도 근로계약법제 및 근로시간법제에 대한 비판이 제기되었으며, 그중 가장 대표적인 예가 2006년 7월 21일

---

67) (労働契約法制及び労働時間法制の在り方について)에 대해서는 http://www.mhlw.go.jp/shingi/2006/06/s0613-5a.html 참조.

68) white-collar exemption이란 미국에서 시행하는 제도로 근로시간에 비례한 성과 측정이 어려운 화이트칼라를 대상으로 하며, 근로시간과 관계없이 능력에 따라 급여를 받는 성과제도로 포괄임금제의 일종이다. 따라서 적용대상근로자는 연장근로의 지불대상에서 제외되며, 이에 따라 일본에서는 도입과 관련하여 노동단체가 '잔업수당 제로제도'라며 강하게 반발하였다(임서정, 앞의 책, 127면).

69) 임서정, 앞의 책, 127면.

규제개혁 · 민간개방추진위원회가 공표한 "노동시간법제 및 근로시간법제의 방향에 관한 의견"70)이다.

중단되었던 심의는 2006년 8월 31일 제60차 근로조건분과회에서 겨우 재개되었으며, 2006년 9월 16일 제61차 분과회에서는 노사가 입법화에 합의할 수 있는 항목만으로 축소한 "근로계약법제 및 근로시간법제의 향후의 검토에 대하여(안)"가 사무국으로부터 제시되었다.71) 여기에는 채용, 시용, 전거(轉居)를 동반한 배치전환, 고용계속형 계약변경제도가 논의의 대상에서 제외되었고, 논란이 되었던 취업규칙법리에 대해서도 백지상태에서 다시 논의하기로 하여 연구회보고에 포함되었던 내용과 비교하면 상당히 간결한 내용의 법률제정을 목표로 하게 되었다.

다만 취업규칙의 법리에 관해서는 이후 노사쌍방 위원으로부터 강한 반대의견이 있었지만 결국 근로계약법의 내용으로 포함되게 되었다. 이것은 근로계약법제연구회에서는 근로관계의 집단적, 계속적 성격으로 보아 근로조건이나 복무규율이 취업규칙에 의해 규율될 필연성이 있으므로 근로계약법에서 실제상 커다란 기능을 수행하고 있는 취업규칙의 효력을 명확히 하지 않고서는 근로관계의 권리의무관계의 룰을 명확히 하는 사명을 수행할 수 없다는 컨센서스가 있었던 것으로 보인다. 이러한 인식에서 근로계약법제연구회는 근로계약의 합의의 원칙과 가능한 한 조화시키면서 판례법리를 규정화하는 것을 목표로 하였고 그 후의 심의에서 후생노동성에도 이 생각이 받아들여져 취업규칙의 입법화가 최우선 과제로 되었다.

그 후 답신안을 둘러싸고 격한 논의가 반복되고, 2006년 12월 27일 제72차 근로조건분과회에서 겨우 근로계약법의 입법화에 대한 분과회의 최종보고가 후생노동대신에게 제출(답신)되었는데, 그 내용은 결국 당초의 근로계약법제연구회의 보고서에서 크게 달라져 노사의 대립이 있던 부분은 입법을 미루고 취업규칙을 중심으로 몇 개의 확립된 판례법리를 조문의 형태로 확인하는 한편, 근로계약을 둘러싼 일정한 이념이나 기본원칙을 규정하는 수준으로 되었다.

(5) 정부안의 확정과 국회 상정

이후 후생노동성은 분과회 최종보고에 기초하여 일부 수정을 한 후 "근로계약법안요강"을 작성하였고, 이에 대해 노동정책심의회에 자문요청을 하였으며, 노동

---

70) "労働契約法制及び労働時間法制の在り方に関する意見"에 대해서는 http://www.kisei-kaikaku.go.jp/publication/2006/0721/item060721.pdf 참조.

71) 労働契約法制及び労働時間法制の今後の検討について)은 http://www.mhlw.go.jp/shingi/2006/09/s0911-3a.html 참조.

정책심의회는 2007년 2월 2일 후생노동대신에 답신을 하였다. 그리고 결국 근로계약법안이 각의결정을 거쳐 2007년 3월 17일 제166회 통상국회에 제출되었다.[72] 그 후 법안은 국회에서 계속 심의되었지만 동년 여름 참의원선거의 결과 참의원에서 야당이 과반수를 차지하는 상황이 되었고, 여기에 민주당이 새로운 근로계약법의 대안을 제출하는 등 심의는 뒤얽히고 전망을 예측하기 힘든 상황에 빠져들었으며 한때 법안성립의 연기도 우려되었다.

그러나 근로계약법안의 중요성을 감안할 때 조속한 법제정의 필요성이 인식되었으며, 여야간 협의의 결과 민주당이 대안을 철회하는 대신에, 여당은 민주당이 제안한 일부수정을 수용하는 형태로 논의가 정리되어[73] 2007년 11월 28일 제168회 임시국회에서 당초의 정부안에 일부 수정을 가한 형태로 근로계약법이 성립되었다. 그리고 근로계약법은 2008년 3월 1일부터 시행되었다.

한편 국회의 심의과정에서 정부안에 대해 수정이 이루어진 내용을 보면 대략 다음과 같다.[74]

첫째, 제1조의 목적규정에 대하여 합의원칙과 함께 '근로계약과 취업규칙과의 관계 등을 정함으로써'라고 규정되어 있었으나, '그 밖의 근로계약에 관한 기본적 사항을 정함으로써'로 수정되었다.

둘째, 제3조 제2항에서 균형고려, 제3항에서 일과 생활의 조화에 대한 배려규정이 신설되었다. 균형고려는 2006년 12월 27일 답신에서 입법화가 연기되는 것으로 되어 법안요강에도 포함되지 않았던 것이며, 일과 생활의 조화에 대한 배려는 완전히 새롭게 도입된 것이다.

셋째, 근로계약 내용의 이해촉진에 관한 제4조 제1항 '체결하거나 변경한 후의 근로계약의 내용'에서 '체결하거나 변경한 후의' 부분이 삭제되었다. 이것은 제안자에 의하면, 사용자가 일방적으로 근로조건을 변경할 수 있고 일방적으로 변경한 후의 근로조건에 대하여 근로자에게 충분히 이해시키면 된다고 해석될 우려가 있

---

72) 국회에 제출된 근로계약법안의 제안이유는 당초의 논의보다 법안의 목적과 대상이 크게 축소되었음을 반영하여 "취업형태의 다양화, 개별노동관계분쟁의 증가 등에 대응하고 근로자의 보호를 도모하면서 개별노동관계에 도움이 되도록 하기 위해 근로자 및 사용자의 자주적인 교섭하에서 근로계약이 합의에 의해 성립하고 또는 변경된다고 하는 합의의 원칙 및 근로계약과 취업규칙과의 관계 등을 정할 필요가 있다"로 되었다(임서정, 앞의 책, 129면).

73) 다수당을 차지한 야당이 참의원에서 근로계약법안을 민주당안으로 가결시킨다 해도 중의원에서의 가결은 곤란했었고, 민주당을 중심으로 한 야당이 참의원에서 정부가 제출한 근로계약법에 반대하면 정부안도 성립되기 어려운 상황이었다(임서정, 앞의 책, 130－131면).

74) 이하의 내용은 임서정, 앞의 책, 130－131면을 요약 정리한 것이다.

어 이러한 해석을 초래하지 않기 위하여 수정되었다. 또한 가능한 한 서면확인을 하는 사항으로서 제2항의 '근로계약의 내용'의 뒤에 '(기간의 정함이 있는 근로계약에 관한 사항을 포함한다)'가 삽입되었다. 이것은 유기계약의 갱신의 유무, 갱신하는 경우의 조건 등에 대해서도 본 조항의 대상이 되는 것을 명확히 하기 위하여 이루어진 수정이다.

넷째, 안전배려의무에 대하여 규정한 제5조의 '근로계약에 의해'가 '근로계약에 동반하여'로 수정되었다. 이것은 안전배려의무는 근로계약의 체결에 의해 당연히 발생하는 것이나 정부법안의 문구에서는 근로계약상 명확히 규정하여 두지 않으면 안전배려의무가 발생하지 않는다고 해석될 우려가 있다고 하여 수정된 것이다.

다섯째, 근로계약과 취업규칙의 관계에 대하여 규정한 제7조의 제목'(근로계약의 내용과 취업규칙과의 관계)'가 삭제되고 제7조 모두에 '근로자와 사용자가 근로계약을 체결하는 경우에'라는 문구가 삽입되었으며, '주지된 경우'가 '주지시킨 경우'로 수정되었다. 본조의 적용이 근로계약 체결의 경우에 해당한다는 점(취업규칙의 존재 내지 직장에서 취업규칙을 신설한 경우에는 해당되지 않는다는 점) 및 주지의 시기와 대상자를 명확히 하기 위한 수정이다.

여섯째, 제14조 제2항의 출향의 정의규정은 충분히 논의되지 못하였고 또한 업(業)으로써 하는 출향을 가능하게 할 수 있는 등의 우려가 있어 삭제되었다.

일곱째, 유기계약의 중도해약에 관한 제17조 제1항의 '부득이한 사유가 없는 경우에는' 해고할 수 없다는 문구가 '부득이한 사유가 있는 경우가 아니면'으로 수정되었다. 부득이한 사유의 존재는 사용자가 주장·입증해야 하는 것으로 정부법안에서는 근로자 측에 증명책임이 있다는 해석을 초래할 수 있다고 하여 이루어진 수정이다.[75]

3. 근로계약법의 특징과 주요 내용

(1) 근로계약법의 개요

근로계약법은 제1장 '총칙'에서 ① 목적규정(제1조)과 ② 근로자, 사용자의 정의규정(제2조)을 둔 다음에 ③ 근로계약의 원칙(제3조)으로서 노사대등의 원칙(제1항), 균형고려의 원칙(제2항), 일과 생활의 조화에의 배려 원칙(제3항), 신의성실의 원칙(제4항) 및 권리남용의 금지(제5항)를 규정하고, ④ 근로계약 내용에 관한 이

---

75) 荒木尙志·菅野和夫·山川隆一(2008), 「詳說労働契約法」, 弘文堂, 58－59면.

해촉진의 책무(제4조)와 ⑤ 안전배려의무(제5조)를 규정하였다.

제2장 '근로계약의 성립 및 변경'에서는 ⑥ 근로계약의 기본적 내용을 둔(제6조) 다음에 ⑦ 취업규칙이 내용의 합리성과 근로자에의 주지를 요건으로 근로계약의 내용이 된다는 점(제7조)을 규정하였다. 또한 '근로계약 내용의 변경'으로서 ⑧ 노사의 합의원칙을 강조(제8조)한 다음, '취업규칙에 의한 근로계약 내용의 변경'으로서 ⑨ 다시 합의원칙을 선언하면서(제9조) ⑩ 변경의 합리성과 근로자에의 주지를 요건으로 근로조건은 변경 후의 취업규칙에 의한다는 점(제10조)을 규정하였다. 아울러 ⑪ 취업규칙의 변경절차는 노동기준법 제89조와 제90조에 의한다는 점(제11조), ⑫ 취업규칙의 최저기준효 규정(제12조), ⑬ 취업규칙과 법령·단체협약과의 관계(제13조)를 규정하였다.

제3장 '근로계약의 계속 및 종료'에서는 ⑭ 출향에 관한 권리남용의 경우의 무효(제14조－출향명령권 남용규제), ⑮ 징계에 관한 권리남용의 경우의 무효(제15조－징계권 남용규제) 및 ⑯ 해고에 관한 권리남용의 경우의 무효(제16조－해고권 남용규제)를 규정하였다.

제4장 '기간의 정함이 있는 근로계약'에서는 ⑰ 계약기간 중의 해고에 대해서는 부득이한 사유를 요하고(제17조 제1항), 사용자는 유기근로계약이 필요 이상으로 짧아지지 않도록 하며(제17조 제2항), ⑱ 일정한 요건하에서 유기근로계약이 무기근로계약으로 전환될 수 있도록 하고(제18조), ⑲ 일정한 조건하에서 사용자의 의사와 관계없이 유기근로계약이 갱신되도록 하는(제19조) 한편, ⑳ 기간의 정함이 있는 것에 의한 불합리한 근로조건의 금지(제20조)를 규정하였다.

제5장 '잡칙'에서는 ㉑ 선원에 대한 특례규정을 두고(제21조), ㉒ 국가공무원, 지방공무원 및 동거의 친족만을 사용하는 경우에는 근로계약법을 적용하지 않는다(제22조)고 규정하였다.

이상의 내용 중 ⑯은 노동기준법 제18조의2의 해고권 남용규제를, ⑫는 마찬가지로 노동기준법 제93조의 최저기준효 규정을 이행시킨 것(그 결과 노동기준법 제18조의2는 삭제되고 동법 제93조는 근로계약법 제12조의 인용규정으로 개정)이며, ⑬은 노동기준법 제92조의 내용(취업규칙과 법령·단체협약의 관계)을 근로계약법의 입장에서 규정한 것이다. 그리고 ⑱, ⑲, ⑳은 2012년 8월 10일 공포된 근로계약법 개정에 의해 새로이 포함된 것이며, 동법 부칙에 의해 ⑱과 ⑳은 공포일부터 기산하여 1년 이내에 정령으로 정한 날부터 시행한다.[76]

〈일본 근로계약법의 개요〉[77]

	배 경	주요 내용	기대 효과
근로계약의 원칙 (제1장)	근로자와 사용자 간에는 교섭력의 차이가 있고, 계약내용이 불명확한 경우가 있음	– 노사 대등한 입장의 합의원칙을 명확화 – 균형의 고려 및 일과 생활의 조화에의 배려를 규정 – 계약내용의 이해를 촉진(정보의 제공 등) – 계약내용을 가능한 한 서면으로 확인 – 안전배려의무	계약내용을 확인함으로써 오해가 감소하고, 노사의 상호이해 위에서 근로자가 안심·납득하고 근로할 수 있음
근로계약의 성립 및 변경 (제2장)	취업규칙의 변경에 대해서는 절차의 룰만 있고, 내용에 관한 룰은 판례에 맡겨져 있음(일반인에 있어 불명확)	– 합의원칙의 명확화 – 일방적으로 취업규칙의 변경에 의해 근로자에 불리한 변경은 할 수 없음 – 변경 후의 취업규칙을 근로자에게 주지시키고 또한 취업규칙 변경이 합리적인 경우는 근로조건이 변경됨	근로계약의 성립·변경의 원칙이나 근로계약과 취업규칙의 관계가 명확히 됨
근로계약의 계속 및 종료 (제3장)	징계·해고 등을 둘러싼 분쟁이 다발	– 해고의 권리남용은 무효(노동기준법에서 이전) – 징계·출향의 권리남용은 무효	부당한 징계·출향·해고 등의 방지
유기근로계약 (제4장)	유기계약근로자의 고용이 불안정하고 격차가 증가	– 계약기간 중의 해고제한 및 계약기간에 대한 배려의무 – 유기근로계약의 갱신에 관한 고용중지 판례법리 입법화 – 기간의 정함이 있는 것에 의한 불합리한 근로조건의 금지	유기근로계약 근로자가 안심하고 일할 수 있도록 하고, 불합리한 차별도 개선
기타 (제5장)		– 선원에 관한 특례 – 공무원 및 동거의 가족만을 사용하는 경우의 적용제외	

76) 임서정, 앞의 책, 185–187면.
77) 임서정, 앞의 책, 188–189면.

(2) 주요 특징

1) 민사법으로서의 성격

근로계약법은 노동기준법, 최저임금법, 노동안전위생법 등 종래의 많은 노동보호입법과 비교해서 벌칙이나 행정조치를 동반하지 않는 순수한 민사법으로 제정되었다. 다시 말해 종래의 노동입법의 경우에는 법의 위반에 대하여 근로기준감독서, 공공직업안정소, 도도부현(都道府県) 노정국과 같은 노동행정기관이 행정지도나 강제권한을 발동하도록 할 수 있었으나, 근로계약법의 경우에는 법의 실현은 계약당사자 자신이 분쟁해결의 절차(궁극적으로는 사법절차)를 이용하여 해야만 한다.

다만 근로계약법이 노동행정조치와 완전히 관계없는 법률이라고는 할 수 없다. 왜냐하면 동법은 후생노동성의 도도부현 노정국에서 담당하고 있는 상담・조언・지도・알선 등과 같은 개별노동분쟁 해결절차에서 사용되게 되는데, 개별노동분쟁의 신속・적절한 해결의 촉진은 현재의 노동행정의 중요한 시책으로 동법은 이 시책에 이바지하는 법률로서 노동행정조치와 연계되기 때문이다.[78)]

한편 근로계약법에는 현재 규정내용 그 자체의 실현이나 위반한 경우의 채무불이행 책임을 재판에 의해 청구할 수 있다는 의미에서의 민사상의 권리의무관계를 정한 것이라고는 하기 어려운 이념규정(예를 들어 제3조 제1항~제3항)이나 '……하도록 하여야 한다'(ようにするものとする), '가능한 한'(できる限り)과 같은 문구로 보아 민사상의 권리의무관계를 정한 것이라고 말하기 어려운 소위 노력의무의 일종으로 보이는 규정(제4조 제1・2항)도 존재한다. 이와 같은 성격의 규정이 근로계약법에 포함된 것은 심의회에서 노사의 합의를 얻을 수 있는 한도에서 법안화가 이루어졌기 때문이라 할 수 있다.[79)]

2) 노동입법으로서의 전문성

근로계약법은 민사법규이면서도 근로자와 사용자 간의 개별적 근로관계를 규율하는 노동입법으로서 노동법의 전문적 성격을 갖는다. 다시 말해 근로계약법은 노동법의 일원으로서의 이념과 특색을 갖는 민법의 특별법이라 할 수 있다.

근로계약법이 노동입법이 되는 이유는 우선 동법이 노동시장, 개별적 근로관계, 집단적 노사관계라고 하는 노동법의 규율대상인 사회관계 중에서 개별적 근로

---

78) 荒木尚志・菅野和夫・山川隆一, 앞의 책, 13-15면 참조.
79) 山川隆一(2008), 労働契約法の制定-意義と課題 ,「日本労働研究雑誌」576号, 6-7면.

관계를 규율대상으로 하고 있다는 점에 있다.[80] 그리고 동법이 이 개별적 근로관계를 근로자와 사용자 간의 계약(합의)에 의해 유지되는 관계로 파악한 뒤에, 계약당사자 간에 계약교섭에 대한 교섭력에 현격한 차이가 있다는 점을 정면으로부터 고려하여 계약관계의 준칙을 정하였다는 점에서 헌법상의 계약의 자유의 원칙과 근로기준의 법정의 원리를 결합시킨 입법이라고 할 수 있다.

또한 근로계약법은 여타 다른 노동입법과 같이 노동정책입법으로서의 성격도 가지고 있다. 즉 정규직과 비정규직의 격차, 개별노동분쟁의 증가, 노동력의 감소라고 하는 제 문제에 대응하고자 하며, 구체적으로는 교섭력의 불균형에 대응한 근로자의 보호, 개별노동관계분쟁의 증가에 대응한 분쟁의 예방과 해결, 격차문제에 대한 대책으로서의 균형고려의 이념, 저출산 대책으로서의 일과 생활의 조화이념 등이 그 예이다.[81]

3) 개별적 근로관계에 관한 새로운 기본법

근로계약법은 개별적 근로관계를 규율하는 노동입법이지만, 개별적 근로관계에 대해서는 노동기준법이 종래부터 기본법으로서 존재하고 있다.

따라서 법체계상으로 보면 앞으로 근로계약법과 노동기준법 중 어느 법이 앞에 위치하는 기본법이 될 것인지가 문제될 수 있다. 우선 최저임금이나 최장근로시간 등 법정근로기준이 노동력 거래(근로계약교섭)의 전제가 되는 시장횡단적 거래조건이라고 생각하면, 노동시장에 있어 무엇보다도 먼저 고려해야 하는 법규제는 노동기준법과 그 부속법이라고 할 수 있다. 그러나 사람들이 '근로자'로서 노동시장에 진입하는 것은 다양한 계약형태 중에서 '근로계약'이라는 전형계약의 체결을 요구하는 것이고 그 전형계약의 형태를 설정하고 있는 것이 근로계약법이라는 점을 고려하는 한편, 노동기준법은 근로계약관계에 들어온 후의 최저기준을 정하는 것이라는 점을 생각하면, 무엇보다도 먼저 근로계약법의 규제가 있고 다음에 노동기준법의 규제가 뒤따른다고 생각할 수 있다.

---

80) 일본의 노동법제는 헌법 제28조, 제29조에 표명된 근로권, 근로조건기준의 결정, 단결권·단체교섭권·단체행동권의 보장이라는 세 가지 지도원리에 연원을 두고 발전하였다. 이것이 직업안정(고용정책)법제(직업안정법, 근로자파견법, 직업능력개발법, 고용보험법, 장애자고용촉진법, 지역고용개발촉진법 등), 근로기준법제(노동기준법, 최저임금법, 노동안전위생법, 근로자재해보상보험법, 임금지급확보법 등), 노사관계법제(노동조합법, 노동관계조정법)라는 노동입법의 3대 분야이고, 각각 법을 집행하기 위해 공공직업안정행정, 노동기준행정, 노동위원회라고 하는 노동행정조직을 가지고 있다(임서정, 앞의 책, 191면).

81) 荒木尙志·菅野和夫·山川隆一, 앞의 책, 15－17면.

실제상으로는 근로계약법의 규정은 노동기준법에 있는 근로계약 체결시의 근로조건의 명시(노동기준법 제15조), 해고의 예고의무(동법 제20조), 취업규칙의 작성·제출의무 등의 규제(동법 제89조, 제90조) 등을 전제로 하고, 이러한 규정과 연계되어 있다. 한편 노동기준법 측에서도 취업규칙이 근로계약에 대하여 계약규율효(근로계약법 제7조, 제10조)나 최저기준효(동법 제12조)를 갖는 것을 전제로 하여 이들과 연계된 규제를 하고 있다.

결국 근로계약법과 노동기준법은 논리적 선후관계에 있어서도, 실제적 규제관계에 있어서도 함께 개별적 근로관계에 있어 기본법으로서 서로 연계되어 있다고 보아야 할 것이다.[82)]

4) 전후 노동법제의 입법흠결을 보충하는 기본법

근로계약법은 전후 노동법제에 있어 입법을 하지 못하고 판례법리에 의해 형성되어 온 법 분야에 대하여 비록 "작은 규모"이지만 기본법을 제정하였다는 점에서 의의를 갖는다.[83)]

즉 근로계약법은 종래 장기고용시스템이라 불리는 고용노동관계의 관행에 따라 형성되어 온 판례법리를 기초로 하여 근로계약의 성립, 전개, 종료를 둘러싼 권리의무 문제에 관한 준칙을 체계적으로 입법화한 법률로서 구상된 것이다. 비록 동법이 연구회보고의 포괄적인 입법제언에 비하면 작은 규모로 축소되었지만, 성립된 근로계약법을 보면 '근로계약'의 정의를 노동기준법의 '근로계약'과 기본적으로 일치시키면서도 명확히 하고 있고, 합의원칙, 균형고려, 일과 생활의 조화, 신의성실, 권리남용금지 등의 근로계약의 기본원칙을 천명하고 있으며, 또한 근로계약법의 최대 난제인 취업규칙의 효력에 대하여 판례법리에 근거하여 체계적으로 규정을 정비하고 있고, 해고의 요건에 대한 최소한의 규정을 두고 있으며, 안전배려의무, 출향명령권 남용법리, 징계권 남용법리 등 몇 개의 중요한 주변법리를 규정하고 있는 등 본격적인 근로계약법의 출발점이 되는 중핵적인 부분은 나름대로 확보하였다고 할 수 있다.[84)]

---

82) 荒木尚志·菅野和夫·山川隆一, 앞의 책, 18-19면.
83) 전후 장기고용시스템하에서 형성된 판례법리로서는 해고권 남용법리, 취업규칙의 법리, 배치전환 명령권의 법리, 채용의 자유, 기업질서의 법리, 정리해고의 법리, 출향명령권의 법리 등이 있다(임서정, 앞의 책, 192면).
84) 菅野和夫(2007), 基調講演: 雇用システムの変化と労働法の課題 (2007 有斐閣法律講演会－変わる雇用システム, 変わる労働法制), 「ジュリスト」 1347号, 8면.

(3) 주요 내용[85]

1) 근로계약 체결의 원칙

근로자와 사용자 사이에는 교섭력의 차가 있다는 현실을 인식하여 근로계약법은 제3조 근로계약의 원칙에서 ① 대등한 입장에서의 합의원칙의 명확화(제1항), ② 균형의 고려(제2항) 및 일과 생활의 조화에 대한 배려(제3항) 등을 규정하고 있다.

또한 계약내용이 불명확하다는 일본의 상황을 반영하여 ① 계약내용의 이해를 촉진하고(제4조 제1항), ② 계약내용(유기근로계약에 관한 사항을 포함)을 가능한 한 서면으로 확인하며(제4조 제2항), 사용자의 안전배려의무를 명문화하였다.

이와 같이 근로계약 체결의 원칙을 명확히 한 것은 계약내용에 관한 분쟁을 사전에 예방하고자 하기 위한 것이며, 근로계약법이 제정되기 전에도 노동기준법에서도 근로계약의 체결시 사용자에게 근로조건을 명시할 의무를 부과하고 시행규칙에서 임금, 근로시간 등 일정한 사항에 관하여 서면으로 명시하도록 하였었다. 그러나 근로계약법은 근로조건에 관하여 특별히 범위를 정하지 않았기 때문에 노동기준법이나 시행규칙에서 규정하지 아니한 사항까지 포함하는 것으로 해석된다.[86]

2) 근로계약의 성립 · 변경

근로계약법에서는 근로조건의 변경에 관한 원칙을 규정하고 있다(제8조~제11조). 우선, 근로조건의 변경은 합의에 의하여 행해져야 하고(제8조), 합의를 전제로 하지 않는 취업규칙의 변경에 의한 근로조건의 변경은 원칙적으로 허용하지 않음을 명확히 하였다(제9조). 그리고 이에 대한 예외로 판례법리에 의하여 확립된 취업규칙의 합리적 변경에 의하여 근로조건이 변경되는 경우의 요건을 규정하고(제10조), 나아가 개별특약이 있는 경우에는 이 원칙이 적용되지 않는 것으로 하였다(제10조 단서). 그리고 취업규칙 변경절차는 노동기준법의 내용(의견청취, 신고)을 확인하였다(제11조). 즉 지금까지 취업규칙의 변경에 관해서는 절차적 규정만 있었고, 내용의 변경에 관해서는 판례법리에 맡겨져 왔다는 점을 고려하여 변경의 합의원칙을 명문화하였다.

---

85) 이하의 주요 내용은 한국노동법학회의 앞의 보고서 168－170면을 요약 정리한 것이다.
86) 荒木尙志 外, 「詳說勞働契約法」, 弘文堂, 2008, 78－79면.

다만, 사용자가 취업규칙의 변경에 의하여 근로조건을 변경한 경우에 있어 ① 변경 후의 취업규칙을 근로자에게 주지시키고, ② 취업규칙의 변경이 근로자가 받는 불이익의 정도, ③ 근로조건의 변경의 필요성, ④ 변경 후의 취업규칙 내용의 상당성, ⑤ 노동조합 등과의 교섭의 상황 그 밖의 취업규칙의 변경에 관계된 사정에 비추어 합리적인 때에는 근로조건은 변경된 취업규칙에 의한다. 이로써 근로계약의 변경과 근로계약과 취업규칙의 관계를 명확히 하였다는 평가가 가능하다. 다시 말하면 근로조건변경에 있어서 합의원칙과 취업규칙의 합리적 변경에 의한 근로조건의 변경문제는 실무상 근로계약분쟁에서 가장 중요한 과제의 하나였는데, 근로계약법은 판례법리를 수용함으로써 명확히 하였다는 점이다.[87]

3) 근로계약의 계속 · 종료

징계, 해고 등을 둘러싼 분쟁이 다발하고 있다는 인식에서 ① 사외전출(出向)의 남용(제14조), ② 징계의 남용(제15조), ③ 해고의 남용(제16조, 노동기준법 제18조의2를 이전시킴)은 권리남용으로서 무효이다. 근로계약법에서는 '그 권리를 남용한 것으로'란 표현을 삽입하여 해고에 관하여 학설상 오랫동안 주장되어 온 '권리남용설'을 명확히 하였다.

따라서 아직 입법화가 이루어지지 않은 정리해고에 관하여는 여전히 판례법이 적용되지만, 그 외의 모든 해고의 적법 여부는 근로계약법의 해석에 의하게 된다. 정리해고에 대해서는 해고권남용의 유무를 판단함에 있어 예측가능성을 제고시키기 위하여 고려사항을 명확히 해둘 필요가 있다. 구체적으로 인원삭감의 필요성, 해고회피조치, 해고대상자 선정방법, 해고에 이르는 절차 등이 필요하다는 것으로 명백히 한다. 이러한 일본의 해고론 발전과정을 보면 아래와 같다.

일본 해고론의 발전과정[88]

민 법 ⇒	학설 · 판례 ⇒	노동기준법(2003년) ⇒
해고자유 원칙	해고권 남용론 → 해고자유 원칙수정	해고권 남용론 (합리적 이유× → 무효)

87) 荒木尚志 外, 「詳說勞働契約法」, 弘文堂, 2008, 109면.
88) 박승두, "해고제도의 일원화론", 「노동법학」 제30호, 한국노동법학회, 2009. 6, 44면.

4) 기간의 정함이 있는 근로계약

근로계약법이 제정되기 이전에 민법 제628조에는 유기계약의 고용기간 중에도 부득이한 사유가 있는 경우에는 바로 계약을 해제할 수 있다고 규정하고 있었지만, 그 반대의 경우 즉, 부득이한 사유가 없는 경우 계약을 해제할 수 있느냐가 명확하지 아니하여 분쟁이 다발하였는데, 근로계약법은 이를 다음과 같이 명확히 규정하였다.[89)]

기간의 정함이 있는 근로계약은 부득이한 사유가 없는 한[90)] 그 계약기간이 만료하기 전에는 근로자를 해고할 수 없으며, 유기근로계약을 필요 이상으로 짧은 기간을 정하고 그 유기근로계약을 반복하고 갱신하는 일이 없도록 배려하여야 한다고 규정하였다(제17조).

(4) 유기근로계약에 관한 2012년 법 개정[91)]

2012년 3월 16일 일본 후생노동성은 일본 근로계약법에 관한 개정안을 발표했다. 종전 노동관계법은 유기근로계약의 기간과 관련하여 제14조에서 3년의 상한만을 규정하고 있을 뿐, 별도의 규정을 두고 있지 않다. 또한 지금까지 어느 법에서도 반복·갱신의 경우 무기계약의 전환 등과 같은 규정을 두고 있지 않았다. 실제 유기근로계약자들의 단기간 근로계약의 반복·갱신으로 인한 고용불안 및 열악한 근로조건으로 인한 생활의 어려움은 사회문제화되었다.

이러한 점에 착안하여 일본 정부는 노동계약법이 제정된 이후에도 노동정책심의회를 통해 유기근로계약에 관한 연구사업을 지속적으로 하여 왔다. 2011년 12월 26일 노동정책심의회의 근로조건분과회에서 '유기근로계약의 존재형식에 대하여(有期労働契約の在り方について(建議)'를 기초로 하여 올해 3월 23일 개정안(労働尾契約法の一部を改正する法律案)을 결정하고, 같은 날 중의원에 제출하였다.

후생노동성은 노동계약법 개정안의 제출 목적을 ① 기간의 정함이 있는 근로

---

89) 이는 유기계약의 경우 부득이한 사유가 없는 경우에는 고용기간중에는 계약을 해제할 수 없다고 하여 해고에 관하여 민법 제628조의 반대해석의 원칙을 명확히 한 것이다(한국노동법학회, 앞의 보고서, 170면).

90) 당초 법안에는 "부득이한 사유가 없는 경우는"이라고 되어 있었으나, 국회 심의과정에서 "부득이한 사유가 없는 한"으로 수정되었다. 그 이유는 부득이한 사유의 존재 여부는 사용자가 주장, 입증하여야 하는 사항이므로, 정부안대로 규정할 경우 근로자측에 입증책임이 있는 것으로 해석될 여지가 있었기 때문이다(한국노동법학회, 앞의 보고서, 170면).

91) 이하의 내용은 윤문희, "일본 노동계약법 개정안의 내용", 「국제노동브리프」 2012년 6월호, 52－58면의 내용을 요약 정리한 것이다.

계약에 대하여 그 체결 및 갱신을 적정하게 이루어지도록 하기 위하여, ② 기간의 정함이 있는 근로계약이 일정한 요건을 만족하는 경우에는 근로자의 신청에 의하여 기간의 정함이 없는 근로계약으로 전환시키는 구조를 만들 필요가 있다고 하였다.

1) 기간의 정함이 없는 근로계약으로의 전환규정 도입

개정안 제18조에 의하면 유기근로계약이 5년을 경과하여 반복 갱신되는 경우에는 근로자의 신청에 의하여 무기근로계약으로 전환할 수 있다. 일본은 노동계약법은 물론 노동기준법에도 유기근로계약자의 무기직 전환에 관한 규정이 없었으나 이번 개정안에서 무기직으로의 전환규정을 두었다. 전환이 되는 구체적인 요건은, 동일한 사용자와의 사이에서 2회 이상 유기계약의 통산기간이 5년을 넘을 것, 그리고 만료일 이전에 근로자의 신청이 있을 것을 요건으로 하고 있다. 다만 처음 계약과 두 번째 계약기간 사이에 6개월 이상의 간격이 있는 경우에는 처음의 계약기간을 상정하지 않는 것으로 규정하고 있다. 개정안은 근로조건을 이전의 근로조건과 동일한 것으로, 그리고 통산계약기간을 산입하지 않는 공백기간 산정방법은 후생노동성령에 위임하였다.

즉 개정안은 유기근로계약이 갱신되어 통산 계약기간이 5년을 초과하는 근로자가 이미 체결하고 있는 유기근로계약의 기간만료 전에, 해당 유기근로계약이 종료하는 날의 다음날부터 기간의 정함이 없는 근로계약의 체결을 신청한 때에는, 사용자는 이것을 승낙하는 것으로 간주한다는 것이다

2) 고용중지의 법리의 법정화

개정안 제19조는 고용중지법리(판례법리)를 법정화하였다.

고용중지법리란 유기근로계약의 반복갱신에 의하여 무기근로계약과 실질적으로 다르지 않은 상태가 존재하는 경우, 또는 유기근로계약의 기간만료 후 고용계약에 대한 합리적 기대가 인정되는 경우에는 해고권 남용법리를 유추하여 고용중지를 제한하는 법리를 말한다.

즉 개정안 제19조에서는 유기근로계약자가 갱신 신청을 한 경우 또는 기간만료 후 지체 없이 유기근로계약 신청을 한 경우로, 다음의 어느 하나에 해당하는 경우에는 사용자가 승낙한 것으로 보아야 한다고 규정하고 있다. 하나는 사용자가 해당 신청을 거절하는 것이 객관적이고 합리적인 이유를 결하고 있는 경우를, 또 다른 하나는 사회통념상 상당하다고 인정되지 않는 경우를 말한다.

3) 유기근로계약을 이유로 한 불합리한 근로조건의 금지

개정안 제20조는 유기근로계약 근로자의 근로조건이 기간을 정하고 있다는 것을 이유로 하여 무기계약근로자의 근로조건과 다른 경우, 그 위상은 직무 내용이나 배치의 변경 범위 등을 고려하여 불합리하여서는 안 된다는 규정을 마련하였다. 이는 차별 시정의 한 조치라고 볼 수 있다.

4. 근로계약법에 대한 평가

근로계약법은 연구회보고와 비교하면 그 규율대상이 큰 폭으로 줄어드는 결과가 되어 매우 작은 규모로 출발하게 되었다. 따라서 근로계약에 관한 민사상의 룰 전체를 '실질적 의미에서의 근로계약법'이라고 한다면, 법률의 조문으로서 규정된 근로계약법(근로계약법전)은 현 시점에서는 '실질적 의미에서의 근로계약법'이라고 부르기 어렵고 '형식적 의미에서의 근로계약법'이라 할 수 있을 것이다.[92]

그러나 근로계약법 제정의 의미는 적지 않다고 할 수 있다. 동법에 의해 근로계약을 둘러싼 기본적인 민사적인 룰을 규정하고 노동기준법과는 별도의 실시시스템을 갖는 법률이 처음으로 등장하였기 때문이다. 그런 의미에서 근로계약법은 일본 노동분야 제정법의 기본법의 하나로서 자리 매김할 수 있다.

한편, 근로계약법은 다음과 같은 한계가 지적되었다.

(1) 종합성, 체계성의 결여

일반적으로 근로계약법이란 근로계약의 체결, 전개, 변경, 종료 등 근로계약의 전반에 걸친 제 원칙과 규정을 정하고 있는 법률을 의미하며, 근로계약법제연구회도 이와 같은 정의에 입각한 근로계약법의 제정방향을 제시하였다. 그러나 노동정책심의회의 논의과정에서 근로계약법제연구회의 의견 중에서 노사위원 간에 다툼이 있는 부분은 제외됨으로써 근로계약법은 결국 기본적으로 확립된 판례법리 중 일부를 확인하는 한편, 약간의 근로계약의 기본이념 내지는 원칙 등을 규정하는데 그치게 되었다.

그 결과 동법은 노동기준법과 더불어 개별근로관계에 대한 '기본법'이라 불리

92) 한편 2007. 12. 21 노동법 연구자 중 角田邦重 등 35명은 취업규칙변경법리의 성문화에 초점을 맞춰 근로계약법 제정의 재고를 요청하는 성명을 발표하고 근로계약법 제정에 반대하였다 (임서정, 앞의 책, 137면).

면서도 불과 19개조의 조문에 불과하며, 그것도 취업규칙에 관한 부분이 상당부분을 점하였다(제7조~제13조). 그 후 2012년 8월 일부개정에 의해 제4장 기간의 정함이 있는 근로계약에 대한 내용이 보완되었지만 여전히 전체 22조의 작은 규모의 법률에 불과한 상태이다.[93)]

결론적으로 동법은 근로계약법제연구회가 포괄적으로 종합적·체계적인 입법의 방향성을 제시한 것에 비교하면, 너무나도 단편적으로 종합성·체계성을 결한 극히 불충분한 법률이 되었으며, 중요하면서도 조문화되지 않은 사항이 상당수 존재하고 있다. 예를 들어 근로계약법 제3장의 제목이 '근로계약의 계속 및 종료'로 되어 있으면서도 이 장에서 취급하는 것은 출향, 징계, 해고에 대한 각각의 권리남용 금지에 지나지 않은 것을 보면 쉽게 알 수 있다.

이것으로서는 근로계약을 둘러싼 법리의 판례의존성이 여전히 해소되지 않고 계속되는 한편, 새로운 문제가 계속해서 등장하면서 수적으로도 증가경향을 보이고 있는 개별적 근로계약분쟁에 충분히 대처할 수 없는 한계를 지니고 있다고 말할 수 있다.[94)]

(2) 판례법리의 입법화를 둘러싼 한계

일반적으로 법률의 규정이 추상적인 경우 혹은 법의 흠결이 있는 경우에 판례가 수행하는 역할은 매우 크다고 할 수 있으며 이는 노동법에 있어서도 마찬가지이다. 이 경우 판례는 법원(法源)이 되며 경우에 따라서는 법을 창조하고 이를 통하여 실질적 의미에서의 근로계약법을 구성한다.[95)]

이와 관련하여 근로계약법에는 안전배려의무(제5조), 취업규칙의 근로계약규율효(제7조, 제10조), 출향권 남용법리(제14조), 징계권 남용법리(제15조), 해고권 남용법리(제16조), 유기계약근로자에 대한 고용중지의 법리(제19조) 등 판례법리로서 형성되어 온 것이 입법화되었다. 그러나 판례법리의 근로계약법에서의 입법화와

93) 根本到 교수는 심지어 국회심의가 이루어지고 있는 중 "외국의 연구자나 법조계가 근로계약법안이 일본에서 심의되고 있는 것을 듣고 생각할 수 있는 근로계약법이란 필시 이와 같은 취업규칙에 관한 규정이 대부분을 차지하는 것은 아닐 것이다. 따라서 연구자의 입장에서 개인적인 감상을 말한다면 만약 이와 같은 법안이 가결되어 이것을 다른 나라 연구자에게 근로계약법으로 소개해야 한다면 '부끄럽다'고까지 생각할 수 있는 정도이다"고 하였다(根本到(2007), 労働契約法案の法的問題点について ,「労働法律旬報」 1647号, 38면, 임서정, 앞의 책, 254면에서 재인용).

94) 三井正信, 『現代雇用社会と労働契約法』, 成文堂, 86면(임서정, 앞의 책, 254면에서 재인용).

95) 西谷敏·野田進·和田肇 編(2012), 「労働基準法·労働契約法」, 日本評論社, 314면(和田肇 執筆擔當).

관련해서는 몇 가지 문제점이 제기될 수 있다.

첫째, 근로계약법의 내용이 그간의 판례를 확인하는 정도의 소극적 차원에 머물렀다는 점이다. 근로계약법의 내용을 구상함에 있어서는 판례와의 관련을 명확히 해 둘 필요가 있다. 지금까지의 판례는 불충분한 제정법규를 전제로 이것을 보충하기 위하여 민법의 일반조항의 해석을 통해 다양한 법리를 구축해 왔다. 그러나 여기에는 당연히 법해석 고유의 한계가 있는데다 일본의 법원이 반드시 새로운 법규범의 창조에 적극적이지 않았다는 문제가 있다. 종래의 판례법리는 종신고용제와 연공임금제를 핵으로 하는 일본적 고용관행에 의거하여 형성된 것으로, 이러한 일본적 고용관행과 여기에 의거하여 지탱되는 고용사회가 크게 변화되어 온 현재에 있어 그와 같은 법리를 단순히 조문으로 확인하는 것만으로 매일 새롭게 나타나는 고용사회의 개별적 근로계약을 둘러싼 다양한 분쟁에 적절히 대처하기 어려운 측면이 있다고 할 수 있다. 그런데 근로계약법의 입법자는 기본적으로 판례법리를 확인한다고 하는 소극적 자세로부터 출발했기 때문에 규율하여야 할 많은 중요한 내용을 누락시키는 결과를 초래하였다.

둘째, 근로계약법은 개별노동관계분쟁의 증가를 하나의 배경으로 하여 제정된 법으로 '노동관계의 안정', 즉 노동관계에서의 분쟁의 방지와 해결에 이바지하는 것을 목적의 하나로 한다. 다시 말해 근로계약법 제정의 목적 중 하나는 개별노동관계분쟁의 전문적 해결제도가 노동행정과 사법의 장에 마련되어 있음에도 불구하고 분쟁해결을 위한 실체규범의 다수가 일반인이 인식하기 곤란한 판례법리로 성립되어 있는 상황을 고려하여 실체규범의 명확화를 도모하는 것이었다. 그러나 판례법리로서 확립된 내용을 입법화한 규정을 보면 많은 경우 '필요한 배려', '합리적인', '사회통념상 상당한', '권리를 남용한' 등의 추상적인 규범적 요건에 의존한 규범이 많아 분쟁해결규범의 명확화라는 목적에는 한계를 보이고 있다고 할 수 있다.[96]

셋째, 연구회보고에 들어 있으면서도 노사 모두 어느 정도는 이견이 없었다고 할 수 있는 일부 판례법리는 근로계약법에 포함되지조차 않았다. 이러한 판례법리로는 채용내정, 시용기간, 배전명령권의 남용, 전적, 징계권의 근거, 근로자의 손해배상책임의 제한, 정리해고 등이 제시될 수 있다.

넷째, 근로계약법 제14조와 제15조는 사용자에 출향명령권이 있는 경우나 징

96) 荒木尚志・菅野和夫・山川隆一, 앞의 책, 22면.

계권이 있는 경우를 전제로 하여 이것이 남용에 해당할 경우의 효과를 규정하고 있다. 그러나 문제는 어떠한 경우에 사용자에 이러한 권리가 있는지이며, 어느 정도 판례법리도 확립되어 있고 그 범위 내에서의 규정화도 가능하지만, 근로계약법에는 결국 포함되지 않았다.

다섯째, 안전배려의무에 대해서는 판례상으로는 근로계약상의 사용자뿐만 아니라 원청기업과 같이 하청기업의 근로자와의 사이에 근로계약관계가 없어도 '특별한 사회적 접촉의 관계'에 있는 자에 대해서도 인정되고 있다. 따라서 제5조에 있어서는 문구상 이러한 판례법리보다 적용대상이 협소해졌다고 할 수 있다. 동조의 유추해석에 의한 방법으로도 해결할 수 있지만, 가능하면 동조의 문구에 그 취지를 부가하여 표현하는 것이 바람직하다고 할 수 있다.[97]

(3) 다양한 고용형태의 반영 미흡

일본은 버블경제 붕괴 이후인 1990년대부터 2000년대에 걸쳐 전체 근로자 중 비정규직이 점하는 비율이 큰 폭으로 증가하여 2011년도에는 35.2%를 차지하기에 이르렀다. 비정규직은 정규직에 비해 고용 불안정, 경제적 자립의 곤란, 직업경력 형성의 부족, 사회안전망의 불충분, 법령에 의한 최저근로조건의 불충분 등 다양한 문제가 있어 비정규직의 증가는 소득격차의 확대와 생활불안정 증대의 한 요인이 되고 있다. 2011년 후생노동성의 임금구조기본통계조사에 의하면 정규직과 정규직 이외의 근로자 간의 임금격차가 현저할 뿐만 아니라 정규직은 연령이 증가함에 따라 임금이 상승함에 비하여 정규직 이외의 근로자는 연령이 올라가도 임금은 거의 상승하지 않음을 알 수 있다. 이에 따라 이들 비정규직근로자의 근로계약을 둘러싼 룰이나 공정처우의 방법 등과 관련하여 분쟁이 많이 증가하고 있다.[98]

그러나 근로계약법은 제정시 주로 판례법리를 확인한다고 하는 입장이 강했으며, 제3조 제2항이나 제17조와 같이 일부 비정규직근로자를 배려하는 규정을 두었으나, 전체적으로 보면 이러한 배려는 극히 불충분하였고 어디까지나 종래 판례법리와 같이 주로 정규직근로자에 초점을 맞추고 있었다. 2012년 8월 10일 동법

---

97) 西谷敏・野田進・和田肇 編(2012), 「労働基準法・労働契約法」, 日本評論社, 314－315면(和田肇 執筆擔當).

98) 일본 비정규직근로자의 균등대우와 관련해서는 浅倉むつ子(2012), 同一価値労働同一賃金原則実施システムの提案 , 「勞動法論叢」 24, 한국비교노동법학회, 197－221면; 緒方桂子(2012), 非正規雇用と均等待遇原則・試論 , 「勞動法論叢」 24, 한국비교노동법학회, 223－246면 참조.

의 개정으로 유기근로계약근로자에 대한 고용안정과 임금격차 해소를 위한 새로운 방안이 마련되었으나, 이것만으로 비정규직근로자에 대한 배려가 충분히 이루어졌다고 하기는 어렵다. 또한 현재의 고용환경을 보면 경제의 IT화, 글로벌화, 소프트화가 진전되고 라이프스타일의 다양한 변화에 의해 고용형태의 다양화·복잡화도 진행되고 있으나, 근로계약법이 이러한 경향에 충분히 대응할 수 있는 구조로 되어 있지 않다는 문제점도 있다.

(4) 유사근로자에 대한 보호의 미비

노동법에 의한 보호는 근로계약법을 포함하여 전부 아니면 전무(all or nothing)의 형태로 되어 있다. 즉 근로자로 판단되면 노동법규의 보호를 받고 근로자가 아닌 자로 판단되면 보호를 받을 수 없다.

근로자 여부의 판단은 사용자의 지휘·명령하에서 이루어지는 정형적 근로에 대해서는 비교적 용이하다. 그러나 근년 서비스 산업의 급증 및 정보화의 진전과 이를 배경으로 한 취업형태의 소위 '비고용화'('고용' 형태에서 '개인도급이나 업무위탁'의 형태로 대체)에 의해 취업형태가 다양화되고 있고 근로자인지 여부를 단정하기 어려운 사례도 증가하고 있다.[99] 또한 근로자가 아니고 독립된 자영업자로 판단되는 자라도 경제적으로 상대방 기업에 종속·의존하거나 혹은 특정의 기업에 전속하여 근로자와 마찬가지의 취업형태를 하고 있는 사례도 자주 목격된다. 이와 관련하여 근로계약법제연구회 보고에서는 계약형식이 도급계약이나 위임계약이라도 근로자와 같은 취업형태를 하고 있는 자에 대하여 기업에 대한 경제적 종속성을 고려하여 보호를 하여야 한다는 방향성을 제시하였지만, 입법에서는 이와 같은 제안은 실현되지 않았다.

그러나 일하는 방식이나 고용형태가 복잡 다양화되고, 근로자인지 여부, 종속인지 독립인지 여부의 판단이 매우 미묘하고 곤란하게 된 현상을 고려하여, 근로자와 마찬가지의 취업형태를 하고 있는 자에게는 일정한 범위에서 근로자와 같은 혹은 근로자에 준하는 보호를 해주는 방향으로 추후에는 검토되어야 하며, 이렇게 되면 가령 근로자가 아니라고 판단되더라도 근로자와 유사한 업무형태를 취하고 있는 자에게는 일정한 보호가 미치게 되고 근로자성 판단과 근로자 보호를 둘러

---

99) 근로자에 해당되는지 여부를 다투고 있는 사례로는 고용차(傭車)운전수, 가스·전기 검침원, NHK의 위탁방송요금 수금원, 대학병원의 연수의, 특정 기업으로부터 일을 전속적으로 하는 텔레워커(컴퓨터를 이용하여 재택근무하는 사원) 등을 들 수 있는데, 이러한 사례는 계속하여 등장하고 있다(임서정, 앞의 책, 259면).

싼 곤란한 문제의 해결도 어느 정도 이루어질 수 있을 것이다.

5. 시사점

일본의 근로계약법은 근로관계를 둘러싼 상당부분이 판례 법리에 의존하는 경우가 많다는 점이 한계로 지적되면서, 관련 분쟁을 보다 신속, 간결하면서도 안정적으로 해결할 수 있는 명확한 룰의 설정이 요청되는 배경하에서 마련되었다. 일본 근로계약법의 특징은 근로조건의 최저기준을 설정한 노동기준법과 달리 근로관계 당사자의 자주적 결정을 촉진한다는 의미에서 개별적 근로관계의 민사적 룰을 규정하였다는 점이다. 노동기준법의 경우 근로자들의 기본적인 생활을 보장하기 위해 강행규정으로 근로조건의 최저기준을 설정할 필요가 있으나, 근로계약법은 근로계약의 다양성을 존중하면서도 그 내용을 명확하게 하는 방향으로 마련될 필요가 있다는 것이다.

이러한 일본의 상황은 우리나라에도 산업구조와 취업형태의 변화에 부응하는 근로관계의 실현이 가능하도록 근로계약법 입법의 필요성을 시사하고 있다. 이러한 경우 노사당사자의 자율적 합의를 중시한 민사적 룰에 기초한 근로계약법과 근로조건의 최저기준을 설정한 근로기준법, 노동조합법의 구조로 개편될 수 있을 것이다.

Ⅲ. 중 국

1. 근로계약법 제정 배경

중국은 1970년대 말 계획경제에서 시장지향적 경제개혁이 시작된 이후 노동체제가 거대한 변화를 겪어왔다. 1993년 수정헌법은 기존의 헌법 제15조 "국가는 사회주의 공유제의 기초아래 계획경제를 시행한다"라는 조문을 "국가는 사회주의 시장경제를 시행한다"라는 조문으로 개정하여 시장경제의 도입을 헌법상 명문으로 승인한 것이다.[100] 이에 따라 중국의 노사관계와 노동법체제는 재편되었다. 여전히 국가가 노동정책 입안을 주도하고 있지만, 노사관계에 대해 행정적 개입은 줄이고 법에 의한 노사관계 규제에 의존하게 되었다.

---

100) 신권철, "중국 노동합동법 제정과정의 논쟁", 「서울대노동법연구」 제26호, 2009, 160면.

중국의 사회경제제도의 변화 중 가장 중요한 변화는 평생고용이 계약기간 고용으로 대체된 것으로, 이는 중국 노동정책 패러다임의 이동을 의미한다.[101] 1994년 제정된 노동법[102]은 근로계약 및 단체협약에 관한 장을 별도로 두어 계약방식의 근로계약제도를 기업과 근로자 사이의 기본적인 고용방식으로 채택하였다.[103]

그러나 노동법 시행 과정에 대한 보고서에 의하면 그러한 가운데 서면 형식의 근로계약 체결을 기피하거나, 근로계약기간이 단기화되는 경향이 발생하는 문제[104] 등이 지적되었다. 또한 시장화 개방이 심화되면서 점차 새로운 고용형태가 등장하고 있었다. 이를테면 파견근로, 수습, 파트타임, 임시직 등과 같은 비정규직은 노동법에서 다루어지지 않았던 새로운 고용형태이다. 2006년 초의 한 통계에 의하면, 전국의 종업인원은 2.6억 명인데, 그중에서 정규직 취업자는 1.14억 명, 비정규직 5천만 명, 그리고 개체공상호(7인 이하의 소규모 개인기업)에 취업된 인원 5,515만 명이다. 비정규직 근로자들은 기존의 정규직 근로자들과는 매우 상이한 이익과 위상을 가지고 있으면서, 노동시장구조를 급속하게 변화시키고 있었다.[105]

이와 같이 중국의 노동현실에서 노동법이 근로계약의 영역에서 실제로 규범적 기능을 제대로 수행하지 못하게 되었고, 서면 형식의 근로계약 체결 기피 현상이 심화되고, 근로계약의 단기화 경향이 보편화되었다. 또 시용제도와 위약금제도, 근로자파견제도 등이[106] 남용되는 현상이 심화되었다. 따라서 근로계약 분야의 입

101) Kinglun Ngok, "중국 노동법의 특징과 노사관계 현안", 「국제노동브리프」, 2012년 10월호, 42면.

102) 중국 노동법은 1994. 7. 5. 전국인민대표대회 상무위원회를 통과한 법률로 근로자의 합법적 권익 등을 보호하기 위해 헌법에 근거하여 제정되었고, 총 13장 107개조로 구성되어 있는데, 그 구성내용을 구체적으로 보면, 제1장 총칙, 제2장 취업촉진, 제3장 근로계약 및 단체협약, 제4장 근로시간 및 휴식, 휴가, 제5장 임금, 제6장 노동안전위생, 제7장 여직공 및 미성년공 특별보호, 제8장 직업훈련, 제9장 사회보험 및 복리, 제10장 노동쟁의, 제11장 감독 및 검사, 제12장 법률 책임, 제13장 부칙 등으로 구성되어 있다(신권철, 앞의 논문, 161면).

103) 신권철, 앞의 논문, 161면.

104) 통계에 따르면, 기한의 정함이 없는 근로계약을 체결하는 경우는 일부 지역(요령성, 천진시, 산서성, 산동성, 강서성 등)은 10% 이하이며, 중소형비공유제기업에서는 서면 형식의 근로계약 체결률 자체가 20%에도 채 이르지 못한다고 한다(신권철, 앞의 논문, 162면).

105) 김영진, "중국의 노동계약법 초안 제정에 관한 연구: 주요 쟁점과 각계의 반응을 중심으로", 「중소연구」 제30권 제3호 통권 111호, 한양대학교 아태지역연구센터, 74면.

106) 시용제도와 관련해서는 노동법이 시용기간 동안의 임금이나 해고 등에 관한 별다른 규정을 두지 않아 낮은 임금, 장기간의 시용기간, 임의적인 해고 등이 남용되었고, 위약금제도와 관련해서는 사용자의 근로자에 대한 위약금 설정을 금지하지 않아 사용자가 고액의 불합리한 위약금 제도를 두어 근로자의 자유로운 이동을 제한하게 되었으며, 노무파견제도와 관련해서는 이에 대한 아무런 법적 규정이 없어 노무파견형식의 노동력 사용제도가 동일노동 비동일임금, 노무파견기업과 노동력 사용기업 간 책임회피, 임의적인 해고 등의 문제점을 발생시켰다(임서

법개혁은 시급하고 불가피하게 되었다.[107)]

2. 근로계약법 제정 경과

(1) 근로계약법 초안의 작성과 심의 과정

근로계약법은 노동사회보장부(현 인력자원사회보장부)의 법제사(法制司)가 최초의 초안을 작성하였다. 이 초고는 2005년 1월에 국무원의 심의를 위해 보고되었고, 이 심의에 기반을 두어 국무원 법제판공실 법정노동사회법제사가 노동사회보장부, 전국총노동조합 등 관련 부서 담당자를 불러 의견을 구하여 <중화인민공화국 근로계약법(초안)>을 작성하였다.[108)] 이 초안이 2005년 10월 28일 국무원 상무회의의 토론을 거쳤으며 2005년 12월 24일 전국인민대표대회 상무위원회에 근로계약법 초안이 상정되어 1차 심의가 이루어졌다.[109)]

그때부터 본격적인 초안에 대한 심의와 의견수렴과정이 진행되어 2006년 3월 20일부터 2009년 4월 20일까지 약 한 달간 전국적인 의견수렴 과정에서 191,849건의 의견이 수렴되었고, 각 지역을 순회하며 수차에 걸친 좌담회 등을 시행하였다. 초안은 전국인민대표대회 상무위원회에 상정된 이후 전국인민대표대회 법률위원회 내에서 실무작업을 하여 상무위원회에 보고를 하였는데, 그 심의과정에는 국무원 법제반, 노동사회보장부, 전국총노동조합 등이 참가하였다. 초안은 4차례에 걸친 심의 끝에 2007년 6월 29일 전국인민대표대회 상무위원회를 통과하였고, 같은 날 주석령 제65호로 공포되어 2008년 1월 1일부터 근로계약법이 시행되었다.[110)]

정, 앞의 책, 80면).

107) 한국노동법학회, 앞의 보고서, 65면.

108) 김영진, 앞의 논문, 74면.

109) 12월 27일 제10기 전국인민대표대회 상무위원회 제19차 회의는 조를 나누어 <초안>에 대한 1차 심의를 하였다. 심의내용은 인터넷과 책자를 통하여 일반에게 공개되었다. 发言摘登: 分组审议劳动合同法草案(一),(二), 中国大图, http://www.npc.gov.cn/zgrdw/common/zw.jsp?label=WXZLK&id=343883&pdmc=153; 十届全国人大常委会第十九次会议分组审议劳动合同法<草案>的主要意见, 全国人大常委会法制工作委员会行政法室编, 劳动合同法(草案)参考(北京: 中国民主法制出版社, 2006), 30-38면(한국노동법학회, 앞의 보고서, 65-66면에서 재인용).

110) 신권철, 앞의 논문, 164면.

〈중국 근로계약법 입법 경위〉

- 2005년 12월 24일: 全人大상무위 1차 심의(1차 초안)
- 2006년 3월 20일: 「노동계약법 1차안」 대외공개 및 1개월간 의견수집
- 2006년 12월 24일: 全人大상무위 2차 심의(2차 초안)
- 2007년 4월 24일: 全人大상무위 3차 심의(3차 초안)
- 2007년 6월 24일: 全人大상무위 4차 심의(4차 초안)
- 2007년 6월 29일: 표결 통과(2008년 1월 1일 노동계약법 발효)

(2) 근로계약법 초안의 주요 쟁점

초안의 중요한 내용은 노동사회부장이 당시 전국인민대표대회 상무위원회 제19차 회의에 보고한 「<중화인민공화국 근로계약법(초안)>에 관한 설명」[111]에 잘 나타나 있다. 근로계약법 초안은 경제계, 근로자, 정부 관료, 법조계, 학계 등 각 계층에서 상당한 논쟁을 불러일으켰다.[112] 초안의 내용 중에서 근로계약법의 논의에 비교적 중요한 쟁점이 되었던 몇 가지를 정리하면 다음과 같다.[113]

1) 근로계약 체결 강제

근로관계가 이미 존재하지만 서면형식으로 근로계약을 체결하지 않은 경우, 근로자의 특별한 의사표시가 없는 한, 쌍방이 이미 무기한부 근로계약을 체결한 것으로 간주하여 서면형식의 근로계약 체결을 강제하였다. 한편, 쌍방 간에 근로관계 존재 여부에 대한 이해가 불일치하는 경우 상반되는 증거가 있는 경우를 제외하고는 근로자에게 유리한 기준을 적용한다.[114]

---

111) 关于《中华人民共和国劳动合同法(草案)》的说明(2005. 12. 24), 이 자료는 信春鹰, 中华人民共和国劳动合同法释义,北京：法律出版社, 2007, 362면 이하에 게재되어 있다. 이 자료는 현재(2009. 9. 12)도 http://www.china.com.cn/chinese/zhuanti/hetong/1161903.htm 또는 http://www.jcrb.com/zyw/n56/ca471622.htm에서 볼 수 있다.

112) 특히 학계를 중심으로 한 논쟁은 해파와 경파로 대별되는데, 해파는 상해 및 화동 지역에서 논쟁에 참여한 학자들을, 경파는 북경에서 논쟁에 참여한 학자를 의미한다. 해파의 대표적 인물로는 등보우화(董保華, 화동정법학원 교수), 경파의 대표 인사로는 창카이(常凱, 중국인민대학 노동인사학원 교수)가 꼽힌다(KEP북경사무소 한중경제포럼, “중국 노동계약법의 주요 쟁점과 전망”, KIEP대외경제정책연구원, 2006. 10. 30, 2면).

113) 이하의 내용은 신권철, 앞의 논문, 170－178면; KIEP북경사무소, 앞의 글, 2－8면; 한국노동법학회, 앞의 보고서, 66－67면을 요약 정리한 것이다.

114) KIEP북경사무소, 앞의 글, 2면.

2) 무고정기간 근로계약의 강제

고정기간 근로계약을 연속 2회 체결하고 근로자가 근로계약을 계속 체결하는 경우 등 일정한 경우에 무고정기간 근로계약을 체결하도록 강제하였다.[115]

3) 시용제도의 남용방지

직무의 성질에 따라 시용기간을 규제하고, 시용기간 중의 해고를 제한하여 시용제도의 남용을 방지하려고 하였다. 근로계약기간이 3개월 이상인 경우 시용기간을 약정할 수 있으며 시용기간은 근로계약기간 내에 포함된다.[116]

4) 경제보상금 지급 확대

근로계약 종료시 경제보상금의 지급을 확대하여 기간 만료 후 사용자가 계속 고용을 원치 않을 경우에도 근속년수에 따른 경제보상금을 지급하게 하여 계속 고용을 유도하였다.[117]

5) 파견근로자 보호 강화

파견사업주의 등록자본금 증대 및 비용금[118]의 신설, 1년을 초과한 파견근로자 사용시 사용사업주와 파견근로자 간의 근로계약 체결, 사용사업주가 파견근로자를 재사용하지 않을 경우 그 파견근로자의 업무에 파견방식으로 다른 근로자의 사용 금지 등을 규정하여 파견회사의 설립요건을 엄격하게 하면서, 사용사업주의 책임을 강화하여 파견근로자의 권익을 보호하도록 하였다.

6) 위약금의 금지

위약금의 원칙적인 금지를 규정하여(초안 제17조) 광범위한 위약금 남용 관행에 제동을 걸었다.

7) 취업규칙 작성에 있어서 근로자의 역할 강화

취업규칙이 근로자의 밀접한 이익과 직접 관계가 있을 경우에, 노동조합, 근로자대회 또는 근로자대표대회의 토론을 통과하거나 협상을 통해 작성하도록 하여 근로자가 단체역량을 이용하여 취업규칙 작성에 관여하도록 하였다.[119]

---

115) 한국노동법학회, 앞의 보고서, 67면.
116) KIEP북경사무소, 앞의 글, 2-3면.
117) 한국노동법학회, 앞의 보고서, 67면.
118) 비용금(金)은 파견사업주가 비축해야 하는 파견근로자 1인당 5,000위안의 예비금을 말한다(한국노동법학회, 앞의 보고서, 67면).

(3) 근로계약법 초안에 대한 논쟁

1) 외자기업들의 반발

양대 외자기업 조직인 EU상업회의소와 상하이 미국상공회의소는 공개 의견수렴 기간 중 의견을 제출하였는데, 원안대로 법률이 통과된다면 경영활동에 심각한 지장이 초래될 것이라며 대폭적인 수정을 요구하였다. 이들은 다수 조항에서 사용자의 정당한 권리가 보호되지 않고 사용자에 대한 행정적인 간섭이 많으며 경직적인 내용을 담고 있어서 사업에 지장이 초래될 것이라면서 이러한 법률이 시행된다면 자본을 철수할 수밖에 없다는 의견을 밝히기도 했다. 중국한국상회도 기업이 일정 비율을 부담해야 하는 노후연금 가입이 의무화된 상황에서 평균임금의 8.3%를 매달 적립해야 하는 퇴직금 제도까지 신설하는 것은 기업에게 과중한 부담을 지우는 것이며, 해고를 제한한 규정은 노동시장의 경직성으로 인해 근로자들의 복지를 줄일 것이라고 경고했다.[120)]

2) 노동단체의 입장

근로자측에서는 전국총공회(全国总工会)가 초안의 기초작업 및 심의과정에 참여하였고, 작성된 초안이 기업 내에서 노동조합의 권리를 강화하는 내용이 적지 않아 전국총공회는 의견수렴과정에서 각 지역 및 기업의 노동조합마다 적극적 의견개진을 하도록 독려했다.[121)] 한편, 전국총공회 법률부 부부장 궈쥔(郭军)은 노동자권익에 대한 과도한 침범이 노동의 질 향상을 억제시켰고, 중국경제가 단지 낮은 수준의 양적 팽창만을 가능하게 하였다고 지적하면서, 만일 노동계약법초안이 부정적인 영향을 미친다면 이는 노동자의 권익을 침해하여 초과이윤 혹은 부당이익을 획득한 기업들에게 영향을 주는 것이라고 주장했다.[122)]

3) 학계의 논쟁

노동법학계에서도 초안에 대한 찬성과 반대로 의견이 갈리면서 논문이나 저서를 통한 의견개진뿐만 아니라 학자들 스스로 다양한 언론매체와 인터뷰를 통해 초안에 대한 입장을 적극적으로 표명하였으며,[123)] 특히 이 과정에서 경파의 창카

---

119) 한국노동법학회, 앞의 보고서, 67면.
120) 대외경제정책연구원, 중국 노동계약법 초안의 주요 내용 및 관련 논쟁, 2006. 7. 14, 4-5면.
121) 신권철, 앞의 논문, 170면.
122) 대외경제정책연구원, 앞의 글, 4-5면.
123) 신권철, 앞의 논문, 157면.

이(常凱) 교수와 해파의 동바오화(董保华) 교수의 논쟁이 주목을 받았다.[124)]

동 교수는 근로계약법이 과도하게 근로자의 이익을 위해 높은 목적을 설정해서는 곤란하며, 가장 필요한 최소한의 정도에 멈추어야 한다고 보고, 과도한 근로기준은 근로관계의 경직화와 행정화를 가져올 것이며, 이것은 효율적인 노동력 관리와 노동시장의 형성에 불리하게 작용할 것이며, 기준이 낮아야 현실적으로 비정규직을 포함한 광범위한 근로자들의 이익도 보호될 수 있다고 한다.[125)]

그에 반해, 창 교수는 노사관계는 근본적으로 불평등한 관계에 있기 때문에 근로자들의 권익에 더 비중을 두어야 한다고 본다. 그는 근로계약법은 쌍방 간의 이익보호에 입각한 일반 계약법과는 다르며, 이 법이 초안 제1조에 명시된 것처럼 노동법에 근거하고 있는 것은 당연하며, 더욱이 임금이나 직업안정, 사회보험수준, 직업안전, 훈련 등에 있어서 중국의 근로기준은 국제적 기준에 비추어 매우 낮으므로, 고용주의 권한을 제한하는 것은 불가피하며, 단지 인력관리와 같은 효율성의 관점에서만 노동문제를 해결할 수 없다고 주장한다.[126)]

두 교수의 논쟁은 외면적으로는 근로계약법에 대한 개인적인 견해의 차이로 보이지만, 그 내부를 들여다보면 중국 사회 전체를 이끌어가야 하는 정치중심지인 북경의 경파(京派)와 시장경제가 발전한 해안지역의 경제중심지인 상해의 해파(海派)의 대립, 즉 북경으로 대표되는 정부와 상해로 대표되는 기업의 대립을 두 교수가 사실상 대변하고 있다는[127)] 점에서 매우 흥미롭다. 두 교수는 모두 초안 기초과정에 함께 참여하였는데, 창 교수는 초안에 의견을 제시하는 과제조[128)]의 조장으로서, 동 교수는 과제조의 구성원으로서 참여하였다.

(4) 의견수렴 결과

근로계약법 초안이 공개되고 의견을 수렴하는 과정에서 당초 1차 초안은 전체 7장 65개조로 구성되어 있었으나 4차 초안까지의 논의를 거쳐 제정된 법률은 전체 8장 98개 조항으로 늘어났다. 이러한 변화의 주요 내용은 다섯 가지로 정리할 수 있다.[129)]

---

124) 이에 대한 상세한 내용은 신권철, 앞의 논문, 178면 이하 참조.
125) 김영진, 앞의 논문, 87면; 한국노동법학회, 앞의 보고서, 70면.
126) 김영진, 앞의 논문, 87－88면.
127) 신권철, "중국 노동합동법 제정과정의 논쟁", 158－159면.
128) 국무원에서는 초안을 기초하는 과정에서 전국변호사협회, 중국정법대학, 중국인민대학 노동관계대학원 3개 과제조에 기초작업 중인 초안에 대하여 의견을 의뢰하였다(한국노동법학회, 앞의 보고서, 70면).

첫째, 근로자의 권익보호와 관련해 상징적 문구는 강화되었으나, 실질적 효과를 가져다주기에는 미약하고 실질적 보호조치는 오히려 약화된 점을 들 수 있다. 예를 들어 최종안의 제30조와 제31조처럼 임금체불이나 잔업에 관한 선언적 문구가 포함되었으나, 이 조항들은 좀 더 구체적인 규제조항이 포함되어 있지 않아 선언적 수준으로 남을 가능성이 높다.

둘째, 기업측의 발언권은 초안보다 최종법안에서 좀 더 강화되었다. 기업들의 요구는 계약쌍방의 균형적 관계를 보호하고 근로자의 권리뿐만 아니라 의무도 포함시키며, 기업의 부담을 줄이고 고용의 유연성을 강화하자는 것이었는데 상당부분이 수용된 것으로 보인다. 예를 들어 제1조에서 법안의 목적이 '근로계약 쌍방 당사자의 권리와 의무를 명확히 하는 것으로 변경된 점, 감원에 대한 규정이 보다 구체화되고 완화된 점, 파견근로에 대한 제한이 대폭 완화된 점 등을 들 수 있다.

셋째, 노동조합의 역할이 크게 강화되었는데 특히 이는 단체협약과 관련된 부분에서 두드러지는 점을 들 수 있다. 최종법안은 근로계약법이라는 이름과 어울리지 않게 단체협약과 노동조합에 관한 조항들을 다수 포함하여 노동조합의 역할을 강화하고 있다.

넷째, 노동시장의 유연성을 도입하는 동시에 과거 단위체제의 유산을 부분적으로 온존시킨 특징들을 남겼다는 점이다. 감원시의 인원제한이 그런 특징들을 보여주며, 무고정기간 고용계약에 관한 다소 모호한 입장 또한 이런 측면을 보여준다.

마지막으로 초안에 비현실적이었거나 모호한 규정들을 좀 더 분명하게 만든 점을 들 수 있다. 여기에는 고정기간이나 무고정기간 근로계약에 관한 조항들, 시용기간에 관한 규정들 및 경쟁업종 취업제한에 관한 규정들이 포함된다.

3. 근로계약법의 특징과 주요 내용

(1) 입법체계상의 노동법과의 관계

동일한 사항에 대하여 기존의 노동법과 동일 유사하거나 상충된 규정을 두고 있는 경우에 양자의 관계가 문제된다. 중국의 법률제정기관은 전국인민대표대회와 전국인민대표대회 상무위원회이다. 그중 전국인민대표대회에서 기본법률[130]을 제

129) 임서정, 앞의 책, 89면.

130) 기본법률은 전국인민대표대회에서 제정하고 개정하는 것으로 형사, 민사, 국가기구와 관련된

정하며 그 효력은 헌법을 제외하고는 가장 높다. 전국인민대표대회 상무위원회에서는 기타법률[131]을 제정하며 그 효력은 헌법과 기본법률보다 낮다. 노동법과 근로계약법은 모두 전국인민대표대회 상무위원회에서 제정된 것이기 때문에 법률효력은 동일한 차원에 있다. 하지만 근로계약법이 노동법보다 후에 제정되었기 때문에 신법이 구법에 우선하는 원칙에 의하여 동일한 문제에 있어서 근로계약법과 노동법의 규정이 다른 경우에 근로계약법을 우선 적용해야 한다.

〈노동법과 근로계약법의 차이〉[132]

구분	노동법	근로계약법
제정 시기	1994년(1995년 시행)	2007년(2008년 시행)
법의 특성	종합성 법률	특별법(노동법에 우선)
시대적 환경	고속 경제발전에 필요한 고용의 탄력성 요구	양적 경제발전의 성취 → 경제발전의 성과 공동향유 요구
입법 초점	기업의 경영효율 중시	근로자의 권익 보호 → 기업의 사회적 책임 강조
고용 형태	단기계약 중심	장기고용 촉진 → 근로자의 청년기 사용 제한

(2) 주요 내용

1) 서면 근로계약의 체결

근로계약법은 근로계약을 서면으로 체결하도록 하고 있다(제10조). 또한 동법이

기본적인 규범성 문건을 일컫는다(헌법 제62조 제2항 제3호) 이를테면 「형법」, 「민법통칙」, 「계약(合同)법」, 「혼인법」, 「상속법」 등이 있다. 기본법률은 전국인민대표대회만이 제정하고 개정할 수 있다. 단 헌법 제67조 제3항의 규정에 의하면, 전국인민대표대회 폐회기간 동안 전국인민대표대회 상무위원회는 전국인민대표대회 제정의 법률에 대하여 부분적인 보완과 개정을 할 수 있지만, 그 법률의 기본원칙에 저촉하여서는 안 된다(한국노동법학회, 앞의 보고서, 75면).

131) 기타법률은 전국인민대표대회가 당연히 제정해야 할 법률 이외의 기타법률을 전국인민대표대회 상무위원회가 제정하고 개정하는 규범성 문건을 말한다. 「회사(公司)법」, 「노동법」, 「특허법」, 「상표법」, 「대외무역법」 등은 전국인민대표대회 상무위원회에서 제정한다. '○○법'이라고 명칭하지 않은 전국인민대표대회 상무위원회가 제정한 '결의', '결정', '규정', 조례(條例)' 등은 협의의 법률과 동일한 효력을 가진다. 법률의 효력은 행정법규, 지방성법규, 규장보다 우위에 있다. 법률 중에서도 기본법률은 기타법률보다 우위에 있다. 전국인민대표대회는 전국인민대표대회 상무위원회가 제정한 기타법률을 폐지하거나 개정할 수 있다(한국노동법학회, 앞의 보고서, 75면).

132) KOTRA 대련 무역관, 신노동계약법과 우리 기업의 대응방안, 2007. 7. 26, 2면.

시행되기 전에 고용관계가 성립되었으나, 아직 서면계약이 체결되지 않은 경우에 대해서는 동법의 시행일로부터 1월 이내에 서면계약을 체결하도록 하고 있다(제97조 제3문).

노동법에서도 이미 서면으로 근로계약을 체결하도록 하는 규정이 존재하였다(제19조). 그러나 노동법에는 위 규정의 위반에 대한 제재규정이 존재하지 않아 실제로 서면으로 근로계약을 체결한 경우는 매우 드물었다. 따라서 노동법 체제 아래에서는 근로자의 합법적인 권리와 이익이 보장될 수 없었고, 노사간에 분쟁이 발생해도 노동관계에 대한 입증이 어려워 재판이 쉽지 않았다. 그 결과 근로자들의 불만은 날로 증가하였고 중국정부는 이러한 상황을 방치할 경우 사회불안이 가중될 수 있다고 인식되게 되었다.[133]

이에 따라 근로계약법에는 서면에 의한 근로계약을 제때에 체결하지 않은 사용자에 대한 법률책임을 강화하는 규정을 두고 있다. 먼저, 근로관계가 형성된 후 1개월이 경과한 후에도 서면계약을 체결하지 아니한 경우에는 근로자에게 매월 2배의 임금을 지급하도록 하고 있다(제82조). 그리고 근로관계가 성립된 후 1년이 경과한 후에도 서면계약을 체결하지 않은 경우에는 기간의 정함이 없는 근로계약을 체결한 것으로 간주하도록 하고 있다(제14조 제4문). 그리고 서면으로 근로계약이 체결되지 않고, 근로자와 약정한 임금이 불명확한 경우에는 단체협약상의 임금을, 그리고 단체협약이 존재하지 않거나 단체협약에 임금에 관한 규정이 없는 경우에는 동일 또는 유사한 근로자와 동일한 임금을 당해 근로자에게 지급하도록 하고 있다(제11조).

2) 무고정기간 근로계약의 적용확대

근로계약법은 계약기간의 종류를 '고정기간 근로계약', '무고정기간 근로계약' 및 '일정한 업무의 완성을 기간으로 하는 근로계약'으로 나누고 있다(제12조).[134] 즉 동법은 기간의 정함이 있는 근로계약(고정기간 근로계약)의 체결을 허용하고 있으며, 기간의 정함이 없는 근로계약의 체결을 정당한 사유가 있는 경우로 제한하고 있지 않다.

---

133) 법제처, 「중국근로계약법 연구」, 2008, 10면.

134) 고정기간 근로계약은 사용자와 근로자가 계약종료시간을 약정한 근로계약, 무고정기간 근로계약은 사용자와 근로자가 계약종료시간을 약정하지 않은 근로계약. 일정한 업무의 완성을 기간으로 하는 근로계약은 사용자와 근로자가 어떤 업무의 완성을 기간으로 하는 근로계약을 말한다(임서정, 앞의 책, 92면).

그러나 근로자의 계속근로기간이 10년 이상인 경우, 사용자가 최초로 근로계약 제도를 실시하거나 국유기업 구조조정으로 새로운 근로계약을 체결하는 경우로서 근로자의 계속근로기간이 10년 이상이거나 법정 퇴직연령이 10년 이내인 경우 및 고정기간 근로계약을 연속 2회 체결하고 근로계약을 갱신하는 경우로서 근로자가 재계약을 제의하거나 재계약에 동의할 때에는 무고정기간 근로계약을 체결하여야 한다. 또한 근로자가 노무를 제공한 날로부터 만 1년이 되어도 사용자가 근로자와 서면 근로계약을 체결하지 않을 경우 사용자와 근로자는 무고정기간 근로계약을 체결한 것으로 간주한다(제14조).

1994년 노동법 제정 이후, 사용자는 대부분 서면형식의 근로계약을 체결하지 않은 채 근로기간을 1년으로 짧게 정한 후 기간 만료 후 다시 기간만 갱신하는 고용방식을 사용하였고, 나아가 약정된 기간의 만료에 대해서는 기존의 노동법이 경제보상금의 지급을 규정하지 않고 있어 사용자로서는 별도의 비용부담 없이 계속고용 여부를 매년 정할 수 있어 근로자들로서는 불안한 고용상태가 지속되었다.

또한 노동법 제20조에서도 계속근로기간이 10년이 넘는 경우에는 근로자가 기간의 정함이 없는 근로계약의 체결을 요구할 수 있다고 하고 있었으나, 동법은 사용자의 동의가 있어야 기간의 정함이 없는 근로계약으로 전환되도록 하고 있어 그 실효성에 한계가 있었다. 근로계약법은 위 규정들을 통하여 노동법의 문제점을 극복하고, 관련규정들의 실효성을 확보하고자 하였다.

3) 경업의 제한과 경업제한보상금의 지급 의무

근로계약법은 또한 사용자의 영업비밀 및 지적재산권과 관련된 비밀의 준수를 위하여 사용자와 근로자가 경업제한에 관한 약정을 체결하는 것을 고급관리인력, 고급기술인력 및 기타 비밀유지의무가 있는 인력에 한하여 허용하고 있다(제23조 및 제24조). 이러한 약정을 한 근로자는 근로관계가 종료한 후에도 종전의 사용자와 경쟁관계에 있는 사용자에게 취업하거나 동일한 물품의 생산 또는 동일한 업무의 수행을 위한 개업을 할 수 없게 된다(제24조 제3문 및 제4문). 그러나 경업제한기간은 2년을 초과할 수 없으며(제24조 제5문), 이러한 경업제한은 경업제한보상금을 조건으로 허용될 수 있다. 그러나 근로계약법은 경업제한보상금의 구체적인 산정기준에 대하여 아무런 규정을 두고 있지 않다.

근로계약법 입법과정에서 경업제한보상금 산정기준을 규정해야 하는지 여부에 대하여 입장 차이가 존재하였다. 즉 법률에서 최저기준을 규정함으로써 사용자가 매우 적은 보상으로 근로자의 직업선택권을 제한하는 것을 방지해야 한다는 견해와, 법률에서 직접 보상기준을 규정하기에 적합하지 아니하므로 당사자가 서로 합의하여 보상기준을 확정하는 것이 바람직하다는 견해가 있었다. 당시 근로계약법 1차 초안에서는 전자의 견해를 취하여 사용자가 경업제한보상금의 표준에 대하여 근로자의 연봉보다 낮아서는 아니 된다고 규정하였다가 동 의견 수렴안이 발표된 후 중국전역에서 격렬한 반발이 야기되자, 결국 근로계약법은 후자의 견해를 취하여 경업제한보상금의 구체적인 기준에 대해 규정하지 않았다.

4) 근로자의 위약금 부담사유의 한정

근로계약법 제25조는 사용자와 근로자가 근로계약을 위반한 경우, 즉 동법 제22조(사용자가 부담하는 교육비용으로 교육을 마친 근로자가 의무복무기간에 관한 약정을 이행하지 아니한 경우)와 제23조(경업제한약정 위반의 경우)의 경우에만 위약금약정을 허용하는 입법태도를 취하고 있다.[135]

노동법 제19조 제7항에는 '근로계약 위반시의 책임'에 대하여 약정할 수 있다는 원칙만을 규정하고 있을 뿐, 위약금약정의 적용범위 및 그 금액의 제한에 관하여 상세하게 규정하지는 않았다. 따라서 중국 내 각 지역마다 위 적용범위와 금액에 관하여 서로 다른 입법태도를 취하게 되었고, 이로 인해 실제 적용에 있어서 많은 혼란이 발생하였으나, 근로계약법을 통해 비로소 통일적 규율이 가능하게 되었다.

본 조항의 규정에 따라 근로자가 위약금을 부담하는 사유는 위 두 가지 경우로 한정되므로, 그 외의 사유를 들어 계약기간 중 중도해지시의 위약금부담 약정 등에 대하여 위약금약정을 체결하였다고 하더라도, 이는 본 조항에 위배된 약정으로서 법률상 효력을 가지지 아니하므로 사용자로서는 당해 약정을 기초로 위약한 근로자에게 위약금 지급을 청구할 수 없다.[136]

---

135) 위약금과 배상책임은 비록 모두 근로계약 당사자의 계약위반에 대한 책임부담의 방식이지만, 양자는 그 적용요건을 달리한다. 위약금은 경제적 손실의 발생을 전제로 하지 않는 반면 배상책임은 반드시 경제적 손실을 전제로 하므로, 사용자는 근로자에게 위약금의 부담을 요구할 때 근로자의 위약행위가 존재하는지를 입증하면 되는 반면, 배상책임을 요구할 때에는 사용자가 근로자의 위약행위와 사용자의 경제적 손실, 그리고 사용자의 경제적 손실과 근로자의 위약행위 간에 인과관계가 존재한다는 것을 모두 입증하여야 한다(법제처, 앞의 책, 39면).

136) 법제처, 앞의 책, 39면.

5) 근로계약의 해지와 집단해고(정리해고)

근로계약법은 제44조에서는 기간의 만료, 정년, 근로자의 사망, 사용자의 파산에 의한 근로관계의 종료에 대하여, 그리고 제36조, 제37조 및 제39조에서는 각각 합의 해지, 근로자의 사직 및 사용자의 해고에 의한 근로관계의 종료에 대하여 규정하고 있다. 동법은 해고를 통상해고와 즉시해고(제39조)로 구분하고, 통상해고를 다시 개별해고(제40조)와 집단해고(제41조)로 구분하여 규율하고 있다. 근로계약법은 원칙적으로 쌍방의 합의에 의한 합의해지(제36조)와 근로자측에 의한 사직(제37조)을 제한 없이 허용하고 있다. 다만, 사직의 경우에는 통상해고의 경우와 같이 30일의 예고기간을 준수하여야 한다(제37조). 그러나 사용자에게 귀책사유가 있는 경우에 대하여는 근로자가 예고기간과 관계없이 계약을 해지할 수 있도록 하고 있다.

근로계약의 해지사유 중 가장 쟁점이 되는 집단해고(정리해고)에 대해서 좀 더 자세히 살펴보면, 근로계약법은 20인 이상의 감원 또는 20인 이하이나 전체 근로자의 10% 이상을 감원하는 집단해고에 대하여 별도의 해고사유와 해고절차를 요구하고 있다. 해고사유와 관련하여 동법은 '기업파산법 규정에 의하여 기업회생절차가 진행 중인 경우', '생산경영에 중대한 곤란이 발생한 경우', '기업의 생산전환, 중대 기술혁신 또는 경영방식의 조정으로 근로계약을 이행할 수 없는 경우'에 해당할 것을 요구하고 있다(제41조). 절차와 관련해서는 사용자가 30일 전까지 노동조합 또는 근로자 전원에 대해 상황을 설명하고, 노동조합 또는 근로자의 의견을 청취한 후 인력감원방안을 노동행정부문에 보고할 것을 요구하고 있다(제41조).

또한 해고대상자의 선정과 관련하여 동법은 '장기간의 기간의 정함이 있는 근로계약을 체결한 자', '기간의 정함이 없는 근로계약을 체결한 자' 및 '가정 내 취업인원이 없거나 부양가족이 있는 자'를 우선적으로 해고대상에서 제외하도록 하고 있다(제41조 제2문). 나아가 동법은 집단해고를 한 후 6개월 이내에 다시 근로자를 채용하는 경우에는 이를 해고된 근로자에게 통보하고, 동등한 조건하에서는 해고된 근로자를 우선적으로 채용하도록 하고 있다(제41조 제3문).

6) 경제보상금의 적용 확대

근로계약법은 근로자에 의한 즉시해지, 사용자의 제의에 의하여 이루어진 합의해지, 사용자에 의한 통상해고, 집단해고, 근로계약 기간의 만료, 사용자가 파산선고를 받은 경우, 사용자의 영업허가증이 취소되거나 사업장 폐쇄 또는 해산명령을 받은 경우와 사용자가 해산결정을 한 경우 및 기타 법률에 기재된 상황 등에 의하여 근로관계가 종료한 경우에는 사용자가 근로자에게 경제보상금을 지급하도록 하고 있다(제46조). 그러나 근로자의 사망 또는 정년, 사용자의 유효한 즉시해고, 근로자가 제의하여 이루어진 합의 해지, 시용기간 중 근로자의 사직 및 업무의 완성을 계약 기한으로 약정한 근로계약에서 목적달성에 의한 근로관계의 종료에 대하여는 경제보상금 지급규정을 두고 있지 않다. 따라서 이러한 사유로 근로관계가 종료한 경우에는 사용자가 경제보상금을 지급하지 않아도 된다.

경제보상금액은 1년의 근속기간에 대하여 1월의 임금을 곱하여 산정하며(제47조 제1문), 경제보상금 산정의 기초가 되는 임금은 근로관계 종료 전 12개월분의 임금을 평균한 금액을 말한다(제47조 제4문). 근속기간이 6개월 이상 1년 미만인 경우에는 근속연수를 1년으로 하고, 근속연수가 6개월 미만인 경우에는 반개월분의 임금을 경제보상금액으로 한다. 그러나 경제보상금액은 12개월분의 임금을 초과할 수 없으며(제47조 제3문), 근로자의 임금이 해당지역 근로자 평균임금의 3배를 초과하는 경우에는 해당지역 근로자 평균임금의 3배를 기준으로 경제보상금액을 산정한다(제47조 제2문).

경제보상금은 근로관계종료(업무인수인계)와 함께 지불되어야 하며(제50조 제2문), 근로계약법 시행 전에 형성되어 동법 시행 후에 종료된 근로관계의 근속기간은 동법 시행 후부터 계산한다(제97조 제4문).[137]

7) 근로자 파견

근로계약법은 매우 제한적으로 근로자파견을 허용하고 있다. 동법은 먼저 근로자파견을 임시적, 보조적 또는 대체적 업무에 대하여만 허용하고 있다(제66조). 그리고 파견사업주가 되기 위해서는 등록자본금이 50만 위안 이상이어야 한다(제57조). 또한 파견사업주와 파견근로자가 체결하는 근로계약에는 근로계약에서 일반적으로 요구되는 사항에 추가하여 사용사업주 및 파견기간, 업무 등을 기재하여야 한다(제58조 제2문). 나아가 눈에 띄는 부분은 파견사업주가 파견근로자와 근로계약을 체결하는 경우, 그 기간을 2년 이상으로 하도록 하고 있는 것이다(제58조 제3문). 한편 파견사업주가 파견근로자를 사용사업주에게 파견하지 못한 경우에도 파견사업주는 파견근로자에게 최저임금을 지급하도록 하고 있다(제58조 제4문). 그

137) 유성재 · 이안빙, “중국근로계약법의 주요내용과 시사점”, 「노동법논총」 16, 2009, 한국비교노동법학회, 12－13면.

리고 동법 제63조는 동일노동 동일임금의 원칙을 선언하고 있는데, 그 비교대상을 사용사업주의 사업장에 소속된 근로자로 하고 있다. 또한 동법은 파견근로자가 파견사업주 또는 사용사업주의 사업장 모두에서 노동조합을 설립하거나 노동조합에 가입할 수 있도록 하고 있다. 한편 사용사업주가 파견회사를 설립하여, 사용사업주의 사업장에 근로자를 파견하는 것을 금지하고 있다(제67조).

한편 사용사업주가 동일한 파견근로자를 1년 이상 사용할 수 없도록 하고, 이를 위반할 경우 파견근로자와 파견사업주의 근로계약이 소멸되고 사용사업주와 파견근로자 사이에 근로관계가 형성된다는 내용의 규정을 둘 것인지가 심의과정에서 논의되었으나, 최종 통과된 근로계약법에는 위와 같은 내용이 포함되지 않았다.[138]

8) 단시간근로

근로계약법은 단시간근로자를 평균 근로시간이 1일 4시간, 1주 24시간을 초과하지 않는 자라고 정의하고 있다(제68조). 단시간근로와 관련하여 근로계약법은 매우 완화된 태도를 취하고 있다. 가장 눈에 띄는 부분으로는 근로자와 사용자가 제한 없이 근로관계를 해지할 수 있도록 한 부분이다(제71조 제1문). 나아가 사용자는 단시간근로자에 대하여는 경제보상금을 지불하지 않아도 된다(제71조 제2문). 그리고 단시간근로의 경우에는 사용자와 근로자가 구두로 근로계약을 체결할 수 있다(제69조 제1문). 그러나 단시간근로에 대하여는 시용기간을 둘 수는 없도록 하고 있다(제70조). 한편 단시간근로자는 둘 이상의 근로계약을 동시에 체결할 수 있으나(제69조 제2문), 나중에 체결한 근로계약이 먼저 체결된 근로계약의 이행에 영향을 주지 않아야 한다(제69조 제3문).

이상에서 본 바와 같이 근로계약법상의 단시간근로에 관한 규정은 단시간근로자의 권익보다는 단시간근로의 속성을 중시하여 단시간근로제의 활성화를 도모한 것으로 보인다.[139]

9) 노동조합의 관여 및 집단체결의 강화

근로계약법은 전반적으로 노동조합의 관여를 강화하고 있다. 우선 해고에 대하여 노동조합이 관여할 수 있는 범위를 확대하였다. 노동법에 따르면 노동조합은 사후적으로 사용자에 대하여 의견 제출만이 가능하였지만 근로계약법에서는 사전

---

138) 유성재 · 이안빙, 앞의 논문, 35면.
139) 한국노동법학회, 앞의 보고서, 109면.

에 이유를 노동조합에게 통지하도록 규정하였다(근로계약법 제43조). 그리고 취업 규칙의 작성·변경에 있어서도 노동조합 및 근로자 전체의 의견청취 및 협의과정을 거치도록 규정하여(근로계약법 제4조) 그 권한을 강화하였다. 아울러 집단계약의 체결시 기업에 노동조합이 없는 경우에도 상급단체와 체결하도록 규정하고 있다(제51조 제2항).

한편 근로계약법은 집단계약의 체결을 강화하였다. 집단계약은 단체교섭권과 단체협약체결권에서 비롯되는 노동조합의 권리가 아니고 기업 내부의 통일적 최저근로조건의 기준을 결정하기 위한 집단적 계약으로서의 성격을 가지고, 이를 통하여 근로계약법은 노사 자율적 의사에 따른 최저기준의 설정을 강조하는 의미를 갖는다.174)

이상에서 설명한 중국의 근로계약법의 주요내용을 포괄하여 1994년 노동법과 근로계약법의 주요 조항을 간단히 비교하면 아래의 표와 같다.

〈근로계약법과 노동법의 주요 조항 비교〉140)

구분	현행 노동법	노동계약법
서면 노동 계약 체결	서면계약 체결 원칙만 규정	◦ 고용 후 1개월-1년 내 서면계약 체결의무화 ◦ 1년초과시 무기한노동계약체결로 간주 ◦ 미체결시 임금 2배 배상금 부과
노동계약 변경	상호합의로 변경 가능	◦ 사용자-노동자 쌍방이 서명한 서면형식만 법적으로 유효
인력채용	-	◦ 채용시 보증금 수취 및 신분증 보관금지
시용기간	최대 6개월까지 가능	◦ 계약기간에 따라 1-6개월 시용기간 설정 ◦ 시용기간중 객관적 입증자료 필요 ◦ 약정임금의 80% 및 최저임금 이상 지급
경제보상금 지급	계약만료시는 지불 불필요	◦ 계약만료시(계약 미갱신 경우) 지불 의무화 ◦ 1년1월분(0.5-1년: 1월, 0.5년 이하: 반월) ◦ 고수입자의 보상한도 제한: 소재지 월평균 급여의 3배 및 12개년분
노무파견	-	◦ 파견노동자와 2년 이상 고정기한 계약체결 ◦ 파견노동자의 권익 침해시, 파견업체와 사용업체에 연대 배상책임 부과
무기한	10년이상 근속 후, 계	◦ 계약갱신시 체결의무화: ① 근속10년 이상

140) KOTRA 대련 무역관, 앞의 글, 4-5면.

노동계약	약 갱신시(쌍방합의)	② 연속 2회 고정기한 계약 후 3회 계약시 ◦ 위반시 경제보상금의 2배 배상금 지불
사내규칙 제정	사내규칙 제정 원칙만 규정	◦ 규칙제정시 노조와의 협의절차 의무화 ◦ 사내규칙의 사내 공시 의무화
집단계약 체결	집단계약 체결 원칙을 규정	◦ 노조에 체결권 부여(미설립시 상급노조지도) ◦ 사용자의 집단계약 위반으로 분쟁발생시, 노조의 중재신청 및 고소제기권 인정
위법해고	원칙적인 배상책임 규정	◦ 노동자희망시 계속고용, 불원시 경제보상금(연/1개월 급여)의 2배 배상금 지불
노동자 해고 절차	해고조치 후, 노조의 의견제출권 규정	◦ 해고조치 전 대노조 사전통지 의무화 및 노조에 대사용자 의견제출권 부여
노동자측의 계약해제 (기업과실)	노동계약 약정 미준수 (임금, 노동조건)	◦ 사용자측의 노동계약 이행 하자발생시(임금전액의 적기 미지불, 사회보험 미납) ◦ 신규추가: 경제보상금 지급 필요
해고 제한	직업병, 산재환자 질병부상의 치료기간 임신출산수유기 등	◦ 신규추가: 15년 이상 근무 및 퇴직연령까지 5년 미만인 자
인력감원	감원시 30일 전 노조 협의 및 노동당국보고 필요	◦ 20인(또는 전 직원의 10%) 이상 감원시 30일 전 노조 협의 및 노동당국보고 ◦ 인력감원 허용상황을 4가지로 제한 ◦ 감원시 장기근속자, 생활곤란자 우선잔류
경업(競業)제한	상업비밀 준수 협의 체결 규정	◦ 상업비밀을 보유한 고급기술, 관리직에 국한 ◦ 최대 2년간 경업제한 가능
연수 후 복무 기간약정		◦ 복무기간 및 위약금약정 가능 ◦ 위약금은 연수훈련비용 이내로 제한
위약금 약정 제한		◦ 연수 후 의무복무기간 및 경업제한 위반시에만 위약금 약정 허용
체불임금 지불명령권		◦ 노동자에게 법원에 지불명령을 신청할 수 있는 권한 부여
비전일제(파트타임)노동		◦ 1일 평균 4시간 1주 24시간 이내 노동 ◦ 최저 시급 이상 지급 의무화

(3) 2013년 파견근로에 관한 법 개정[141]

2008년 1월 1일부터 시행된 근로계약법은 법률 측면에서 처음으로 파견노동에 대해 규제를 하였다. 당시 파견근로를 전면 금지해야 하는가에 대해 격렬한 의견 대립이 있었으나, 최종적으로는 시장경제체제하에서 파견근로의 노동시장에 있어서 역할 등을 고려하여 이 취업형태를 법률상 허용하지만 엄격하게 규제를 하는 것으로 하였다. 그러나 파견근로는 전형적인 노동계약의 형식은 아니고 파견노동과 관련된 법률문제도 매우 복잡하여 근로계약법만으로는 원칙적인 문제에 대해서만 규정할 수밖에 없어 시행과정에서 많은 문제점들이 나타났다. 이에 따라 지난 2012년 12월 28일 중국 전국인민대표대회 상무위원회 제30차 회의에서 파견노동에 대한 규율을 한층 더 강화한 노동계약법(개정안)을 통과시켰다. 이번에 개정된 노동계약법의 조항은 제5장 특별규정 제2절 노무파견 11개 조문 중 3개, 제7장 법률책임에서 파견노동과 관련된 조문 1개이다.

1) 노동계약법 제57조 파견업체 설립에 관한 규정

개정 전 노동계약법은 파견업체의 설립 기준에 대해 설립자본금(50만 위안 이상) 이외에 별다른 제한을 두지 않았었다. 이와 같이 파견업체의 시장 진입장벽이 낮다 보니 소규모 영세업체가 우후죽순으로 난립했고, 파견업체의 운영 및 관리도 규범화되지 않은 채로 운영되어 왔다.[142] 관련 조사에 따르면, 조사대상 파견업체의 약 60%는 고용하고 있는 파견인원이 2,000명 이하였고, 5,000명 이상 고용하고 있는 파견업체는 단지 18%에 불과하였다.[143] 또한 경영 자질을 구비하지 못한 소규모 업체들이 난립함에 따라 고객 확보를 위해 가격을 낮추는 부당한 경쟁이 발생했다. 이에 따라 개정 '노동계약법'은 파견업체의 설립자본금을 인민폐 200만 위안으로 상향 조정했고, 신고제였던 파견업체의 설립을 허가제로 바꾸어 파견업체에 대한 행정 감독을 강화하였다.

---

141) 이하의 내용은 황경진, "중국 파견노동 고용제도: 노동계약법 개정 내용을 중심으로", 「국제노동브리프」 2013년 1월호, 73－82면의 내용을 정리하였다.

142) 중국 회사법(公司法)이 규정하고 있는 회사 설립의 최저 자본금은 3만 위안이다. 따라서 파견업체의 설립 기준은 일반 회사의 설립 기준보다는 높다고 할 수 있다(황경진, 앞의 논문, 77면).

143) 张新民(2012), 「我国劳务派遣用工制度研究」, 「中国劳务」, 第332期, 10면(황경진, 앞의 논문, 77면에서 재인용).

2) 근로계약법 제63조 파견노동자의 임금(동일노동 · 동일임금)에 관한 규정

개정 전 노동계약법도 파견노동자는 사용업체의 노동자와 동일노동 · 동일임금의 권리를 가진다고 규정하고 있었지만, 현실적으로 파견노동자의 임금은 동일한 업무에 종사하고 있는 사용업체의 노동자에 비해 상대적으로 낮다. 허난성 총공회의 조사보고에 따르면, 파견노동자의 임금은 사용업체의 노동자보다 30% 이상 낮았고 많게는 4~5배 낮았으며, 사용업체의 노동자에게 지급되는 연말 성과금, 주택보조금 등 각종 수당도 파견노동자에게는 지급되지 않는 것으로 나타났다. 또한 전국총공회 연구실의 2011년 조사보고에 따르면, 파견노동자가 사용업체로부터 받은 임금소득은 한 달 평균 2,508.6위안이고, 이 중 기본임금이 평균 1,369.87위안으로 사용업체 노동자의 81% 수준인 것으로 나타났다. 따라서 개정된 근로계약법은 동일노동 · 동일임금에 대해 파견노동자와 사용업체의 동일 직무에 종사하는 노동자는 동일한 노동보수 분배방법을 시행해야 한다고 규정하여 동일노동 · 동일임금에 대해 좀 더 구체적으로 규정하였다.

3) 노동계약법 제66조 파견노동의 허용 업무에 관한 규정

개정 전 노동계약법은 파견노동의 허용 업무를 일반적으로 임시성 · 보조성 또는 대체성 업무에서 사용할 수 있다고 규정하고 있을 뿐, 무엇이 임시성 · 보조성 또는 대체성 업무인지에 관한 정의 규정을 두지 않았었다. 따라서 파견노동을 허용한 노동계약법의 시행 이후 파견노동자 수가 기하급수적으로 늘어나는 폐단이 발생했다. 각 성(省) 총공회와 전국산업공회 조사에 따르면, 대부분의 업종에서 파견노동자를 사용하고 있는 것으로 나타났다. 국민경제 20개 업종분류표 가운데 16개 업종에서 파견노동을 사용하고 있고, 주로 금융, 전신, 우정, 석유화학, 항구 등 업종에서 분포하고 있는 것으로 나타났다. 기업별로 보면, 국유기업이 전체 노동자 중 파견노동자의 비중이 16.2%로 파견노동자를 가장 많이 사용하고 있고, 그 다음이 외자기업으로 14%인 것으로 나타났다. 예를 들어, 국유기업인 중국이동(中国移动, 통신회사)은 50.3만 명의 노동자 가운데 파견노동자 수가 35.8만 명으로 전체 노동자의 71.2%를 차지하는 것으로 나타났다. 또한 주된 업무와 일선 업무에서의 파견노동자의 장기간 고용이 고착화되고 있다. 전국총공회 보장사업부 조사에 따르면, 현재 사용업체에서 6~20년 근무한 파견노동자가 전체 파견노동자의 39.5%를 차지하고 있다. 상하이시 총공회의 조사에 따르면, 일선 업무의 파견노동자는 전체 파견노동자의 71.4%를, 일선노동자의 44.8%를 차지하고 있으며,

40%의 파견노동자는 주된 업무와 일선 업무에서 4년 이상 일하고 있는 것으로 나타났다. 이와 같이 사용업체가 주된 업무에 장기적으로 파견노동자를 남용하는 상황은 고용 비용을 줄이고 노동계약과 관련된 현행 법률의 규정을 회피하는 수단을 통해 악화가 양화를 구축하는 효과를 발생시켜 노동시장의 질서 및 노동자의 일자리 안정을 크게 위협하고 있다. 따라서 이번에 개정된 노동계약법은 파견노동의 허용 업무를 단지 임시성·보조성 및 대체성 업무에서만 사용할 수 있다고 규정했고, 이에 대한 정의 규정을 각각 신설하였다. 더불어 파견노동자수는 기업이 고용하고 있는 전체 노동자 수의 일정 비례를 초과해서 안 된다고 규정하여 파견노동이 고용의 부차적 형식에서 주된 형식으로 변질되는 것을 사전에 차단했다.

4) '노동계약법' 재91조 파견업체의 법률책임에 관한 규정

개정된 노동계약법도 파견노동에 관한 규정의 강행력을 높이기 위해 법률 위반시 처벌 규정을 강화하였다. 무허가 업체가 파견 업무를 한 경우 이에 따른 부당이익을 몰수하고, 부당이익이 없는 경우 5만 위안 이하의 벌금에 처할 수 있다고 규정하였고, 파견업체뿐만 아니라 사용업체도 노동계약법의 파견노동 관련 규정을 위반한 경우 먼저 시정을 명령하고, 기한 내에 시정하지 않는 경우 파견노동자 1인당 5천 위안 이상 1만 위안 이하의 벌금에 처하고, 파견업체에 대해서는 영업허가를 취소한다고 규정하였다.

〈파견근로에 관한 근로계약법과 개정근로계약법의 조문 비교〉[144]

	개정 전	개정 후
제57조 (파견업체의 설립)	파견업체는 회사법(公司法)의 관련규정에 따라 설립해야 하고, 등록금은 50만 위안보다 적어서는 안 된다.	① 파견업체는 아래의 조건을 구비해야 한다. 1. 자본금은 인민폐 200만 위안보다 적어서는 안 된다. 2. 업무활동에 상응하는 고정된 영업장소와 시설을 갖추어야 한다. 3. 법률, 행정법규 규정에 부합하는 파견노동관리제도를 갖추어야한다. 4. 법률 행정법규 규정의 기타조건 ② 파견노동 업무의 경영은 노동행정부문에 법에 따라 행정허가를 신청해야 한다. 허가를 받은 경우 법에 따라 상응하는 회사 등기를 해야 한다. 허가를 얻지 못한 경우, 어떠한 단위와 개인은 파견노

144) 황경진, 앞의 논문, 80면.

		동업무를 하지 못한다.
第63조 (동일노동 동일임금)	파견노동자는 사용업체의 노동자와 동일노동·동일임금의 권리를 향유한다. 사용업체에 동일한 직무의 노동자가 없는 경우, 사용업체 소재지에 동일한 직무나 비슷한 직무에 있는 노동자의 노동보수를 참조하여 확정한다.	① 파견노동자는 사용업체의 노동자와 동일노동·동일임금의 권리를 향유한다. 사용업체는 동일노동·동일임금의 원칙에 따라 파견노동자는 본 단위 동일한 직무의 노동자와 동일한 노동보수 분배방법을 실행한다. 사용업체에 동일한 직무의 노동자가 없는 경우, 사용업체 소재지 동일한 직무나 비슷한 직무에 있는 노동자의 노동보수를 참조하여 확정한다. ② 파견업체와 파견노동자가 체결한 노동계약과 사용업체와 체결한 노동파견계약에 명기 또는 약정된 파견노동자에게 지급되는 노동보수는 전항의 규정에 부합해야 한다.
第66조 (파견 허용 업무)	파견노동은 일반적으로 임시성·보조성 또는 대체성의 직무에서 실시할 수 있다.	① 노동계약 고용은 중국 기업의 기본적인 고용형식이다. 파견노동 고용은 보충 형식으로 단지 임시성·보조성 또는 대체성 직무에서만 실시할 수 있다. ② 전항에 규정된 임시성 직무라 함은 존속기간이 6개월 이하인 직무를 말한다. 보조성 직무라 함은 주영업 직무에 서비스를 제공하는 비주영업 직무를 말한다. 대체성 직무라 함은 사용업체의 노동자가 학업, 휴가 등의 원인으로 업무할 수 없는 일정기간 내에 기타 노동자가 업무를 대체하는 직무를 말한다. ③ 사용업체는 파견노동자 수를 엄격하게 통제해야 하고, 고용총량의 일정 비례를 초과해서 안 되며, 구체적인 비례는 국무원 노동행정부문에서 규정한다.
第91조 (파견업체의 법률책임)	파견업체가 본법의 규정을 위반한 경우, 노동행정부문과 기타 관련주관부문이 개정명령을 한다. 정황이 엄중한 경우 1인당 1천 위안 이상 5천 위안 이하의 벌금에 처한다. 동시에 공상행정관리부문이 영업증을 취소한다. 파견노동자에 손해를 입힌 경우, 파견회사와 사용업체가 연대 배상책임을 진다.	① 본법 규정에 위반하여 허가를 얻지 못하고 임의로 파견업체를 경영한 경우, 노동행정부문이 위법행위에 대한 정지명령을 하고, 위법소득을 몰수하며, 또한 위법소득의 2배 이상 5배 이하의 벌금에 처한다. 위법소득이 없는 경우 5만 위안 이하의 벌금에 처할 수 있다. ② 파견업체, 사용업체가 본법의 파견노동 관련규정을 위반한 경우, 노동행정부문은 기한을 정해 개정을 명령한다. 기한 내에 개정하지 않는 경우, 1인당 5천 위안 이상 1만 위안 이하의 벌금에 처하며, 파견업체에 대해 영업허가를 취소한다. 사용업체가 파견노동자에게 손해를 입힌 경우 파견업체와 사용업체가 연대 배상책임을 진다.

4. 근로계약법에 대한 평가

근로계약법의 실시 초기에는 각 언론매체, 각급 관리 등 그리고 학자들까지 가세하여 많은 찬사를 보냈으며, 특히 각 언론매체에서는 앞다투어 법 제정을 극찬하는 기사들을 실었다. 즉 근로계약법은 근로자의 비밀무기로서 근로관계의 균형라인을 구축하였으며 근로기준의 완화경쟁(race to the bottom)을 억제할 수 있고 근로자가 자신의 정당한 권리를 수호할 수 있는 새로운 저울추를 추가했다는 보도 등이 있었다.[145)]

그러나 근로계약법 실시 후 각 언론매체에서 법의 핵심내용을 소개하면서 특히 근로자에 대한 보호가 강화되었다는 점을 집중 조명하자 사람들은 점차 근로계약법이 근로자를 우선 보호하고 상대적으로 사용자는 덜 보호한다는 이미지를 갖게 되었다.

또한 근로계약법의 발효를 앞두고 중국의 대표적인 통신업체인 화웨이가 비용증가를 최소화하기 위해 근로자를 대규모로 해고한 후 재계약을 체결하고, 외자기업인 월마트는 근로자에 대한 전격적인 감원조치를 단행하는 등 물의를 일으키자 많은 사람들이 새로운 근로계약법의 효과에 대해 의문을 가지기 시작하였다.[146)]

한편 근로계약법이 시행되기 전에 중국의 노동현장에서는 준법에 대한 비용은 너무 높은 반면 위법에 대한 비용은 저렴하다는 것이 자주 지적되었는데, 근로계약법의 벌칙강화 등에 의해 이와 같은 상황이 개선되었다. 이러한 의미에서 그간 법률을 준수하여 온 국유기업이나 대규모 외자기업에 있어서는 근로계약법의 영향이 그리 크지 않았으나, 동부지역을 비롯한 전국의 노동집약형 중소기업의 대다수는 근로계약법 시행 후 인건비 부담이 증가하였다. 이 인건비 부담의 증가 원인은 그간 일부 근로자에 대해서는 사회보험료를 납입하지 않거나 초과근로수당을 지급하지 않았기 때문이며, 어찌되었든 이들 중소기업에는 근로계약법의 벌칙강화규정이 부담으로 작용하였다.[147)]

더욱이 불행하게도 근로계약법이 실시되고 얼마 되지 않아 금융위기가 들이닥

---

145) 이립신, 중국 노동계약법의 입법현황과 쟁점, 「원광법학」 26(4), 원광대학교 법학연구소, 2010, 84면.

146) 대외경제정책연구원, 새로운 근로계약법에 대한 중국내 반응: 화웨이 월마트 사례, 「중국경제 현안브리핑」 07－22(2007. 12. 3), 1－5면.

147) 龔敏(2010), 金融危機下労働契約法の実施状況とその影響(海外労働事情 － 第88回 中国), 『労働法律旬報』 1714, 40－41면(임서정, 앞의 책, 107면).

쳤고, 이러한 측면은 근로계약법의 실시에 크게 두 가지 측면에서 부정적으로 작용하였다. 그 하나는 정부가 근로자 파견에 대한 통제를 느슨하게 하였다는 것이고, 다른 하나는 일부지방에서 법률해석으로 근로계약법의 엄격한 규정을 보다 유연하게 만들었다는 것이다.

그 내용을 더 자세히 보면, 먼저 근로자파견의 경우 근로계약법은 근로자파견을 임시적, 대체적, 보조적 일자리로 규정하지만 이 세 가지 특성을 구체적으로 규정하지는 않았다. 이에 따라 근로계약법이 실시된 후 근로계약법 실시조례에서 이 세 가지 특성에 대해 구체적으로 해석하려고 하였으며, 엄격한 규정을 담은 초안도 제정하였다. 그러나 본 조례는 금융위기가 들이닥치자 초안의 엄격한 태도를 포기하고, 세 가지 특성에 대한 해석도 포기하였다. 결국 지방의 법집행이 느슨한 상황이 여전하였기 때문에 실무에 있어서 근로자파견의 사용범위에 대한 규정이 흐릿해지는 상황이 많았다. 이 밖에 중국에는 차별반대 입법이 발달되지 않았는데 이러한 요인으로 실무에 있어서 많은 기업들이 근로자파견 방식으로 근로자와 무기계약을 체결할 의무를 회피하는 현상이 초래되었다.

5. 시사점

중국의 기존 노동법이 고속 경제발전의 시대적 환경에 따라 기업의 경영효율을 중시하는 데 초점을 두었다면, 근로계약법은 양적 경제발전의 성과에 대한 공동향유 요구라는 변화된 환경에 따라 근로자의 권익을 보호하고 기업의 사회적 책임을 강조하는 것에 입법 초점이 맞추어졌다. 즉 근로자의 권리실현에 주목하여 기업에 대한 각종 규제조항이 대폭적으로 신설된 것이 특징이라 할 수 있다.

이러한 중국 근로계약법은 이미 독일과 일본 등 선진국들이 변화하고 있는 시대적 환경에 따라 고용유연성을 추진하고 있는 것과 상반된다. 또한 독일과 일본이 민간 노동법 교수들이 참여한 위원회 등에서 법안을 준비한 것에 반하여, 물론 중국도 여론 수렴 과정에서 학자들 간의 논의가 주목받았으나 정부가 법 제정의 강력한 의지를 가지고 주도적으로 법안을 마련하여 입법했다는 점에서도 차이가 있다.

우리나라의 경우 이러한 중국에서의 논의들이 실익이 거의 없어 시사점을 제공하기는 어렵다고 보인다. 국가마다 산업구조 및 노동환경이 다르고, 노동환경의 성숙도에 따라 노동법제의 구현 방식도 각기 다를 수 있다는 점은 분명하다. 다만 종전에 근로자의 권리가 충분히 보장받지 못했던 상황을 정부가 강력하게 입법을 추진하여 관철시킨 것은 노동입법 제·개정시 극심한 노사갈등을 빚는 우리나라에게 주는 의미는 적지 않다고 보인다.

제4장

근로계약법의 성격과 기본방향

Ⅰ. 근로계약법의 법적 성격

근로계약이라는 용어는 1891년 독일 영업조례(Gewerbeordnung)에서 사용하기 시작한 이래 많은 국가의 실정법에서 사용하기에 이르렀다. 우리나라의 경우에는 1953년 근로기준법 제정 당시부터 근로계약이라는 용어를 사용하고 있는데, 이는 그 이전부터 민법에서 사용되어 온 고용계약과의 관계설정을 둘러싸고 적지 않은 논의가 이루어져 왔다.

이와 같이 민법상의 고용계약과는 별도로 노동법에서 근로계약에 관한 규정을 두고 있는 이유는 근로관계가 가지는 사회법적 계약으로서의 특징을 고려한 것으로 판단된다. 다시 말해서 근로계약은 계약당사자 간의 자주적인 합의를 전제로 하면서도 근로기준의 최저기준을 설정하고 있다는 점에서 다른 계약과는 다른 특징을 가진다.

근로계약법은 근로자와 사용자 간의 근로계약의 성립 · 전개 · 종료를 규정한 법이다[1]. 또한 근로계약법은 적정한 분쟁해결을 위한 재판규범으로서의 성격을 가지므로 실체적 · 절차적 기준을 명확히 함과 동시에 기존의 민법이나 근로기준법 등과의 관계설정이 매우 중요하다.[2] 구체적으로는 첫째, 근로계약법에서 상정하고 있는 근로계약의 의미가 민법상의 고용계약을 비롯한 도급이나 위임 등 다른 노무공급계약과는 어떻게 다른지 구별할 필요가 있다. 둘째 근로기준법에서도 근로계약에 관한 규정을 두고 있는 만큼, 근로기준법과의 관계설정을 어떻게 할 것인지에 대한 검토가 필요하다.

---

1) 荒木尚志 · 菅野和夫 · 山川隆一, 『詳説労働契約法』, 弘文堂(2014), 18면; 土田通夫, 『労働契約法』, 有斐閣(2008), 1면.

2) 労働契約法制研究委員会報告書, 『労働契約法試案』, (財)連合総合生活開発研究所(2005), 23면.

1. 민법과의 관계

본서에서 말하는 근로계약법은 '계약관계로서의 근로관계에 있어서의 권리의무의 준칙을 정한 법률'이다[3]. 다시 말해서 근로계약법은 민법 제3편 「채권」 제2장 「계약」 제8절의 「고용」이 정하는 준칙에 대한 특별법이다.

근로계약법(案)(이하, 「근로계약법」이라 함)에 의하면 '근로계약'이라 함은 "그 명칭에 상관없이 일방 당사자가 상대방에 대해 근로의 제공을 약속하고 상대방이 이에 대해 임금을 지급하기로 약속한 계약"으로 정의하고 있다. 이는 "당사자 일방이 상대방에 대하여 노무를 제공할 것을 약정하고 상대방이 이에 대하여 보수를 지급할 것을 약정함으로써" 성립하는 「고용」(민법 제655조)과 기본적으로 일치하는 계약이라고 할 수 있다. 이와 같은 계약관계에서 근로계약법상의 준칙이 있는 경우에는 이것이 우선하지만, 이에 근로계약법상에 준칙이 없는 경우에는 민법의 준칙이 적용된다.

예를 들어 민법 제660조는 고용기간의 약정이 없는 때에는 당사자는 언제든지 계약해지의 통고를 할 수 있도록 하고 있으며(제1항), 이 경우에는 상대방이 해지의 통고를 받은 날로부터 1월이 경과하면 해지의 효력이 발생한다고 규정하고 있다(제2항). 이에 반해 근로계약법(案)에서는 "근로자의 일신상 또는 행태상의 사유에 의하지 않거나 긴박한 경영상의 필요에 의하지 아니한 해고는 무효"라고 한 다음, 해고예고 및 사전통지를 의무화하고 있다. 또한 경영상의 필요에 의한 해고의 경우에는 해고에 앞서 해고회피노력의무를 비롯하여 합리적이고 공정한 해고기준으로 그 대상자를 선정하고 근로자대표와 성실하게 협의할 것을 규정하고 있다. 따라서 기간의 정함이 없는 고용(내지 근로계약)에 대한 해고에 대해서는 민법 제660조 대신 근로계약법이 적용되게 된다.

이와 같이 근로계약법(내지 근로기준법)으로 대치 또는 수정되지 않는 민법상의 고용 관련 규정은 여전히 유효하다. 예를 들면 계약기간의 정함에 관계없이 근로자가 근로계약을 해지하는 경우에는 근로계약법(내지 근로기준법)이 특별히 규제하고 있지 않으므로 민법 제660조가 적용된다.

---

3) 荒木尚志・菅野和夫・山川隆一,『詳説労働契約法』, 弘文堂(2014), 13면.

2. 민법의 특별법

위에서 살펴본 바와 같이 근로계약법은 순수한 민사법적 성격을 가지면서도 민법의 특별법적인 성격을 가진다. 이러한 성격을 가지는 노동입법은 종전에는 볼 수 없었던 새로운 유형의 입법이라고 할 수 있다[4]. 종전의 노동입법은 법을 강제하기 위하여 벌칙과 감독행정조치를 동반하는 것이 일반적이었다. 예를 들어 근로기준법이나 최저임금법, 산업안전위생법 등과 같은 근로기준입법의 경우에는 이들이 정하고 있는 근로조건의 기준을 담보하기 위해 벌칙과 감독행정조치를 할 수 있다.

이에 비해 근로계약법은 이행을 확보하기 위해 벌칙이나 감독행정을 동원하지 않는 순수한 민사법이다. 다시 말해서 종전의 노동입법의 경우에는 법위반에 대해서는 근로기준감독서나 직업안정기관, 지방노동청과 같은 노동행정기관의 행정지도나 강제권한의 발동을 촉구할 수 있다. 이에 비해 근로계약법의 경우에는 계약당사자 스스로가 분쟁해결의 수단(최종적으로는 사법절차)을 이용하여 법적 구제를 실현해야 한다는 점에서 종전의 노동입법과는 다르다.

물론 종전의 노동입법에도 근로계약의 민사법적 준칙을 정한 규정이 전무한 것은 아니다. 예를 들어 근로기준법은 "이 법에서 정하는 기준에 미치지 못하는 근로조건을 정한 근로계약은 그 부분에 한정하여 무효"로 한 다음, "무효로 된 부분은 이 법에서 정한 기준"에 따르도록 규정하여, 동법의 기준에 대해 최저기준으로서의 강행적·보충적 효력을 부여하고 있다(제15조 제1항, 제2항). 최저임금법에도 이와 같은 취지의 규정을 두고 있다(제6조 제3항). 또한 근로기준법은 취업규칙에 대해서도 법령이나 단체협약에 반할 수 없다는 전제 하에 "취업규칙에서 정한 기준에 미달하는 근로조건을 정한 근로계약은 그 부분에 관하여 무효"로 하는 소위 최저기준의 효력을 부여하고 있다(제96조, 제97조).

이와 같이 종전의 노동입법의 경우에는 그 실효성을 확보하기 위하여 행정지도나 행정감독이 주된 수단이 되는데 비해, 근로계약법은 순수한 민사법규라는 점이 특징적이다. 다만 근로계약법이라고 해서 노동행정과 완전히 무관한 것은 아니다. 예를 들어 해고 등과 같이 근로계약을 둘러싸고 분쟁이 발생한 경우에는 노동위원회에 구제신청을 할 수 있으며, 또한 고용노동부 및 노동청에 진정 등을 할 수 있음은 물론이다.

---

4) 荒木尚志・菅野和夫・山川隆一, 『詳説労働契約法』, 弘文堂(2014), 15면.

3. 근로계약과 민법상 노무공급계약과의 차이

근로계약법은 근로계약의 개념을 "그 명칭에 상관없이 일방 당사자가 상대방에 대해 근로의 제공을 약속하고 상대방이 이에 대해 임금을 지급하기로 약속한 계약"으로 정의하고 있다. 이는 근로기준법이 근로계약의 개념을 "근로자가 사용자에게 근로를 제공하고 사용자는 이에 대하여 임금을 지급하는 것을 목적으로 체결된 계약"으로 규정하고 있는 것과 기본적으로 궤를 같이 한다. 다시 말해서 근로계약법상의 계약당사자도 결국 근로자와 사용자를 의미하므로 근로계약법상의 근로계약과 근로기준법상의 근로계약에 대한 구별의 실익은 없다.

한편 민법에서도 근로기준법상의 근로계약의 개념과는 일치하지 않으나 이와 유사한 고용계약에 관한 규정을 두고 있는데, 이 규정의 해석을 둘러싸고 종종 다툼이 발생하고 있다. 다시 말해서 민법은 고용계약과 관련하여 "당사자 일방이 상대방에 대하여 노무를 제공할 것을 약정하고 상대방이 이에 대하여 보수를 지급할 것을 약정함으로써 그 효력이 생긴다"라고 규정하고 있는데(민법 제655조), 여기서 당사자의 의사가 명확하지 않은 경우에는 당해 계약이 근로계약과 고용계약 중 어디에 해당하는지가 문제가 될 수 있다.

이에 관련해서는 근로계약과 고용계약이 동일하다고 보거나 또는 고용계약이 근로계약에 개념적으로 포섭된다고 보는 입장에서는 구별의 실익이 없지만, 양자가 서로 다르다고 하는 경우에는 이의 실제 간 분석을 위해서도 그 차이를 반드시 규명함이 필요하다는 견해[5]가 있다. 또한 민법상의 노무공급에는 고용(제655조~제663조) 이외에 도급(제664조~제674조)이나 위임(제680조~제692조)도 있으므로, 근로계약과 이들과의 관계를 명확하게 해야 한다는 견해도 있다.[6]

이러한 견해는 설득력이 있지만, 근로계약법에서도 근로기준법과 마찬가지로 근로계약의 일방 당사자를 근로자에 한정하고 있으므로 구별의 실익이 거의 없다고 판단된다. 왜냐하면 근로기준법상의 근로자(성)에 대한 판단기준(소위 종속근로)은 이미 판례[7]를 통하여 정착되어 있기 때문이다. 따라서 특정 계약이 근로계약에 해당되는지의 여부는 계약형식에 구애되지 않고 계약의 일방 당사자가 종속근로에 종사하는지의 여부만 판단하면 되기 때문이다.[8]

---

5) 이영희, 『노동법』, 법문사(2001), 371면.
6) 임서정, 『근로계약법에 관한 연구 –일본의 사례를 중심으로–』, 한국노동연구원(2013), 25면.
7) 대법원 2006. 12. 7. 선고 2004다29736 판결.
8) 참고로 근로자성 판단기준에 대해 대법원(94다22859)은 종전에는 ① 사용자가 업무내용을 정

Ⅱ. 근로기준법과의 관계

근로계약법과 근로기준법의 관계에 대해 살펴보면, 양자는 입법의 목적, 내용 및 그 역할을 각각 달리한다.

첫째, 근로기준법은 근로조건의 최저기준을 정하고 근로자보호를 그 목적으로 하고 있는데 비해, 근로계약법은 근로자와 사용자가 대등한 입장에서 자유로운 의사에 따라 합리적인 근로조건의 결정과 공정한 근로계약관계의 형성을 도모하는 데 중점을 두고 있다.

둘째, 근로기준법은 근로기준에 대한 내용이 핵심적인 내용이 되는데 비해, 근로계약법에서는 근로계약 체결에서 변경, 종료에 이르는 과정을 포괄적으로 규율하고 있다. 따라서 근로기준법은 벌칙 및 행정감독을 수반하는 강행법규임에 비해, 근로계약법은 벌칙이나 행정감독을 전제하고 있지 않다는 점에서, 양자는 구별된다.

셋째, 근로기준법과 근로계약법은 모두 민법의 특별법적인 성격을 가지는 한편, 법적용에서는 서로 보완적인 관계에 있다. 다시 말해서 근로계약의 체결에서 변경, 종료에 이르는 과정에 있어서는 근로계약법이 적용되고, 근로계약 체결 이후의 근로조건에 대해서는 근로기준법이 적용된다는 점에서, 양자는 서로 유기적으로 결합되어 있다.

Ⅲ. 근로계약법의 구성 및 내용

근로계약법(시안)은 제1장 총칙을 시작으로 제7장 근로계약의 종료에 이르기까지 모두 7장으로 구성되어 있다. 근로계약법의 내용 중에 근로기준법과 중복되는

하는지 여부, ② 취업규칙 또는 복무규정의 적용 여부, ③ 사용자로부터 구체적 개별적 지휘·감독을 받는지 여부, ④ 근무 시간 및 근무 장소 구속 여부, ⑤ 제3자를 통한 업무대행 여부, ⑥ 비품, 원자재나 작업도구의 소유 여부, ⑦ 보수의 성격 여부 및 근로소득세 원천 징수 여부, ⑧ 근로제공의 계속성 및 연속성 여부, ⑨ 사회보장제도상의 근로자 지위의 인정 여부, ⑩ 양 당사자의 경제·사회적 조건 등을 종합적으로 판단해야 한다고 한 바 있다. 그 후 대법원은 2006년 대학입시학원 종합반 강사의 퇴직금 청구사건(2004다29736 판결)에서 강사의 근로자성 여부에 대해 종전 판례의 입장을 원용하면서도 "다만 기본급이나 고정급이 정하여졌는지, 근로소득세를 원천징수하였는지, 사회보장제도에 관하여 근로자로 인정받는지 등의 사정은 사용자가 경제적으로 우열한 지위를 이용하여 임의로 정할 여지가 크기 때문에 그러한 점들이 인정되지 않는다는 것만으로 근로자성을 쉽게 부정하여서는 안 된다"고 하여 종전의 대법원 판례의 입장을 수정한 바 있다.

경우에는 강행규정만 남기고 나머지 민사법적 성격이 강한 규정은 가능한 한 근로계약법으로 이관하는 것을 기본원칙으로 하였다. 이하 근로계약법의 구성에 대해 간단히 살펴보면 다음과 같다.

제1장은 총칙에 관한 내용으로서 근로계약법의 제정 목적 및 기본이념을 명확히 규정함과 동시에 동법에서 주로 사용하는 용어, 예를 들어 근로계약, 근로의 제공, 근로자, 사용자의 개념을 간단히 규정하고 있다.

제2장은 근로계약의 체결에 관한 내용으로, 근로계약의 성립부터 근로계약의 기간, 채용내정, 시용기간에 이르기까지 모두 4절로 구성되어 있다. 제1절(근로계약의 성립)에서는 계약의 성립시기를 비롯하여 모집・채용시의 근로조건, 모집・채용시의 근로조건 명시, 채용시의 개인정보 수집과 건강진단 등에 대해 규정하고 있다. 제2절(채용내정)에서는 채용내정의 통지 및 취소에 대해 규정하고 있다. 그리고 제4절(시용기간)에서는 시용기간의 의의 및 시기, 시용기간의 연장, 본채용의 거부에 대해 규정하고 있다.

제3장은 근로계약의 내용에 관한 것인데, 여기서는 주로 근로자와 사용자의 권리와 의무 및 임금과 근로시간에 대해 규정하고 있다. 구체적으로는 제1절(근로자 및 사용자의 권리와 의무)에서는 사용자의 부수적 의무로서 안전배려의무, 쾌적한 직장환경의 배려의무, 개인정보보호의무 등을 규정하는 한편, 근로자의 부수적 의무로서 경업피지의무, 비밀유지의무 등에 대해 규정하고 있다. 제2절(임금 및 근로시간)에서는 임금 및 근로시간의 원칙에 대해 규정하고 있는데, 여기서는 임금구성과 산정방법, 연장근로 및 휴일근로에 대해 규정하고 있다.

제4장은 근로계약의 전개에 관한 것인데, 여기서는 주로 근로계약의 변경과 배치전환 등에 대해 규정하고 있다. 구체적으로는 제1절(근로계약의 변경)에서는 근로계약 변경의 원칙을 비롯하여 고용계속형 계약변경제도(변경해지고지제도)와 같은 새로운 내용을 규정하고 있으며, 제2절(배치전환 등)에서는 배치전환・전적의 원칙에 대해 규정하고 있다.

제5장은 계약위반과 책임에 관한 것으로, 여기서는 주로 징계처분의 요건과 절차에 대해 규정하고 있다.

제6장은 근로계약의 종료에 관한 내용인데, 여기서는 주로 해고의 사유 및 절차 그리고 금전해결에 대해 규정하고 있다.

제 5 장

근로계약법 시안(試案)과 해설

Ⅰ. 총 칙

(목 적)

이 법은 근로기준법과 함께 근로계약의 체결, 이행, 변경 및 종료에 관한 절차와 적정한 계약내용의 준칙 그 밖의 근로계약에 관한 필요한 사항을 규정함으로써, 근로자와 사용자가 대등한 입장에서 자유로운 의사에 따라 합리적인 근로조건의 결정과 공정한 근로계약관계의 형성에 이바지하는 것을 목적으로 한다.

【입법취지】

우리 근로기준법은 1950년~80년대 산업화에 필요한 오래된 공장노동자 보호에 필요한 내용을 적용하기 위한 것이다. ① 보호에만 주목하면서 정작 근로계약 체결과 이행과정에서 필요한 절차와 공정성을 담보할 수 있는 기능들이 비어 있고, 이러한 실태는 당사자의 합의에 기초한 계약 기능을 떨어트려 과다한 분쟁을 발생시키며, 그 공백을 메우려고 사법부의 법형성적 기능을 중심으로 하는 근로관계 내지 노동관계의 사법화 현상이 두드러지고 있다. ② 4차 산업혁명 디지털시대를 경유하면서 제조업 공장 노동 이외에 과학기술 교육 연구 서비스 등에 필요한 새로운 유형의 다양한 노무제공방식의 계약이 등장하였고, 새로운 유형의 노무공급계약과 관련한 분쟁해결 방법을 찾지 못해 벌어지는 혼란과 분쟁이 급증하고 있다. ③ 제조업 공장시대 수요에 따라 일자리가 풍족한 시대 노동법은 주로 보호기능을 다 함으로써 있어야 할 근로관계가 구축되었지만 오늘날 일자리의 부족과 불안정한 시대에는 신시장의 개척과 새로운 시장에 필요한 일자리를 확보하고 유지 발전시켜야 하는 사명에 이바지할 수 있도록 보호와 일자리가 공존할 수 있는 근로관계가 구축될 수 있도록 해야 한다.

【내용】

근로기준법상 근로계약 관련 규정에 빠져 있는 근로계약 체결과 이행과정에 필요한 룰과 절차를 마련한다. 근로계약의 체결과 이행 및 종료에 이르기까지 필요한 공정한 절차가 마련될 수 있도록 하여 노사당사자가 대등한 입장에서 자주적인 계약 협의를 할 수 있고 계약내용의 결정도 자주성 공정성이 담보될 수 있도록 투명하게 규정하도록 한다.

(정 의)

■ 근로계약

이 법에서 '근로계약'이라 함은 일방 당사자가 상대방에 대해 근로의 제공을 약속하고, 상대방이 이에 대해 임금을 지급하기로 약속한 계약을 말한다.

■ 근로자

이 법에서 '근로자'라 함은 근로계약을 체결함에 있어 근로를 제공할 것을 약속한 당사자를 말한다.

■ 사용자

이 법에서 '사용자'라 함은 근로계약을 체결함에 있어 임금을 지급하기로 약속한 당사자를 말한다.

【입법취지】

근로계약은 근로관계를 형성함에 있어 근간을 이루는 부분이다. 따라서 근로계약을 비롯하여 계약당사자인 근로자와 사용자의 개념을 명확하게 규정할 필요가 있다.

근로계약을 둘러싼 분쟁이 발생한 경우 대개 판례는 계약의 실질에 주목해 종속적 근로관계에 있는지의 여부를 판단한다. 여기서 종속적인 근로관계 여부는 업무의 내용이 사용자에 의해 정하여지는지, 사용자로부터 구체적·개별적인 지휘·감독을 받는지, 사용자가 근무시간과 근무장소를 지정하고, 근로자가 이에 구속을 받는지 여부 등을 종합적으로 고려해 판단하고 있다.

따라서 근로계약을 비롯한 근로자·사용자 정의도 이와 같은 판단법리에 따라 거래실태에 맞게 규정할 필요가 있다.

【내용】

근로계약 판단의 핵심을 계약당사자 간에 근로의 제공과 근로제공에 대한 대가인 임금지급을 약속하는 것으로 규정한다.

근로계약법상 근로자 규정은 지휘·감독이라는 실태에 따라 임금을 목적으로 종속적 관계에서 근로를 제공하기로 한 자를 의미한다.

근로계약법상 사용자 규정은 지휘·감독이라는 실태에 따라 임금을 지급하기로 한 자를 의미하며. 그 범위는 사용자 중 근로계약의 당사자인 사업주로 한정된다.

다만 근로계약법은 처벌 등이 부수되는 근로기준법과 달리 근로기준법상 사용자인 사업주 이외의 사업의 경영담당자나 근로자에 관한 사항에 대하여 사업주를 위하여 행동하는 자까지 사용자로 할 필요는 없다. 근로계약법의 취지는 근로계약 당사자 간의 공정하고 자주적인 계약관계의 룰을 정립하는 것이므로 사용자는 임금을 지급해야 하는 사업주로 한정한다.

Ⅱ. 근로계약의 체결

1. 근로계약의 성립

(근로계약의 성립시기)

근로계약은 그 형식에 상관없이 근로자 및 사용자의 계약체결 의사가 일치되었다고 인정된 시점에 성립한다.

【입법취지】

근로계약 체결시 체결된 근로계약의 내용이 불명확하여 근로계약의 성립 여부에 대한 다툼이 있을 수 있고, 오래전부터 근로자에 비해 상대적으로 우월적 지위에 있는 사용자와 교섭력의 차이가 있다는 의심이 문제되어 왔다.

이 규정은 이러한 배경에서 두 가지 취지 내지 목적을 가진다. 하나는 근로계약 체결 성립은 계약의 형식이나 방식과 관계없이 당사자의 의사에 합의가 있었다고 판단되는 때임을 명확히 하는 것이다. 다른 하나는 근로계약은 당사자의 대등한 의사에 기초한 것임을 명확히 하는 것이다.

【내용】

오늘날 헤드헌팅 기업을 통한 인력 채용 방식이 증가하고 있다. 이 경우 헤드헌팅사와 채용기업 간 그리고 이들과 근로자 간에 채용을 위한 절차가 진행되는데 도대체 언제 근로계약이 성립했는지에 대한 다툼이 종종 발생할 수 있다. 이러한 분쟁의 발생을 예방하기 위해 근로계약이 성립되는 시기를 보다 명확히 규정하여 수규자들로 하여금 법률행위 의사를 명확히 하도록 할 필요가 있다. 근로계약의 성립이 당사자 간의 계약체결 의사가 일치된 때란 확인할 수 있는 당사자의 의사가 더 이상 협의의 여지가 없이 일치된 때를 의미한다. 만일 상당부분의 내용에 대해 합의가 이루어졌더라도 더 확인할 여지를 남긴 경우에는 계약체결 의사가 일치된 것이라 할 수 없고, 거꾸로 상당부분에 대한 합의가 이루어진 후 비록 계약체결 의사가 일치되었음을 직접적·구체적으로 확인하지 않더라도 추가적 협의 여지를 둔 것이 없다고 객관적으로 확인이 된 경우라면 계약체결 의사가 일치된 것으로 하면 된다.

따라서 근로계약의 성립은 근로계약 체결 의사에 대한 합의가 일치하였는지가 중요하고 구체적이고 자세한 계약의 내용에 대해서까지 합의가 일치될 필요는 없다. 비록 근로기준법 등에서 구체적인 근로조건의 명시의무 규정에 위반하더라도 근로자와 사용자 간의 의사의 일치가 있다면 근로계약의 성립에 아무런 영향을 미치지 않는다. 또 채용내정이나 시용기간과 같이 성립한 근로계약에 대해 일정한 요건을 조건부로 해약권을 유보하는 등 성립된 근로계약의 효력 발생이나 그 시기를 따로 정하는 것도 가능하고 이러한 효력 발생의 유보도 근로계약의 성립에 영향을 미치지 못한다.

근로계약은 근로자와 사용자 간에 상호 대등한 지위에서 이루어진 합의를 통해 체결되는 것이다. 근로계약은 근로자측의 근로제공 의사와 사용자측의 임금지급 의사가 자주적이고 대등한 지위에서 일치되어야 한다는 것을 의미한다. 근로계약의 체결은 근로자와 사용자 간의 자주적이고 대등한 지위가 담보된 합의로 성립한다고 보아도 좋다. 따라서 만일 근로계약 체결 당시 당사자 간에 자유롭고 대등한 지위에서 체결되었다고 볼 수 없는 사정이 있다면 그 근로계약은 형식적으로는 성립되었는지 모르지만 실질적으로는 성립되었다고 볼 수 없다.

근로계약 성립과 관련한 해외사례를 보면, 일본 근로계약법 제6조에서도 "근로계약은 근로자가 사용자에게 사용되어 근로하고, 사용자는 이에 대하여 임금을 지급할 것에 대하여 근로자와 사용자가 합의함으로써 성립한다"고 규정하고 있고,

동법 제3조 제1항에서는 "근로계약은 근로자와 사용자가 대등한 입장에서 합의에 근거하여 체결, 변경하여야 한다"고 규정하고 있다. 일본 근로계약법상 이들 규정의 취지도 하나는 근로계약의 성립시기를 합의된 때라는 것을 밝히는 것이고, 다른 하나는 대등한 지위에서 자유로운 의사의 합의로 결정되는 기본 원칙을 밝히는 것에 있다. 특히 일본 근로계약법 제3조 제1항의 규정은 근로계약법의 기본 이념에 해당하는 것이다.

(모집·채용시의 근로조건)

① 사용자가 모집·채용 면접시에 근로자에게 제시한 근로조건(취업규칙 포함)은 근로계약 성립시에 그 내용으로 되는 것으로 추정한다.
② 채용 후 명시된 근로조건이 사실과 다를 경우에 근로자는 이를 이유로 손해배상을 청구할 수 있으며 즉시 근로계약을 해지할 수 있다.
③ 근로자는 채용시 근로제공의 판단과 관련한 경력 등에 대한 진실고지 의무를 지고, 사실과 다를 경우에는 사용자가 근로계약의 해지 및 손해배상을 청구할 수 있다.

【입법취지】

모집·채용시 사용자가 제시한 근로조건이 근로계약 체결 이후에 변경된 경우 이를 둘러싼 분쟁이 발생하기 마련이다. 모집·채용시 사용자가 근로자에게 제시한 근로조건의 효력을 어떻게 이해해야 하는지, 모집·채용시 제시된 근로조건이 입사 이후 달라졌을 경우 근로자는 사용자에 대해 어떤 권리구제를 행사할 수 있는지가 문제로 된다.

거꾸로 근로자 역시 사용자에 대해 자신의 근로제공과 관련한 직무내용이나 직무능력과 관련한 정보에 대한 진실고지 의무를 위반한 경우 사용자는 근로자에 대해 어떤 권리구제를 행사할 수 있는지가 문제로 된다.

【내용】

현행법은 근로계약이 성립한 근로계약 당사자 간의 권리의무는 규율하지만 근로계약이 성립하기 전인 계약의 체결 과정에서 당사자 간에 발생하는 권리의무 내용까지 규율하지는 않는다. 근로계약법에서는 이와 같이 근로계약의 체결 성립 과정에 관한 일반원칙을 정하는 것도 가능하다. 근로자 모집·채용시 통상 사용자는 연봉이나 근무내용 등 주요 근로조건을 제시하기 마련이다. 이렇게 모집·채용시 사용자가 근로자에게 제시한 근로조건이 입사 이후 달라졌을 경우 이를 둘러싼 법적 다툼이 발생한다. 이 경우 모집·채용시 사용자가 제시한 근로조건이 입사 이후에 효력을 가진다고 명시적으로 인정하는 방법이나 입사 이후 모집·채용시 제시된 근로조건의 내용이 달라졌을 경우 이를 해결하는 손해배상청구라든가 근로계약 해지권 등을 명시적으로 정할 경우 관련 법률분쟁이 미연에 예방되는 효과를 가진다.

근로자측도 마찬가지이다. 근로자가 모집·채용시 사용자에 대해 고지한 자신의 근로제공과 관련한 직무경력이나 직무능력과 관련한 정보가 입사 이후 사실과 다르다는 것이 확인되었을 경우 사용자가 근로자에 대해 근로계약의 해지나 손해배상을 청구할 수 있다는 명시적 규정을 둔 경우 관련 법률분쟁이 미연에 방지되는 효과를 가진다. 모집·채용시 근로자에게 제시한 근로조건에는 모집·채용시 시행하고 있는 취업규칙 규정도 포함되어야 한다. 해당 근로자가 입사이후 시행중인 취업규칙의 적용을 당연히 받기 때문에 사실상 근로자에게 제시한 근로조건과 다름없기 때문이다.

보다 구체적으로 근로계약의 내용에 대한 불필요한 분쟁을 방지하기 위해서 당사자 간 근로조건의 내용과 의사표시의 내용을 명확히 하는 방안으로서는 근로계약법에서 적어도 분쟁 가능성이 있는 중요 근로조건(계약기간, 취업장소와 업무내용, 근로시간, 임금, 퇴직에 관한 사항 등)을 모두 서면(취업규칙 포함)으로 명시하도록 하는 방안도 있다. 이러한 방안은 현행 근로기준법상 주요 근로조건의 내용을 근로계약서의 명시 의무 내용으로 하도록 규정한 것과 같은 것이지만, 모집·채용시 근로조건의 내용을 명확히 하여 이와 다른 사실이 있을 경우 그 근로조건의 상이에 대한 책임을 명확히 하여 불필요한 분쟁을 예방하자는 취지를 모집·채용시까지로 확장시키는 것이다.[1)]

일본 노동계약법 제정시 노동계약법연구회에서도 근로계약 체결시 근로조건의

---

1) 근로제공이 없는 채용내정자에 대해 근로제공을 전제로 하는 임금, 근로시간 등과 같은 적용을 배제하는 방안과 해고서면 통지 등과 같은 내용은 적용시키는 방안을 제안하는 견해도 있다(오문완 외, 근로계약 전반에 관한 제도개선 방안 마련을 위한 연구 Ⅱ(고용노동부), 2017. 9, 27-28면). 채용내정자에게 모집·채용시 제시된 근로조건이 입사이후 달라지는 것을 방지할 필요는 충분하지만 근로제공에 들어가지 않은 채용내정자에 대해 당연히 적용되지 않는 임금 근로시간 등의 적용배제를 굳이 규정할 필요가 있는지 의문이다. 다만 채용내정 취소 통지의 경우는 후술하는 바와 같이 공정한 계약 룰에 부합하기 때문에 적용의 검토가 필요하다.

명시를 일본노동기준법에 규정해야 하는 것인지 아니면 노동계약법에서 규정해야 할 것인지에 대한 논의가 있었다.[2] 일본노동기준법은 근로조건 명시 의무가 벌칙 및 감독지도를 통해 담보되는 것이지만 근로계약 체결시 근로조건의 명시 내용은 그 내용이 계약내용으로 될지 말지를 정하는 노동계약법제의 문제라는 의견이 있었다. 다만 실제 산업현장에서 발생하는 분쟁은 대부분 근로조건이 명시되지 않은 공백 부분을 어떻게 해석해야 하는지에 관한 것이어서 이를 노동계약법에서 보충하는 검토가 필요도 하지만 어렵다는 의견도 나왔다. 따라서 실제로 적용되는 근로조건이 근로계약 체결시에 근로자에게 명시된 근로조건에 미달하는 경우에는 근로자는 명시된 근로조건의 적용을 사용자에 대하여 주장할 수 있다는 것을 명확히 하는 것이 적절하다고 했다. 다만 근로자의 명시된 근로조건 적용을 청구하는 것은 당연한 것이기 때문에 특별히 문제가 없으므로 새로운 규정을 마련할 필요성이 있을까라는 지적도 있고, 근로자가 명시된 근로조건이 사실과 다른 경우에는 즉시 해제 및 귀향 여비 청구가 가능하다고 일본노동기준법에 명시되어 있는 점에서 그 청구가 가능하므로 이를 법률에 명시하는 것은 문제가 있었다. 이 논의 과정에서 근로자 모집시 명시된 근로조건의 적용을 주장할 수 있는지 여부도 문제가 되었다. 이 내용에 대해서는 모집시 명시된 근로조건을 가지고 근로계약의 내용으로 하자는 의사가 당사자에게 인정되는지 여부의 의사 해석에 따라 개별 사안별로 해결해야 한다는 결론을 내렸다. 결국 근로계약법에서 특별한 규정이 반영되지 않고 다만 근로계약법 제4조 제1항에서 사용자는 근로자에게 제시한 근로조건 및 근로계약의 내용에 대하여 근로자의 이해를 충분히 하도록 하고, 제2항에서는 근로자 및 사용자는 근로계약의 내용에 대해 가능한 한 서면에 의해 확인하도록 한다. 이들 규정 역시 근로조건의 명시를 통해 근로조건의 내용을 두고 발생하는 법적 다툼을 사전에 제거하는 취지를 가진다.

특히 본고에서 제안하는 근로계약법에서는 특별한 사정이 없는 한 모집·채용시 사용자가 제시한 근로조건이 근로계약의 내용으로서 효력을 가지는 것임을 추정하는 규정을 두고, 입사 이후 제시된 근로조건과 다른 내용이 있을 경우에는 그에 대한 사용자의 법적 책임을 명확히 함과 동시에 이러한 원칙은 근로계약의 한 쪽 당사자인 근로자에게도 동일하게 부과하는 취지를 가진다.

2) 이하는 日本労働契約法研究會, 今後の労働契約法制の在り方に関する研究会 報告書, 2005, 24면.

(채용시의 개인정보 수집 및 건강진단)

사용자는 근로자를 채용할 때 업무와 합리적 관련성이 있는 범위 내에서 개인정보를 수집할 수 있다.

【입법취지】

이 규정 역시 근로계약 성립 전인 근로계약 체결 과정에서 계약체결의 일반원칙 규정으로서 계약당사자 간의 근로계약의 목적 실현에 대한 이해 합치를 정확히 하기 위한 것이다. 근로자 채용시 해당 업무에 대한 근로자의 업무 능력이나 노하우가 충분한지를 판단할 수 있도록 하여 향후 근로관계 전개 과정에서 당사자 간의 업무 능력과 관련한 불필요한 갈등을 예방하자는 데 있다. 사용자는 근로자 채용시 해당 업무를 해낼 수 있는 충분한 업무 능력이 있는지를 판단하는 데 근로자가 제출한 학력이나 전공관련 내용, 그리고 해당 업무 관련 경력에 의존할 수밖에 없다. 만일 이 부분에 대한 정보 부재로 채용 판단에 영향을 주었을 경우 향후 당사자 간 근로계약상 약정된 업무능력 유무로 다툼 가능성이 고조될 수 있다. 이 때문에 사용자로 하여금 적어도 업무와 관련한 개인정보 수집의 권한을 부여하는 것이 근로계약 체결 당사자 간의 업무 능력과 관련한 불필요한 분쟁을 예방할 수 있다.

【내용】

대부분의 사용자는 근로자를 채용할 때 그 근로자의 업무능력 내지 역량에 대한 평가를 하고 싶어 할 것이다. 그러나 최근 블라인드 채용 등의 확대 실시로 채용의 공정성 시비를 제거하기 위해 채용시 학력이나 연령 등 여러 가지 근로자 이력에 대한 정보를 확실하게 얻지 못할 수 있다. 이 때문에 채용 이후 근로자의 업무 능력 등에 대해서 기대한 만큼 능력이나 역량이 없음이 발견된 경우 당사자 간의 갈등이나 분쟁이 발생되는 경우가 많을 수 있다.

더욱이 현행 근로기준법 제39조에서는 근로자는 퇴직 후에 근무경력과 관련한 증명서를 청구할 수 있고 증명서에는 근로자가 요구한 사항만을 적어야 하도록 되어 있기 때문에 근로자가 제출하는 과거의 근무 내지 업무 경력과 관련한 정보를 정확히 확인하기 어려운 경우가 발생할 수 있다. 또 최근 공정채용과 관련한 정책 중 주요 내용 중 하나인 블라인드 채용의 경우 구인자인 기업으로서는 구직자가 담당해야 할 직무나 조직에 적합한 자인지를 판단할 수 있는 구직자에 대한 정보가 부족하다는 실태가 발생할 가능성도 높다. 그럼에도 불구하고 현행법은 근로자가 입사한 때로부터 곧장 정당한 이유 없이 해고할 수 없다는 해고보호 규정이 적용되기 때문에 본채용 판단 이후 이를 재고할 기회가 없다. 이 때문에 채용시 근로계약의 목적에 해당하는 근로자의 업무 능력과 관련한 정보 파악이 매우 중요하게 된다.

근로계약의 체결이 적어도 노사당사자 간 자주적인 의사결정에 기초한 것이라면 근로자와 사용자가 근로계약 체결 의사를 분명하게 결정할 수 있는 많은 정보가 전제되어야 한다. 근로자 채용과정은 근로자들 간에서도 공정하고 투명한 평가에 기반해야 하는데, 공정하고 투명한 기반은 근로자의 업무능력과 관련한 정보들로 볼 수 있다. 따라서 채용시 근로자 개인정보 보호에 필요한 것은 당연히 제외하더라도 이를 구체적으로 규정하는 데 어려움도 있으므로 근로자의 객관적인 업무 능력과 합리적인 관련성이 있는 개인정보 수집은 가능하도록 규정할 필요가 있다.

외국의 근로계약법 내지 근로계약법 관련 논의 사례에서 개인정보 수집과 관련한 명문의 내용은 발견되지 않는다. 다만 일본 노동계약법 제3조 제4호에서는 근로계약의 원칙으로 신의성실의 원칙을 명문화하고 있는데, 신의성실의 원칙 내용에는 근로자와 사용자 간 성실근로의무와 안전배려의무 등이 있다. 이들 신의성실의 원칙은 근로계약이 성립한 당사자 간에 적용되는 것이지만 이를 근로계약 성립까지로 확장하면 주요 근로조건에 대한 자세한 설명의무와 정보제공의무가 신의성실의 원칙 내용에 포함된다고 볼 수 있다. 따라서 근로계약 성립시 근로계약 체결 당사자 간에는 업무 적합도 등 근로제공과 관련한 정보제공 요청도 포함될 수 있도록 명문으로 업무와 관련성 있는 개인정보 수집을 할 수 있다고 규정하자는 것이다. 이러한 룰은 당사자 간에 근로계약이 성립한 이후에 발생할 계약 내용과 관련한 분쟁을 예방할 수 있다고 본다.

■ 건강진단

사용자는 모집시에 근로자의 건강진단서의 제출을 요구하거나 건강검진을 실시할 수 있다.

【입법취지】

이 규정도 근로계약 성립 전인 계약체결 과정에서 필요한 계약체결의 일반원칙 내용에 해당하는 것이다. 근로자 채용시 근로계약상 주된 의무인 근로제공에 충분한 건강상태나 건강정보 등의 판단을 하기 위한 취지를 가진다. 근로자 채용시 근로자의 건강상태 등이 온전한 근로제공에 적합하지 않은 경우 근로계약의 목적을 달성할 수 없는 사태가 발생할 수 있고, 그렇게 되면 근로관계의 지속 여부와 관련한 다툼이 발생할 수도 있다. 근로자 건강관련 정보가 확보되면 근로계약상 근로제공의 온전한 이행 여부와 관련한 불필요한 분쟁을 예방할 수 있다.

【내용】

산업재해보상보험을 받기 위해서는 발생한 사고가 업무상 재해에 해당하여야 하고 업무상 재해의 인정에는 업무상 사고 등 발생한 재해와 업무와의 간에 상당인과관계가 있어야 한다. 그런데 이 상당인과관계의 기준을 건강한 사람을 기준으로 하는가? 보통의 평균적 건강한 사람을 기준으로 하는가? 아니면 해당 근로자의 건강과 신체조건 등을 기준으로 하는가에 대해 대법원 판례는 상당인과관계의 유무는 보통의 평균인이 아니라 당해 근로자의 건강과 신체조건을 기준으로 판단한다(대판 1992. 5. 12. 선고 91누10466 판결 등)고 한다.

이러한 기준 하에서는 채용시부터 일정한 질환을 보유한 근로자는 작업환경에 영향을 받아 업무상 재해나 업무상 질병에 노출될 가능성이 더 높게 된다. 사용자로서는 가급적 근로자의 건강 상태가 양호하거나 적어도 보통의 평균 이상의 조건을 갖춘 근로자를 채용하기를 원할 것이다. 그리고 근로자 채용시 가급적이면 근로자의 건강관련 정보를 구체적으로 파악하길 원할 것이다. 한편 사용자로서는 근로자 채용시 확보한 채용대상 근로자의 건강관련 정보를 토대로 근무시간 외 사고나 업무상 질병 등과 같은 업무상 재해의 성립 여부와 관련한 불필요한 분쟁을 미리 예방할 수 있을 것이다.

근로자의 건강진단서 제출이나 건강검진 실시 등의 의무화는 당사자가 원하는 근로계약 체결 의사를 보다 명확하게 하기 위한 것으로 볼 수도 있다. 근로자 역시 자신의 근로제공과 관련한 신체적 조건 등에 대해 사용자에게 명확히 밝혀 주는 것이 신의칙에 부합하는 것으로 볼 수도 있다. 근로자 건강을 조건으로 채용의 공정성이 훼손될 정도로 지나친 건강정보를 요구하거나 의무화하지 않는 것이라면 업무상 재해 발생과 관련한 분쟁의 예방이나 대시민 서비스업 종사자의 경우 시민의 안전성까지 확보할 수 있다.

근로자 건강 정보와 관련한 외국의 근로계약법 내지 근로계약법 관련 논의 사례에서도 관련 명문 내용은 발견되지 않는다. 다만 앞서 본 바와 같이 일본 노동계약법 제3조 제4호에서는 근로계약의 원칙으로 신의성실의 원칙을 명문화하고 있는데, 신의성실의 원칙 내용에는 근로자와 사용자 간 성실근로의무와 안전배려의무, 그리고 주요 근로조건에 대한 자세한 설명의무와 정보제공의무가 포함된다고 볼 수 있다. 따라서 신의성실의 원칙상 근로계약 체결시 사용자의 안전배려의무에 맞서서 근로자 건강관련 정보제공 요청도 필요하다.

2. 근로계약의 기간

(근로계약의 기간)

근로계약은 기간의 정함이 없는 계약과 기간의 정함이 있는 계약으로 체결할 수 있다.

【입법취지】

현행법상 근로계약 기간과 관련한 다양한 규정과 쟁점이 많고, 이들 근로계약 기간과 관련한 모든 쟁점을 명확히 하는 것은 각각의 법규정에 의해 정합적 체계적으로 규율되어야 한다. 그러나 다른 한편 근로계약의 기간은 근로계약 체결시 가장 중요하고 기본적인 내용 중 하나인데, 근로계약 체결 당사자에게 근로계약의 기간과 관련한 룰이 전혀 없어도 될까라는 의문도 제기된다. 이에 따라 근로계약법에서는 근로계약 당사자 간에 계약의 자유에 따라 근로계약 기간을 자유로이 정할 수 있음을 확인하는 취지는 둘 필요가 있다. 다만 근로계약 체결 당사자는 자유로이 근로계약 기간의 종류를 명확히 하는 규정을 두자는 것이다. 구체적으로 근로계약 기간은 당사자의 자유로운 의사에 의해 기간을 정할 수도 있고 정하지 않을 수도 있지만 기간을 정하지 않은 경우에는 당사자 간에 특별한 약정이나 다른 의사가 없는 한 기간의 정함이 없는 근로계약으로 보자는 것이다.

【내용】

현행법상 근로계약 기간을 어떻게 설정할 것인지에 대해 특별히 금지하는 내용은 없다. 다만 근로계약 기간에 관한 규율은 여러 곳에 산재되어 있고 사법부의 판단도 중요한 기능을 하고 있다. 우선 근로기준법 제16조의 근로계약은 기간을 정하지 아니한 것과 일정한 사업의 완료에 필요한 기간을 정한 것 외에는 그 기간은 1년을 초과하지 못한다는 규정은 2007년 기간제법 시행으로 더 이상 효력을 가지지 않는다. 따라서 1년을 초과하는 근로계약의 체결도 가능하다. 다만 기간제 및 단시간근로자 보호 등에 관한 법률에서는 몇 가지 예외(제4조 제1항 각호)를 제외하고는 근로계약 기간이 2년을 초과하면 기간의 정함이 없는 근로계약으로 간주하고 있다(제4조 제2항). 사법부에서는 일정한 요소를 기준으로 이른바 근로계약 갱신기대권 법리를 창출해내어 왔다.[3] 특히 이 갱신기대권은 기간제 및 단시간근로자 보호 등에 관한 법률 제4조 제1항에서 근로계약 기간 사용상한인 2년의 제약이 적용되지 않는 고령자나 정년퇴직 근로자들에게도 적용된다는 판단을 하고 있다.[4] 이 때문에 근로계약법에서는 이들 각 규정과의 충돌을 피하고 다만 근로계약 기간을 당사자의 자유로운 의사에 따라 그 기간을 정하거나 정하지 않거나 하는 원칙을 명확히 하기 위해 규정을 두자는 것이다.

외국사례로서 일본 노동계약법에서 근로계약 기간에 대해 상당히 구체적이고 다양한 규율 내용을 두고 있다. 노동계약법 제17조 제1항에서 사용자는 기간의 정함이 있는 근로계약(이하 유기근로계약이라 함)에 대하여 부득이한 사유가 있는 경우가 아니면 그 계약기간이 만료하기 전까지 근로자를 해고할 수 없고, 제2항에서는 유기근로계약에 대해 그 유기근로계약에 의한 근로자를 사용하는 목적에 비추어 필요 이상으로 단기간을 정하는 것에 의해 그 유기근로계약을 반복하여 갱신하지 않도록 배려하여야 한다고 규정한다. 그리고 제18조는 유기근로계약을 기간의 정함이 없는 근로계약으로 전환하는 규정과 제19조에서는 유기근로계약의 갱신과 관련한 규정을 두고 있다. 이러한 일본 노동계약법상 근로계약 기간과 관련하여 상세한 규정을 둔 것은 일본 노동기준법 제14조의 근로계약 기간 관련 규정만으로 유기근로계약을 둘러싼 법적 갈등을 해소하기 어렵기 때문이다. 일본은 2003년 노동기준법 개정시 유기근로계약 기간의 상한 규제를 두었는데 유기근로계약 자체가 고용불안정성을 내포하고 있는 것으로서 계약기간 중 해고 불안이나 근로조건의 차별 문제가 계속 발생했다. 이러한 법적 갈등 상황에 대해 일본은 유기근로계약법제에 대한 바람직한 규율 검토가 시작되었다. 이 검토를 기초로 유

3) 대법원 2011. 4. 14. 선고 2007두1729 판결 등.
4) 대법원 2017. 2. 3. 선고 2016두50563 판결; 대법원 2013. 11. 15. 선고 2013두16388 판결(심리불속행).

기근로계약 기간 동안 고용을 보장하고 유기근로계약이 남용되지 않도록 하며 유기근로계약의 무기근로계약으로 전환과 갱신과 관련한 규정을 둔 것이다.

그러나 우리나라는 일본과 달리 이미 기간제 및 단시간근로자 보호 등에 관한 법률을 제정하여 근로계약 기간의 정함이 있는 기간제근로자의 근로계약 기간과 근로계약 기간 중에 필요한 차별시정 절차 등 보호 내용을 자세히 규율하고 있기 때문에 근로계약과 관련한 특별한 입법적 변화가 없는 한 근로계약법에서 근로계약 기간에 대한 더 이상 구체적이고 자세한 규정을 따로 둘 필요까지는 없다고 보인다. 다만 최근 전개되고 있는 기간의 정함이 있는 근로계약의 갱신기대권과 관련한 사법적 판단이 기간제법상 기간제근로의 유연한 사용 취지와 긴장관계를 가지고 있는 등의 문제는 향후 기간제근로자의 근로조건이나 기간제 고용시장 상황 등을 고려하여 그 규율 방향을 검토할 필요가 있을 수 있겠다.

3. 채용내정

(채용내정의 통지)

■ 도달주의 원칙

사용자가 근로자에 대해 그 형식에 상관없이 실제로 근로에 종사하기에 앞서 채용을 예정하는 통지를 한 경우(이하 '채용내정'이라 함)에는 그 도달시에 근로계약이 성립된 것으로 추정한다.

【입법취지】

이 규정은 채용내정의 성립, 즉 채용확정 과정에서 근로계약의 성립시기를 명확히 하는 규정이다. 오늘날 취업시장은 채용공고를 통해 근로자가 직접 공고에 응하는 채용절차도 있고 경력직의 경우 인재파견회사가 채용절차에 중개 역할을 하기도 한다. 이러한 과정에서 채용내정이 어느 시기에 확정되었는지, 다시 말하면 근로계약의 성립시기를 언제로 볼 것인지가 문제로 될 수 있다. 이 규정은 이러한 문제를 명확히 하자는 취지를 가진다. 다만 채용내정의 통지는 무엇을 의미하고 무엇으로 확정할 수 있는가의 문제도 있다. 사용자의 어떤 행위를 최종합격의 통지로 볼 수 있는지가 문제로 될 수 있기 때문이다.

【내용】

현행 민법 제531조는 격지자 간의 계약 성립 시점에 관한 규정을 두고 있는데, 이에 따르면 격지자 간의 계약은 승낙의 통지를 발송한 때에 성립한다고 규정한다. 이는 채용이 내정되었음을 알리는 통지를 발송하고 승낙의 일정한 시점 내에의 도달을 정지조건으로 하여 승낙의 효력을 발생시킨 시점에서 근로계약이 성립한다고 해석된다.[5)]

일본에서도 노동기준법에서는 채용내정의 성립시기와 관련한 특별한 규정이 없었고, 근로계약법에서도 특별한 규정이 없다. 다만 근로계약법 제정시 채용내정을 규율하는 내용이 포함되기도 했다. 채용내정의 법률관계하에서는 비록 근로계약이 성립했다고 보더라도 노동기준법의 해고예고 규정의 적용을 제외하여 구직활동을 빨리하도록 한다거나 채용내정시 유보된 해약권의 행사의 경우에도 합리성을 요구하는 내용을 포함하고 있었는데, 근로계약법 제정시에는 이 내용을 규정하지 않았다.

그런데 채용내정의 법적 구성을 두고 판례법리가 등장했는데, 그중 채용내정의 성립시기를 확립시키는 내용을 명확히 하는 최고재판소 판례가 등장했다. 이 판례에서는 채용내정 통지 이외에는 근로계약 체결을 위한 특별한 의사표시를 하는 것이 예정되어 있지 않았다면 기업으로부터의 모집(청약의 유인)에 대해 근로자가 응모한 것은 근로계약의 청약이며, 이에 대한 기업으로부터의 채용내정 통지는 그 신청에 대한 승낙으로 보아 이로 인해 양자간에 해약권을 유보한 근로계약이 성립한다고 판시했다.[6)] 이를 구체적으로 절차화하면, 기업의 모집(청약의 유인) → 응모(신청서, 필요 서류 제출, 채용시험(근로계약의 신청)) → 채용내정의 통지의 발신(근로계약의 승낙)의 순서로 진행되는 것이다.

한편 사용자의 채용내정 통지가 있었는지 유무가 다투어진 사례도 있기 때문에 무엇이 채용내정 통지사실을 확정하는 것인지도 문제로 될 수 있다. 최종면접 합격 통보를 하고 연봉수준도 전달되었으나 평판 조회 여부에 대한 근로자측의 명확한 답이 없는 경우 최종합격 통보를 했다는 사실이 인정되지 않은 사례가 있다. 즉 "채용내정이란 본 채용 전에 채용할 자를 미리 결정하는 것으로서 그로 인

5) 권혁, 과도적 근로관계상의 노동법적 쟁점, 2019, 서울지방변호사회 연수교재.
6) 大日本印刷事件—最二小判昭54・7・20, 民集 제33권 5호, 582면; 電電公社近幾.
電通局事件—最二小判昭55・5・30, 判時 제968호, 114면(菅野和夫, 勞働法(第八版), 弘文堂, 2008, 131면에서 재인용).

해 사용자와 채용내정자 사이에 근로관계가 성립했다고 보기 위해서는 채용내정의 통지 및 최종합격자 통보 등을 통해 사용자의 채용내정자에 대한 채용의사가 외부적·객관적으로 명확하게 표명되었을 것이 요구된다(대법원 2000. 11. 28. 선고 2000다51476 판결, 대법원 2002. 12. 10. 선고 2000다25910 판결 등 참조). 이 사건에서 원고와 피고 사이에 근로계약(채용내정계약)관계가 성립하였는지 보건대, 원고가 4회에 걸쳐 피고와 인터뷰를 하고 인성검사를 마친 사실은 앞서 본 바와 같고, 갑10호증의 기재에 의하면 인터뷰를 마친 후 원고가 요구하는 연봉 수준이 E를 통해 피고에게 전달된 사실을 인정할 수 있으나, 위 인정사실만으로는 피고가 원고에게 채용내정의 통지 내지 최종합격 통보 등 채용의사를 객관적으로 명확하게 표명하였음을 인정하기에 부족하고, 달리 이를 인정할 증거가 없다. 오히려 앞서 본 바와 같이 G가 원고에 대한 평판조회를 할 것인지 묻는 E에게 이를 보류해달라고 한 후, E가 원고에게 결정이 지연되고 있다고 알린 점, 이후 G가 2014. 12. 30.경 E에게 본사가 다른 지원자를 선호하고 있음을 고지한 점 등에 비추어, 피고는 평판조회 및 연봉 협상 단계에 이르기 전에 다른 지원자를 채용하기로 결정하고 E에게 이를 고지함으로써 원고에 대한 채용절차를 마무리하고 이를 E에게 전달하였다고 보인다. 따라서 원고와 피고 사이의 근로계약 내지 채용내정계약 관계가 성립하였음을 전제로 한 원고의 해고무효확인 및 임금 청구는 이유 없다"고 했다.[7)]

반면 채용내정 통지는 근로자의 응모 절차(청약)에 대해 사용자의 합격(승낙)의 통지를 한 것으로 보아야 한다. 사용자가 헤드헌팅업체를 통해 합격통지를 한 이후 입사 전 근로조건을 일방적으로 변경하였지만 근로자측에서 이를 받아들이지 않아 합격 취소 통보를 한 사례에서 채용내정의 취소로 보고 취소 행위가 해고사유 및 시기의 서면통지를 하지 않아 부당해고라고 판단한 사례도 있다.[8)]

따라서 채용내정의 통지는 모든 채용절차가 종료되어 최종합격 통지가 있었다고 인정되는 경우이거나 최종면접 합격 후 연봉협상 등과 같은 채용에 필요한 근로조건의 내용에 대한 당사자 간의 의사합치가 확인되는 등 최종합격의 통지가 있는 경우로 보아야 한다.

7) 서울동부지방법원 2016. 11. 1. 선고 2015가합104952 판결. 서울고등법원 2017. 6. 16. 선고 2016나2076948 판결로 확정.

8) 서울행정법원 2020. 5. 8. 선고 2019구합64167 판결(사용자측 항소중).

(채용내정의 취소)

■ 합리적 이유
사용자는 합리적 이유 없이 근로자에 대한 채용내정을 취소할 수 없다.

【입법취지】

이 규정은 채용내정 취소의 원칙을 정하는 것이다. 채용내정은 모든 사업의 관행임에도 불구하고 채용내정의 법적 효력과 나아가 채용내정의 취소에 대한 명문의 규율이 전혀 없다. 이들 관련 쟁점은 모두 판례법리로 규율된다. 채용내정 관련 법리를 판례법리에만 맡겨두는 것이 바람직한 것인지도 문제이지만 무엇보다도 판례법리에만 의존하는 것은 근로계약의 성립으로 보는 채용내정 관계에 들어간 근로자측 지위의 불안정성이나 근로계약 체결 당사자 간에 관련 법률분쟁의 혼란 등을 가중시킬 수 있다. 따라서 채용내정의 취소는 원칙적으로 합리적 이유가 있어야 한다는 판례법리 정도의 규정을 두자는 것이다.

【내용】

채용내정은 앞서 본 바와 같이 우리나라나 일본에서만 흔히 보이는 관행으로 파악되고 있다. 관행으로 존재하다보니 분쟁이 생기면 사법부에 의존하게 되고 법원의 판결이 누적되어 일정 정도 규범을 형성하고 있다. 이에 비해 독일, 프랑스, 영국, 미국 등의 국가에서는 입법도 없지만 관행도 없는데 그럼에도 채용내정과 유사한 분쟁이 발생하면 일반 계약법에 따른 원칙, 즉 계약의 일반적 해석과 관련한 금반언의 원칙과 손해배상 법리 등으로 해결될 것으로 보인다.

일본은 노동계약법 제정시 채용내정 취소와 관련한 규정을 어떻게 할 것인지에 대해 제법 심도 있게 다루어지기도 했다. 구체적으로 채용내정시 해약권이 유보되어 있고 해약권 행사 사유가 서면으로 명시되어 있더라도 그 유보된 해약권을 행사할 경우 해약권을 유보한 취지나 목적에 비추어 객관적으로 합리적이라고 인정되어 사회통념상 상당하다고 인정되는 경우에만 권리남용에 해당하지 않는다고 노동계약법에 명확하게 규정하는 것이 타당하고, 만약 서면에 명시된 해약권 행사 사유 이외의 이유로 유보된 해약권을 행사할 경우에는 통상의 해고권 행사 요건과 동일한 판단을 하도록 한다는 것을 지침 등으로 명시하는 것이 타당하다고 한다. 이 밖에 채용내정 당시 사용자가 이미 알고 있었거나 알 수 있었던 채용내정 취소 사유는 무효로 하는 것이 타당하다고 한다.[9] 그러나 앞서 언급한 바와 같이 정작 일본 노동계약법 제정 내용에는 이들 내용이 반영되지 않았다.

우리나라에서 채용내정 취소와 관련한 분쟁은 IMF외환위기 이후부터 급증한다. 이전에는 채용내정 취소와 관련한 다툼이 많지 않았으나 정리해고 등 기업의 경영형편이 급변하면서부터 급증하게 된 것이다.

채용내정과 관련한 판례법리의 주요 내용을 정리하면 다음과 같다. 우선 채용내정의 법적 성질과 관련하여 채용내정의 통지로 근로계약이 성립한다고 본다. 따라서 자연히 채용내정의 취소는 근로계약을 일방적으로 종료하는 실질적인 해고로 판단한다.[10] 다음, 채용내정을 비록 실질적인 해고로 보더라도 채용내정을 취소할 수 있는 사유를 해고의 정당한 사유와 동일하게 보아야 하는가? 이에 대해 판례는 채용내정의 특수성을 고려하여 해고요건을 완화하여 판단하고 있다. 가령, IMF외환위기 직후 대규모 채용내정 취소 사태에 대하여, 이를 경영상이유에 의한 해고, 즉 정리해고로 보면서도 채용내정 취소시 근로자대표와 성실한 협의 규정은 적용되지 않고[11] 채용내정의 지위에서는 현실적으로 노무를 제공하고 있는 근로자와 비교하여 근로관계의 밀접도가 떨어지므로 우선적인 정리해고 대상에 속할 수 있다[12]는 판단을 보여주고 있다.

현실적으로 채용내정 취소의 합리성 내지 정당성 판단을 보여주는 사례를 보면 다음과 같다. 먼저, 서류전형, 필기시험, 면접시험을 통과하여 최종 합격통보를 받은 채용내정자에 대한 사례가 있다. 채용내정자는 미리 고지 받은 대로 건강보험자격득실 확인서, 졸업 성적 증명서 등을 제출하였는데, 사용자는 경력증명서가 제출되지 않아 이를 제출하지 않으면 합격이 취소될 수 있다고 고지했다. 이에 나머지 증명서 제출시에 경력증명서를 제출하기는 하였는데, 경력증명이 입사지원서에 기재된 이력과 일치하지도 않고 경력증명서에 기재된 내용도 믿기 어려운 허위기재로 보이는 것으로 판단되어 최종합격통지 9일 만에 채용내정을 취소한 것은 사회통념상 정당한 인사권의 범위를 일탈한 것으로 볼 수 없다고 했다.[13] 또 필기시험, 면접시험 등을 통과하여 사용자로부터 최종합격 통지를 받고 그간 다니던 직장에 사직서를 제출하고 합격자 채용등록까지 마친 채용내정에서 합격이후

---

9) 日本労働契約法研究會, 今後の労働契約法制の在り方に関する研究会 報告書, 2005, 21－22면.
10) 대법원 2002. 12. 10. 선고 2000다25910 판결 등.
11) 대법원 2000. 11. 28. 선고 2000다51476 판결 등.
12) 서울고등법원 2000. 4. 28. 선고 99나41468 판결 등.
13) 대전지방법원 2016. 10. 26. 선고 2016구합101234 판결(확정판결).

필요한 경력증명 등을 제출하였지만 경력증명의 구체적 내용이 채용공고에서 요구하는 경력이 증빙되지 않아 내정이 취소된 사례도 있다. 즉 채용공고에서 요구하는 제설 및 정설 경력을 전혀 증빙하지 못하였으므로 채용공고에서 명시된 응시 자격요건을 갖추었다고 보기 어렵고, 사용자는 내정자가 응시 자격요건을 갖추지 않은 사실을 알았다면 고용 후 정설 업무 수행이 부적절하다고 판단하여 내정자를 합격시키지 않았을 것으로 판단되므로, 사용자는 내정자가 채용내정 단계에서 수습직원 임용예정자인 내정자의 자격 조건 구비나 결격사유의 존재를 검증하고 내정자에 대한 내정취소를 통보한 데에는 사회통념상 고용관계를 계속할 수 없을 정도로 객관적으로 합리적인 이유가 존재한다고 했다.[14]

한편 블라인드 채용의 경우에는 면접시험 등 최종 합격통보 이후 사후에 내정자의 응시자격 결격 등이 뒤늦게 발견되어 내정을 취소한 사례가 있다. 이에 대해 사용자가 응시자격 결격에 따라 합격의 취소가 있다는 사실이 고지되었고, 사용자가 해당 채용내정자가 응시자격 제한자에 해당한다는 사실을 미리 파악하였더라면 내정자에게 최종 합격통보를 하지 않았을 것으로 보이며, 이러한 사용자의 착오는 법률행위 내용의 중요 부분에 관한 것이기 때문에 사용자는 채용내정자의 내정을 취소할 수 있다고 판단했다.[15]

채용내정의 취소 기준을 근로계약법에 규정을 둘 것인지 여부를 두고 일본의 근로계약법 제정 과정에서는 긍정적으로 검토되기도 했다. 구체적으로 채용내정시 해약권 유보의 내용과 사유가 서면으로 명시된 경우에는 그 사유가 해약권 유보의 취지나 목적에 비추어 객관적으로 합리적이라고 인정되어 사회통념상 상당하다고 인정되는 경우 그러한 사유에 근거하여 이루어진 채용내정 취소는 권리남용에 해당하지 않고 유효하다는 것을 근로계약법에 명확히 하는 것이 타당하다고 했다. 그러나 실제 제정된 근로계약법에는 채용내정 취소 사유 내지 기준과 관련한 규정은 없다.

채용내정의 법률관계나 내정자의 지위가 불안정하고 실제 국내에서 채용내정과 관련한 법률분쟁이 적지 않은 점 등을 고려하면 법률분쟁의 명확한 해결과 불필요한 분쟁을 사전에 방지하기 위해서라도 채용내정 취소의 정당한 사유를 규정해두는 것이 필요하다. 다만 채용내정 취소를 합리적인 이유 없이 할 수 없다는 추상적인 규정만으로 충분한지에 대해서는 다양한 지적이 있을 수가 있다. 그러나

---

14) 서울고등법원 2020. 4. 22. 선고 2019누58034 판결(대법원 심리불속행 판결로 확정).
15) 대전고등법원 2019. 9. 5. 선고 2019나11546 판결(확정).

정당한 이유 없이 해고할 수 없다는 해고제한 규정도 더 이상의 구체적인 기준으로 규정하지 않은 것을 고려하면 채용내정 취소의 정당한 사유를 해고보다 더 구체적인 기준으로 정하는 것은 법체계에 어울리지 않는 점도 있을 수 있으므로 합리적인 이유라는 기준 정도를 적정 규정으로 보아도 좋을 것이다.

(서면교부 의무)

사용자는 채용내정을 취소할 때에는 그 사유를 명시하여야 하며 근로자의 요구가 있는 경우에는 서면(전자문서 포함)으로 이를 교부하여야 한다.

【입법취지】

채용내정 취소가 실질적으로는 성립된 근로계약을 일방적으로 해지하는 해고에 해당한다면 채용내정 취소도 근로기준법상 해고 절차와 같이 해고 사유와 시기를 서면으로 명시하여 통지하도록 한 것에 준하는 룰이 필요하지 않을까? 이 경우 채용내정과 입사이후 근로계약의 체결 상태는 차이가 있으므로 명시의 내용과 서면의 방식 등을 어느 정도로 할 것인지에 대한 판단이 필요하겠다.

【내용】

채용내정 취소와 관련한 법률 규정이 없어 채용내정 취소와 관련한 분쟁이 전적으로 사법부의 판단에 의존하게 되고 이런 환경하에서는 당사자 간 내정취소와 관련한 법률분쟁 사례가 늘어날 수밖에 없다. 비록 채용내정이라는 법적 지위에 있지만 적어도 당사자간 분쟁이라도 명확한 쟁점을 가지고 안정적·체계적으로 처리될 수 있도록 할 필요가 있다. 또 근로계약법에서 채용내정 관련 룰을 명확히 하는 취지에서 보면 해고와 동일한 내용은 아니지만 근로자측의 내정취소에 대한 방어권 행사에 균형을 이루도록 내정취소 사유를 명확히 밝히도록 하는 것이 계약법상 공정한 룰에 부합할 수 있다.

한편 명시해야 할 채용내정 취소 내용은 해고의 사유와 시기와 같이 동일하게 할 것인지 차이를 둘 것인지가 문제로 될 수 있겠다. 채용내정 취소사유와 취소시기를 서면으로 통지하도록 하여 근로기준법상 해고절차상 서면통지 의무와 동일하게 하는 견해도 있을 수 있고[16] 채용내정과 해고가 구분되는 차이가 있으므

16) 오문완 외, 근로계약 전반에 관한 제도개선 방안 마련을 위한 연구 II(고용노동부), 2017. 9,

로 명시의무를 달리해야 한다는 견해도 있을 수 있다. 그런데 채용내정 취소를 다루는 사법부의 입장에서도 채용내정의 취소와 해고의 정당한 이유를 현실적으로 구분하는 차이를 두고 있다. 현실적으로 채용내정과 해고와는 그 내용과 성질에서 차이가 있고 판례 규범을 근로계약법에 반영하자는 취지 등을 고려하면 채용내정 취소 사유의 명시만 규정하고 다만 이를 더욱 명확히 하기 위해 근로자측의 서면요구가 있을 경우 서면통지 의무를 부과하는 것이 합리적으로 보인다. 이 경우 서면은 오늘날 전자문서 등의 발달 상황에 비추어 전자문서도 포함하는 것으로 한다.

4. 시용기간

(시용기간의 의의 및 기간)

■ 시용기간의 의의
사용자는 근로자가 근로에 종사한 다음 직무수행능력이나 업무에 대한 적성 기타 근로자가 실제로 근로를 하지 않으면 판단할 수 없는 사항에 대해 평가할 수 있는 기간(이하 시용기간)을 설정할 수 있다.

■ 시용기간 및 연장 제한
시용기간은 원칙적으로 3개월을 초과할 수 없다. 다만 직무의 성질상 필요하다고 인정되는 경우 또는 근로자의 능력과 적성에 대해 충분히 평가할 수 없는 객관적 사정이 있는 경우에는 그 기간을 초과하여 3개월을 한도로 시용기간을 연장할 수 있다.

【입법취지】

시용기간은 본채용을 할지 말지를 결정하기 위한 시험적 사용기간을 말한다. 근로자측에서는 본채용 거절이 해고와 같은 불이익으로 다가오고 사용자로서는 근로관계를 지속하기 어려울 정도로 근로계약의 목적 달성이 어렵다는 불이익으로 다가오는 중요한 사안이다. 중요한 시용기간을 활용하고 있지만 시용기간의 길이나 시용기간 후 본채용 거부의 기준 등에 대한 룰은 사법부의 판단에 의존되고 있다. 그러나 사법부의 판단인 판례는 명확하고 합리적인 기준이 무엇인지를 파악

28면.

하기 어렵다. 시용기간은 어느 정도로 정하는 것이 적정한지, 시용기간의 연장을 허용할 것인지, 시용기간 연장의 허용 요건을 무엇으로 할 것인지 등이 문제로 된다.

【내용】

평가를 경유하여 입사한 근로자가 입사이후 일정한 기간 중 경험해보지 않으면 필요한 직무수행 능력 등을 확인할 수 없는 경우에는 그 근로계약의 목적을 달성하기 위해 시험적 사용기간을 두는 것이 합리적이다. 시용기간을 경유하지 않고 곧바로 본채용으로 사용한 경우 후에 해당 직무수행능력 부족 등으로 근로계약의 목적달성이 어렵다는 사정이 확인되는 경우 사용자로 하여금 근로관계를 지속하도록 강요하기가 어렵다. 현행 근로기준법 등에서는 이와 관련한 규율 규정이 없기 때문에 근로계약 당사자 간의 공정한 계약 룰 형성과 본채용을 전후하여 불필요한 법률분쟁을 방지하기 위해 시용기간과 관련한 규정을 두는 것이 바람직하다. 따라서 본채용 전에 근로자의 직무수행능력이나 업무의 적성 등을 판단하기 어려운 경우에는 이를 평가할 수 있는 시용기간을 둘 수 있도록 하자는 것이다.

판례는 시용을 당사자 간에 근로계약에서 시용기간을 둘 수 있음을 약정하거나 취업규칙 등에서 시용기간을 둘 수 있음이 명시된 경우에는 시용기간을 둔 것인지 여부를 다투지만 그러한 근거 약정이나 규정이 없는 경우에는 본채용을 한 것으로 판단한다.[17] 또 시용의 법적 성질에 대하여 시용은 본채용을 앞두고 있으므로 근로계약 체결을 앞두고 해약권을 유보한 채용내정과도 유사하게 시용기간 중 해약권을 유보한 근로계약관계로 보고 있다.[18] 시용기간에 대해 하급심 판결은 업무 적격성 판단에 필요한 최소한의 기간으로 정하여야 하지만, 당사자가 합리적인 범위 내에서 기간을 둘 수 있다고 한다.[19] 판결 중에는 사회통념상 합리성이 있으면 6개월이나 1년 같이 상당히 장기간의 시용기간을 약정하는 것도 유효하다는 입장을 밝힌 것도 있다[20]

주요 외국이나 ILO에서는 채용내정과 관련한 관행이나 룰은 없지만 시용기간의 이용관행은 시용과 관련한 규정을 명시하고 있을 정도로 활용되고 있다. 이에

17) 대법원 1991. 11. 26. 선고 90다4914 판결.
18) 대법원 1992. 8. 18. 선고 92다15710 판결.
19) 서울행정법원 2007. 3. 8. 선고 2006구합2406 판결.
20) 대법원 2007. 3. 29. 선고 2007두2234 판결(심리불속행기각); 대법원 2015. 12. 24. 선고 2015두52678 판결.

비해 우리나라나 일본은 채용과 관련한 관행이나 법률분쟁도 있고 시용기간과 관련한 관행이나 법률분쟁도 있지만 정작 시용과 관련한 명시적인 규정은 없는 사례에 해당한다. 일본도 노동기준법 등에서 시용에 관한 규정을 명시적으로 두지 않고 사법부의 판단에 의존하고 있다. 시용기간의 법적 성질은 사용자에게 해약권이 유보되어 있는 근로계약으로 판단하는 일본 사법부의 판결 내용도 우리나라의 그것과 같은 것으로 보아도 된다. 일본 노동계약법은 시용기간의 법적 성질 및 시용기간의 설정, 그리고 본채용 거절의 정당한 사유 등에 대한 일본 판례의 기준을 노동계약법에 규정하는 것이 타당하다는 노동계약법연구회의 결론을 얻었지만 정작 근로계약법 제정시에는 반영되지 못했다.[21] ILO는 제158호 고용해지협약 제2조 제2항에서 합리적으로 설정된 시용기간 중 근로자에 대해서는 해고의 정당성과 변명 기회 보장, 부당해고 구제 및 해고예고 등에 관한 제158호 협약의 전부 또는 일부 적용 제외가 인정된다고 한다. 독일의 시용기간은 단체협약에서 달리 정한 경우를 제외하고 무기근로계약의 당사자 간 합의로 6개월을 한도로 시용기간을 정할 수 있고, 이 경우 해고예고기간을 통상 해고예고기간(근속기간에 따라 1개월~7개월)보다 짧은 2주 전의 예고로 근로관계를 해지할 수 있다고 한다(독일 민법 제622조 제3항). 이에 대해 독일 해고제한법에서는 근속기간 6개월 이상인 근로자부터 적용된다고 규정한다(제1조 제1항). 프랑스는 시용에 대한 가장 상세하고 자세한 규정을 두고 있는 사례에 해당한다.[22] 시용기간의 취지부터 시작하여 시용기간의 상한과 갱신 제한, 실습교육시 시용기간 단축, 계약해지 예고와 해고제한법 적용 관계 등에 대한 규정을 두고 있다. 구체적으로 시용기간의 상한에 대해 무기근로계약은 생산직과 사무직은 2개월, 관리직과 기술직은 3개월, 간부직은 4개월 등 매우 상세하게 규정하고 있다(L1221-19조). 또 기간제 근로계약에서도 시용시간을 둘 수 있는데, 다만 그 기간은 최초 계약기간이 6개월 이하인 경우에는 2주, 6개월 초과인 경우에는 1개월 한도 내에서 1주당 1일의 비율로 산정되는 기간을 초과할 수 없도록 규정한다(L1242-10조). 이 밖에 시용기간의 갱신과 갱신시 시용기간 상한, 시용기간 중 실습교육이 있는 때에는 시용기간 단축을 인정하는 규정도 두고 있다. 특히 시용기간 중에는 예고기간만 준수하면 당사자가 모두 자유롭게 근로계약을 해지할 수 있도록 인정하고 있다. 이 경우 사용자에 의

21) 日本労働契約法研究會, 今後の労働契約法制の在り方に関する研究会 報告書, 2005, 23면.
22) 이하는 오문완 외, 근로계약 전반에 관한 제도개선 방안 마련을 위한 연구 Ⅱ(고용노동부), 2017. 9, 32-33면에서 정리.

한 계약해지 예고기간은 1주일 이상 시용기간을 규정한 무기근로계약이나 기간제 근로계약을 해지할 경우 출근일 8일 미만시는 24시간, 8일 이상 1개월 미만시는 48시간, 1개월 이상시는 2주, 3개월 이상시는 1개월이고, 예고기간 미준수시 근로자가 중대한 비행이 있는 경우를 제외하고는 예고기간에 해당하는 임금 청구권을 가진다(L.1221－25조). 다음 근로자에 의한 계약해지 예고기간은 48시간 전에 예고해야 하되, 다만 근로자 출근일이 8일 미만시는 24시간 전의 예고로 충분하다(L.1221－26조). 이 밖에 시용기간 중에는 무기근로계약의 종료에 관한 해고제한 등과 같은 노동법전의 규정은 적용되지 않고(L.1231－1조 제2항), 다만 해고제한 법규의 회피를 목적으로 하는 시용기간 중의 해고는 판례법에 따라 해고권 남용이 인정될 수 있다고 한다. 기간제 근로계약은 시용기간 중 계약기간 만료 전의 계약해지에 대한 제한 규정과 계약종료수당 등에 관한 규정들이 적용되지 않는다(L.1242－11조).

시용기간에 대해 프랑스 등과 같이 너무 자세한 내용을 규정하는 것보다는 당장 시용과 관련한 계약의 룰이 없기 때문에 모든 분쟁이 법원을 향해 달려가는 상황을 변화시켜야 하는 것이 적정한 조치로 보인다. 시용기간의 남용을 방지하기 위해 시용기간의 의의를 규정하여 해당 취지에 맞는 시용기간이 활용되도록 한다. 그리고 시용기간을 통해 남용되지 않도록 그간의 노동시장 관행을 고려하여 3개월로 하되 필요시 합리적인 범위 내에서 적절한 시용기간으로 연장 내지 갱신할 수 있도록 하는 것만으로도 근로계약관계 중 시용기간의 안정화나 룰의 명확화에 적지 않게 기여할 것으로 보인다.

(본채용의 거부 등)

■ 합리적 이유

시용기간 중의 해고나 본채용 거부는 시용기간의 취지·목적에 비추어 합리적인 이유가 인정되는 경우에 효력이 발생한다.

■ 서면교부 의무

사용자는 시용기간 중에 해고 또는 본채용을 거부하는 경우에는 그 사유를 명시하여야 하며 근로자의 요구가 있는 경우에는 서면(전자문서 포함)으로 이를 교부하여야 한다.

【입법취지】

시용기간 중 해고나 본채용 거부는 이미 성립된 근로계약을 해지하는 것이기 때문에 그 정당한 이유가 문제로 된다. 다만 시용기간은 성립된 근로계약관계는 맞지만 본채용이 된 정식 근로자가 아니라 근로계약의 목적인 해당 직무의 적성을 평가하는 기간이자 본채용 전 해약권을 유보한 근로계약이라는 점에서 근로기준법상 해고의 정당한 이유와 같은 수준으로 해야 하는지가 논점으로 될 수 있다. 또 시용기간 중 해고나 본채용 거부의 사유도 채용내정 내용에서 보았듯이 근로자측에 명시될 필요가 있다. 본채용 거부와 관련한 근로자측의 방어권 등이 충분히 보장되어야 하기도 하고 명확한 사유 제시로 당사자간 불필요한 분쟁을 예방할 수도 있기 때문이다.

【내용】

현행법은 채용내정과 같이 시용기간과 관련한 어떠한 규정도 없으나 산업현장에서는 시용기간이 활용되고 시용기간인지 수습기간인지가 종종 다투어지는 법률분쟁과 시용 또는 수습기간 후 본채용 거부의 정당한 사유가 다투어지고 있다. 시용과 관련한 사법부의 누적된 룰이 많이 축적되어 있다. 우선 시용과 수습의 차이는 시용은 시험적 사용기간인지 유무로 판단하고 수습은 실무를 익히는 기간인지 유무로 판단된다. 통상 평가기간을 두거나 일정한 평가점수를 기준으로 본채용 여부를 정하는 기준이나 운영 관행이 있으면 시용으로 판단되고 그렇지 않고 일정한 숙련기간만 지나면 곧바로 정식발령을 내는 경우 수습으로 판단된다. 특히 근로계약이나 취업규칙 등에서 시용기간을 명시하지 않고 시용기간을 주장할 경우에는 정규 종업원으로 채용된 것으로 본다.[23] 시용과 수습의 취지에 차이가 있기 때문에 시용과 수습의 경우 본채용 거부의 정당한 사유도 달라질 수밖에 없다. 시용은 근로계약 해약권이 유보된 것이어서 해고와 다른 기준으로 볼 여지가 있으나 수습은 근로계약 해약권을 유보하지 않은 것이므로 일반적인 해고와 동일한 기준이 적용될 수밖에 없기 때문이다. 사법부의 판례에서도 시용기간 후 본채용 거절의 정당한 사유는 통상의 해고보다 넓은 범위에서 인정되며, 다만 해약권 행사가 해약권 유보의 취지나 목적에 비추어 객관적으로 합리적인 이유가 존재하고 사회통념상 상당한 것으로 시인될 수 있는 경우에만 허용된다고 한다.[24]

---

23) 대법원 1991. 11. 26. 선고 90다4914 판결 등.
24) 日本労働契約法研究會, 今後の労働契約法制の在り方に関する研究会 報告書, 2005, 23면.

한편 일본에서도 시용기간 중 근로계약은 미츠비시 사건에 관한 일본 대법원 판결[25]에서 해당 근로계약이 해약권이 유보된 근로계약으로 해석되어 일반 해고보다 넓은 범위의 해고의 자유가 인정되어야 한다고 해석했다. 다만 판례에서 유보된 해약권의 행사는 해약권 유보의 취지나 목적에 비추어 객관적으로 합리적인 이유가 존재하여 사회통념상 상당하다고 인정될 수 있는 경우에만 허용되는 것으로 해석되고 있다. 이러한 판례를 기반으로 일본 노동계약법제연구회 보고서에서 시용기간 관련 내용이 검토되었는데, 구체적으로 시용근로자 보호를 위해 시용기간의 상한 설정이 필요하다고 했으나 구체적인 상한기간까지 언급하지 못했다. 그리고 노동계약법 제정시에는 반영이 되지 않았다.

시용기간 중 본채용 거절의 정당한 이유에 대한 구체적인 판례법리를 더 보면, 시용기간은 근로자의 업무능력 등 업무적격성을 관찰·판단하기 위하는 것이라는 제도의 취지나 목적에 비추어 통상 해고보다는 넓게 인정되어야 하지만, 평가 등에서 객관적으로 합리적인 이유가 있어 사회통념상 상당성이 인정되어야 한다고 본다.[26] 그리고 시용 후 본채용 거절이 사용자의 일방적 의사표시인 해고와 같지만 유보된 해약권의 행사인 시용근로자에 대한 해고는 통상 해고와 차이가 있으므로 취업규칙상의 징계절차를 거치지 않았더라도 위법한 것으로 볼 수 없다고 한다.[27] 다만 시용기간 중이라도 징계사유로 인해 징계해고를 하는 경우에는 징계절차를 준수해야 한다고 한다.[28]

이상을 고려하면 근로계약법에서 시용기간 중 본채용 거절의 합리적 이유를 요구하는 것 외에 더 이상의 내용으로 구체화할 필요까지는 없다. 계약체결시 시용기간을 둘러싼 분쟁이 예상되기 때문에 이에 대한 근로계약 당사자 간의 명확한 의사표시를 기대하고 이로써 시용과 관련한 불필요한 법률분쟁을 예방하는 취지가 달성될 수 있기 때문이다. 그리고 시용기간 중 본채용 거절의 사유를 명시하거나 서면에 명시하여 교부의무를 부과하는 것도 채용내정 취소와 동일한 목적과 취지를 가진다. 시용기간 중 거절 사유는 대부분 합리적인 평가 내용과 관련할 것이다.

---

25) 三菱樹脂事件最高裁大法廷判決昭和 48年 12月 12日(위의 日本労働契約法研究會 보고서, 22면에서 재인용).
26) 대법원 2006. 2. 24. 선고 2002다62432 판결.
27) 대법원 2006. 8. 25. 선고 2006두6956 판결(심리불속행기각).
28) 대법원 1993. 2. 9. 선고 92다45636 판결(심리불속행기각).

Ⅲ. 근로계약의 내용

1. 근로자 및 사용자의 권리와 의무

(사용자의 배려의무)

① 사용자는 근로자가 근로제공을 위해 설치한 장소, 설비, 기구 등을 사용하거나 또는 사용자의 지시에 따라 근로를 제공하는 과정에서 근로자의 생명, 신체, 건강 등을 위협으로부터 보호할 수 있도록 배려할 의무를 진다.
② 사용자는 근로자가 인격적 이익을 훼손하지 않고 쾌적한 직장환경하에서 근무할 수 있도록 배려할 의무를 진다.

【입법취지】

사용자가 근로자에 대해 근로계약의 주된 목적인 근로제공에 따른 임금지급의무 이외에 부수적으로 안전한 환경에서 산업재해를 당하지 않고 일하도록 할 의무는 오래전부터 인정되고 있다. 이러한 안전배려의무는 산업재해보상보험법의 법리에 근거한 산재보험법의 가입 여부와 무관하게 근로계약상 독자적인 부수의무로 자리를 차지하고 있다. 다만 이러한 안전배려의무를 현행법상 별도로 규정하고 있지 않기 때문에 기왕에 인정되는 법리를 근로제공과 근로환경에 대한 기본원칙을 정하는 근로계약법에서 규정하는 취지를 가진다.

오늘날 근로자의 안전배려는 작업환경에서 공장제 근로자와 같은 신체적·물리적 안전만을 의미하지는 않는다. 근로계약은 근로자의 인격적 종속성을 내재하고 있으므로 사용자는 근로자의 인격적 이익이 훼손되지 않도록 하는 배려의무도 가진다. 남녀고용평등 및 일·가정양립지원에 관한 법률상 직장내 성희롱 예방금지 규정이나 근로기준법상 직장내 괴롭힘 예방금지 규정 등은 모두 근로자의 물리적·신체적 배려의무가 아니라 인격적 배려의무와 관련한 것이다. 따라서 이들도 포함한 배려의무를 근로계약의 원칙을 정하는 근로계약법에서 규정하자는 것이다.

【내용】

근로기준법이나 심지어 민법에서도 근로제공 내지 노무제공과 관련한 사용자의 안전배려의무를 별도로 명문의 규정으로 두는 것은 없다. 그러나 산업재해보상보험제도가 자리잡기 전부터 근로자의 업무상 재해시 재해에 대한 손해배상책임의 법적 근거로서 사용자의 안전배려의무 불이행이라는 채무불이행책임과 고의나 과실로 타인에게 손해를 입힌 자가 불법행위책임을 진다는 불법행위로 인한 손해배상이 기본적인 손해배상법리로 자리잡고 있다. 실제로 업무상 재해의 발생시 필요한 주의의무를 다하지 못한 고의나 과실로 타인에게 손해를 입히는 불법행위로 인한 손해배상책임[29]으로 법리 구성도 가능하고 아울러 사용자는 근로계약에 수반되는 신의칙상의 부수적 의무로서 피용자가 노무를 제공하는 과정에서 생명, 신체, 건강을 해치는 일이 없도록 물적 환경을 정비하는 등 필요한 조치를 강구하여야 할 보호의무를 부담하고 이러한 보호의무를 위반함으로써 피용자가 손해를 입은 경우 이를 배상할 책임이 있다는 식의 판단을 내리고 있다.[30]

일본 노동계약법 제정시에도 안전배려의무 규정과 관련한 논의가 있었고 결국 일본 노동계약법 제5조에 기본원칙 규정으로 이어졌다. 즉 일본에서도 사용자가 근로자의 노무 제공을 위해 설치하는 장소, 설비 또는 기구 등을 사용하여 사용자의 지시하에 노무를 제공하는 과정에서 근로자의 생명과 신체 등의 위험으로부터 보호할 수 있도록 배려해야 할 의무가 있다는 안전배려의무가 판례로서 확립되어 사용자의 부수적 의무로서 자리잡고 있었다. 그런데 근로계약법 논의 과정에서는 근로계약상 권리의무 중 무엇이 주된 것이고 부수적인 것인지를 구분하는 것이 간단치 않다는 의견도 있었고, 안전배려의무의 보호법익을 근로계약 당사자의 근로계약의 내용에 맡길 수는 없으므로 이를 노동계약법에 규정하는 것은 의미가 있다는 의견도 있었다.[31] 결국 일본에서는 이와 같은 안전배려의무의 보호법익이 중요하다는 것으로부터 이를 법률로 명확히 하는 것이 적절하다는 결론을 내리고 노동계약법 제5조에서 사용자는 근로계약에 수반하여 근로자가 그 생명, 신체 등의 안전을 확보하면서 근로할 수 있도록 필요한 배려를 하도록 한다고 규정했다.

안전배려의무를 별도의 독립적 의무로 규정하는 해외사례도 있는데, 독일 민법 제618조가 안전배려의무를 명문으로 두고 있다.

한편 근래 노동현장에서는 근로자의 직접적인 생명·신체 등 물리적 훼손 이외에 근로자의 인격적 침해도 예방될 수 있도록 하는 제도가 많이 보강되고 있다.

---

29) 대법원 1989. 8. 8. 선고 88다카33190 판결 등.
30) 대법원 1998. 11. 27. 선고 97다10925 판결 등.
31) 日本労働契約法研究會, 今後の労働契約法制の在り方に関する研究会 報告書, 2005, 52면.

이는 사용자의 배려의무를 근로자 인격 전반에 대해 미치도록 하는 것이다.

이를 보면, 먼저 여성 특유의 근로환경 악화로 여성의 인격적 이익이 훼손되지 않도록 하기 위해 남녀고용평등 및 일·가정양립지원에 관한 법률에서 직장내 성희롱 예방 금지 규정을 두고 있다. 제12조에서는 사업주, 상급자 또는 근로자는 직장 내 성희롱을 하여서는 아니 된다고 하여 직장내 성희롱 금지 규정을 두고, 제13조 이하에서는 사업주는 직장 내 성희롱을 예방하고 근로자가 안전한 근로환경에서 일할 수 있는 여건을 조성하기 위하여 직장 내 성희롱의 예방을 위한 교육을 매년 실시하도록 하는(제1항) 등 여러 규정을 두고 있다. 최근에는 이른바 직장내 왕따나 갑질 문화 등으로 인한 근로환경의 악화로 근로자의 인격적 이익에 상당한 침해 현상이 사회문제로 되어 직장내 괴롭힘 방지 규정이 추가되었다. 근로기준법 제76조의2에서는 사용자 또는 근로자는 직장에서의 지위 또는 관계 등의 우위를 이용하여 업무상 적정범위를 넘어 다른 근로자에게 신체적·정신적 고통을 주거나 근무환경을 악화시키는 행위를 하여서는 아니 된다고 규정하고 이하에서 구체적인 행위규범들을 규정했다.

일본 노동계약법 제정 과정에서도 근로자 인격적 침해 등 쾌적한 작업환경에서 근무할 수 있도록 하는 배려의무 관련 논의가 있었다. 일본에서도 고용분야에서 남녀 균등기회 및 대우의 확보 등에 관한 법률에서 직장내 성희롱 예방금지 규정을 두고 있다. 동법 제11조에서는 사업주는 직장내에서 발생하는 성적 언동에 대한 근로자의 대응에 따라 해당 근로자가 근로조건에 불이익을 받거나 해당 성적인 언동으로 해당 근로자의 취업 환경이 해쳐지는 일이 없도록 적절하고 필요한 조치를 강구하도록 규정하고, 이하에서는 직장내 성희롱 관련 보호 내용을 두고 있다. 따라서 직장내 성희롱으로 인한 근로자 인격적 이익 훼손 부분은 실정법상 관련 규정을 두고 있었다. 그러나 직장내 괴롭힘 관련 내용은 아주 최근에 관련 규정을 두었다.

일본 노동계약법제연구회는 이러한 법적 환경하에서 작업환경 배려의무를 계약상의 채무로 인정하기가 아직 어렵고, 불법행위법상의 주의의무에 불과한 측면도 있지 않느냐는 의견이 있었다. 그러나 사용자의 작업환경 배려의무를 법률에 명시하는 것에 대해서는 일본 법원 판례상 일반적인 작업환경 배려의무의 내용이 아직 확립되어 있지 않기 때문에 사용자가 유지하고 배려해야 할 근로자들에게 일하기 쉬운 직장환경의 내용이 문제로 되고 있고, 또 판례상 직장환경 배려의무 내용은 최근 등장하고 있지만 직장내 성희롱에 관해서는 이미 남녀고용기회균등법 제21조에 따라 일정 대응이 이루어지고 있기 때문에 굳이 노동계약법에서 일반적인 규정을 마련할 필요성에 대해 신중한 검토가 필요하다고 했다.

다만 일본에서도 최근 노동대책의 종합추진 및 근로자 고용 안정화 및 직업생활 향상에 관한 법률 제9장에서 직장내 우월적 지위에 의한 언동 문제에 대해 사업주가 강구해야 할 조치 등에 관한 규정을 두기 시작했다. 동법 제30조는 사업주는 직장에서 이루어지는 우월적 관계를 배경으로 한 언동이 업무상 필요한 범위를 초과하여 근로자의 취업환경이 해쳐지는 일이 없도록 고용관리상 필요한 조치를 강구하도록 하고(제1항), 사업주는 근로자의 상담과 상담에 협력 사실을 이유로 해당 근로자에 대해 해고 기타 불이익을 하지 않도록 규정하는(제2항) 등 기타 필요한 내용들을 규정했다. 그러나 노동계약법제연구회에서 이미 직장내 성희롱 예방관련 규정이 남녀고용기회균등법이 존재하는 등에 비추어 노동계약법상 성희롱 등과 같은 근로자 인격권과 관련한 직장환경 배려의무 마련 필요성을 소극적으로 평가하여 결국 노동계약법 제정시 인격권 관련 배려의무 규정을 두지 못했다. 이상을 보면 설령 일본에서 직장내 우월적 지위에 의한 언동 등과 같은 직장내 괴롭힘 방지 규정이 노동계약법제연구회 논의 당시 존재했더라도 근로자 인격권과 관련한 직장환경 배려의무의 핵심내용인 직장내 성희롱과 괴롭힘 방지 관련 규정들이 관련법에 명문으로 규정되어 있으므로 노동계약법에 둘 필요성이 더욱 부정적이었을 것으로 추정된다.

현행법은 직장내 성희롱 예방 관련 규정과 직장내 괴롭힘 예방 규정을 다 구비하고 있다. 이 내용들은 처벌 규정 등을 동반하여 일본의 해당 관련 규정보다 더 명확히 규정되어 있다. 그런 차원에서 국내에서도 근로계약법상 직장내 성희롱 금지 및 직장내 괴롭힘 금지 규정이 명문으로 있기 때문에 과연 근로계약법에서 쾌적한 직장환경의 배려의무 규정을 둘 필요가 있는지 의문이 들 수가 있다. 더욱이 기존의 배려의무에 직장내 성희롱이나 직장내 괴롭힘 같은 직장환경의 배려의무도 포함할 수 있다는 주장도 가능할 수 있고 그렇게 되면 근로계약법상 직장환경의 배려의무를 따로 둘 필요는 더 부정적일 수도 있다. 그러나 현실적으로 근로자는 근로제공시 사업장에 완전히 편입되어 조직적·인격적 종속하에 있다. 이 때문에 작업과정에서 근로자의 인격을 따로 떼어놓고 하는 근로제공은 불가능하다. 이러한 측면을 고려하면 각 개별법령에서 직장내 성희롱이나 직장내 괴롭힘 금지 규정이 있다고 하더라도 근로자 인격적 이익이 침해받지 않도록 쾌적한 직장환경하에서 근무할 수 있도록 배려할 의무를 명문화하는 것이 더 효과적으로 보인다. 현행 산업안전보건법도 산업재해를 예방하고 쾌적한 작업환경을 조성함으로써 근로자의 안전과 보건을 유지·증진함을 목적으로 한다고 규정하고 있다. 근로자에 대한 안전배려의무 이외에 쾌적한 직장환경 배려의무까지 명시하는 것은 근로계약 당사자 간의 포괄적 권리의무를 더욱 구체화하여 계약의 룰을 명확히 하는 취지도 있고 근로자의 작업의 효율이나 생산성을 제고할 수 있는 취지도 가질 수 있다.

(개인정보 보호의무)

사용자는 고용관리를 위해 수집한 근로자의 개인정보는 개인정보호법(법률 제13423호)의 취지에 맞게 관리·취급할 의무를 진다.

【입법취지】

오늘날 전자정보화가 가속화되고 있고 산업현장에서도 근로자 개인정보가 갈수록 많아지고 있다. 특히 사용자는 채용시부터 근로자의 개인정보나 건강검진 등에 의존하지 않을 수 없는 여건이 많으므로 고용관계상 얻은 근로자 개인정보보호를 어떻게 할 것인지가 문제로 될 수 있다. 그리고 근로자 개인정보보호 관련 문제의 해결을 위해 근로계약법에 반영할 구체적인 보호 내용을 어느 정도로 할 것인지가 문제로 될 수 있다.

【내용】

우리나라의 전자정보화는 다른 나라에 뒤지지 않을 정도의 수준을 보여주고 있다. 근로자 개인정보는 근로자 채용시 사용자의 채용관련 정보 수집에 반드시 필요한 것이므로 이에 상응하여 사용자도 근로자 모집·채용시부터 수집한 근로자 개인정보를 보호할 의무가 당연히 발생한다고 보아야 할 것이다.

일본 노동계약법제연구회에서도 근로자 개인정보보호에 대한 논의가 있었다.[32] 이를 구체적으로 보면, 일본에서는 이미 개인정보보호관련법이 시행되고 있으므로 사용자에게 동법에 따른 근로자 개인정보보호를 할 필요가 있었다. 다만 일본 노동계약법 제정 논의 당시 일본의 개인정보보호관련법은 개인정보에 의해 식별되는 특정 개인의 수의 합계가 6개월 이내에 5천건 이상이 되지 않는 사업자는 개

32) 日本労働契約法研究會, 今後の労働契約法制の在り方に関する研究会 報告書, 2005, 53면.

인정보취급사업자에 해당하지 않아 적용이 제외되었다. 이 때문에 정보화 사회에서 근로자 개인정보보호가 중요한 과제이고, 어떤 규모의 기업도 근로자의 동의가 있는 경우 또는 법령에 근거하는 경우 등 정당한 사유가 있는 경우를 제외하고 근로자 개인정보를 목적 외에 사용하지 않거나 개인정보를 제3자에게 제공하지 않을 것, 부정한 수단으로 개인정보를 취득해서는 아니 된다는 등과 같이 근로자 개인정보를 관리·보호해야 할 것을 법률로 명확히 하는 것이 적절하다고 했다. 또 이러한 규정을 마련할 경우 근로자가 자신의 개인정보를 적정한 목적 외 사용을 금지하도록 사용자에게 직접 청구할 수 있도록 하는 것이 적절하다고 했다. 다만 사용자에게 자신의 인사 정보 등의 공개를 요구할 수 있도록 할 수도 있겠지만 이에 대한 공개 청구를 인정할 경우 중소영세기업의 대응 능력이 문제될 수 있으므로 신중한 검토가 필요하다고 했다. 일본은 근로계약법 제정 이후 2015년 개인정보보호법 개정을 통해 5천건 이상의 개인정보취급사업자에 대한 법적용 제외가 삭제되었기 때문에 적어도 일본 노동계약법 제정 당시 연구회의 입장에 기초하자면 근로계약법에서 근로자 개인정보 보호의무를 규정할 근거는 더 열어진 환경에 있다고 평가될 수 있다.

우리나라의 개인정보보호법은 일본의 구 개인정보보호법과 같은 개인정보보유 건수 등을 이유로 한 적용제외 규정은 없다. 다만 개인정보 안정성 확보조치 기준 고시에 따라 개인정보보호관리에 관한 내부관리계획 수립 의무에서 1인 규모 소상공인에 대한 적용제외[33]가 있을 뿐이다. 따라서 개인정보보호법에 적용제외는 없는 것과 다름없다. 이 때문에 일본 노동계약법 제정시보다 근로계약법에서 굳이 개인정보보호의무를 규정할 필요성은 적다고 할 수도 있겠다. 그러나 근로계약법은 자유로운 근로계약의 룰 형성과 근로계약 당사자 간의 안정적인 근로계약관계를 지향하는 것이다. 특히 근로계약법의 앞부분인 채용시 개인정보 수집 및 건강진단에서 사용자가 모집·채용시 근로자측의 개인정보를 수집할 수 있도록 하고, 근로자의 건강정보를 얻을 수 있도록 근로계약 체결과 관련한 룰을 제안하고 있다. 이들 규정이 제대로 작동하게 하려면 사용자도 근로자의 개인정보보호와 관리에 책임을 부담하도록 의무화하는 것이 합리적인 것으로 보인다.

---

33) 개인정보의 안전성 확보조치 기준 별표1(개인정보보호위원회고시 제2020-2호, 2020. 8. 11. 제정).

(근로조건 중요사항 설명의무)

사용자는 근로자와 근로계약을 체결할 때 근로조건에 관한 중요사항에 대한 설명의무를 부담한다.

【입법취지】

근로계약법은 근로계약 체결 당사자 간의 자유로운 합의에 의해 성립되도록 하는 기초적 룰을 제공하는 것이다. 따라서 근로계약의 중요 내용에 대한 당사자 간 이해가 당연히 일치되어야 한다. 이를 더욱 공고히 할 수 있도록 근로계약 체결시 중요 근로계약 내용에 대한 설명의무를 사용자측에 부과할 필요가 있는지가 검토될 수 있다.

【내용】

근로계약법에 규정할 내용 중 근로계약법 앞부분에서 모집·채용시 제시된 근로조건을 근로계약으로 추정하도록 하는 규정을 제안하고 있다. 사용자가 근로자에게 제시한 취업규칙을 포함한 근로조건이 근로계약 성립시 근로계약의 내용이 되는 것으로 추정하고 만일 채용 후 명시된 근로조건이 사실과 다를 경우 근로자는 이를 이유로 손해배상을 청구할 수 있고 즉시 근로계약의 해지도 가능하도록 제안했다. 이러한 규정은 모두 근로계약 체결 당사자 간 자유로운 합의가 명확하게 이루어지도록 하고 불필요한 분쟁이나 계약의 해지를 미연에 방지하는 것이다.

근로계약 체결시 근로계약의 중요 내용에 대한 설명의무를 부담시키는 것이 사용자에게 과도한 것이 아닌가 하는 의문도 제기될 수 있다. 그러나 실제 근로계약 체결 과정에서 제시된 근로계약 내용의 이해 차이에서 비롯된 분쟁도 빈번하게 발생될 수 있다. 특히 명시된 계약내용에 대한 당사자 간 해석의 차이로 인해 발생하는 분쟁도 적지 않게 예상된다. 이 때문에 근로계약 체결시 계약의 중요 내용에 대한 설명의무는 필요하다. 사용자측의 설명의무는 사용자측의 부담으로 되기보다 오히려 사용자측이 향후 근로자에 대해 정하는 근로조건에 대한 명확한 입장을 확인시켜주어 향후 근로자로 하여금 불필요한 오해나 갈등을 줄일 수 있는 장점이 더 크다고 할 수 있다.

(근로자의 진실고지의무)

근로자는 사용자와 근로계약을 체결할 때 학력이나 경력 등에 대한 진실고지의무를 부담한다.

【입법취지】

채용과정에서 사용자는 근로자의 학력이나 이력 등 근로계약의 목적 달성이 가능한 직무능력이나 적성 등을 정확히 파악하는 것이 필요하고, 거꾸로 근로자로서는 자신의 능력을 명확히 보여주어 당사자 간의 근로계약 체결이 이루어지도록 할 필요가 있다. 이 경우 근로자측이 제출하는 적성이나 직무능력 평가의 기초가 되는 것이 학력이나 경력이 될 것이다. 이 규정은 적어도 근로계약 체결시 직무적합도를 평가하는 가장 기초적인 사실에 해당하는 내용에 대해 근로자측에게 진실고지의무를 부과하는 것이다.

【내용】

근로계약 체결시 근로자가 제출한 학력이나 경력 등에 대한 진위가 문제될 경우 향후 근로계약을 해지해야 하는 상황도 배제할 수 없다. 이를 위해서라도 근로계약 체결시 근로자의 직무능력 등 기초적인 검증에 필요한 학력이나 경력 등이 당사자 간에 정확하게 이해될 필요가 있다.

실제 근로자는 사용자와 근로계약을 체결시 학력이나 경력을 제출하게 되는데 제출된 내용에 대해 근로계약 체결 당사자 간에 견해가 일치되지 않을 수도 있다. 특히 경력 사항과 관련하여 더욱 그러하다. 현행법은 경력증명 발부시 경력증명서에 근로자가 요구한 사항만을 적어야 한다고 규정한다(근로기준법 제39조 제2항). 그러나 제출된 내용에 대한 당사자 간의 이해까지 일치시키기 위해서는 고도의 심층 평가나 세평 등으로까지 확장되어 근로계약 체결 단계에서 이를 해결하기가 어렵다. 따라서 근로자로 하여금 근로계약 체결시 학력이나 경력에 대한 진실고지의무를 부과하자는 것이다. 근로계약 체결 당사자는 가급적 가장 정확한 정보 이해를 가지고 자유롭게 근로계약을 체결하도록 할 필요가 있기 때문이다. 근로자측도 계약상 의무이기는 하지만 어차피 학력이나 경력과 같은 기본사항은 당연히 제시되고 검증을 받아야 할 각오가 있었고, 근로계약 체결 이후 불필요한 분쟁을 배제하는 긍정적인 효과가 많다는 점도 있다.

(경업피지의무)

사용자는 근로자와의 합의로 퇴직 후의 근로자에 의한 경업을 제한하는 경우에는 제한하는 업종의 대상, 이유, 장소, 기간 등에 대해 서면으로 명시해야 한다. 이때 서면으로 명시하지 않거나 경업제한에 합리성이 인정되지 않는 경우에는 무효이다.

【입법취지】

현행법은 근로자가 퇴직한 후에 경업피지의무 약정 관련 내용을 규율하는 규정은 없다. 그러나 재직 중 체결되는 경업피지의무 약정은 퇴직 후 그 내용의 이행과 관련한 당사자 간의 법률분쟁이 제기되기 마련이다. 재직 중 퇴직 후 경쟁업체에 전직이나 취업을 금지하는 경업피지의무 약정 내용에 대한 논점은 근로자 직업선택의 자유와 충돌되기 때문에 경업피지의무가 적정한지에 대한 재판상 판단을 받아 처리된다. 판결로 다투어지는 쟁점도 영업비밀 보호의 정도나 이유, 경업피지의무 유지 기간, 경업피지의무 지역 범위, 그리고 경업피지의무에 대한 보상 조치 내용 등에 대한 적정성이 다투어진다.

【내용】

영업비밀과 인재확보를 위해 퇴직 후 체결되는 경업피지의무는 가장 먼저, 헌법 제15조의 근로자 직업선택의 자유와 충돌한다. 이 때문에 경업피지의무를 다투는 판결에서는 영업비밀을 보호할 만한 정도로 보호 목적이 있는지, 경업피지의무 부과 기간, 부과지역, 부과 대상 직종 그리고 근로자가 종전 회사에서 가진 지위와 업무의 내용, 경업피지의무에 대한 보상 조치 유무 등을 고려하여 해당 경업피지의무 약정의 유효성 여부를 결정한다.[34] 이처럼 경업피지의무는 재직 중 퇴직 후 경업피지의무를 약정하는 내용으로 재직 중 체결된 피지의무의 내용이 퇴직 후에도 합리적인지, 사전에 약정한 내용들은 얼마나 합리적으로 되어 있는지 등에 대한 논란이 많이 제기될 수 있다. 이 때문에 근로계약법에서 이와 관련한 원칙적 룰을 정하여 근로계약 당사자 간의 합리적 해결 기반을 마련토록 하는 것이 바람직할 수 있다.

일본에서도 노동계약법 제정시 경업피지의무와 관련한 논의가 꽤 있었다.[35] 근

34) 대법원 2010. 3. 11. 선고 2009다82244 판결 등.
35) 이하는 日本労働契約法研究會，今後の労働契約法制の在り方に関する研究会 報告書，2005,

로자 재직 중의 경업피지의무는 민법상 신의칙 법리에 의해 당연히 발생하는 것으로 이해하기 때문에 이것을 근로자가 경업피지의무를 진다는 형태로 명확히 할 필요가 있는지 의문이며, 신의칙 등의 기본적인 규칙을 정하되 구체적인 내용은 노사의 운영에 맡겨야 한다는 의견이 있었다. 이에 따라 근로자 재직중 경업피지의무에 관하여는 민법의 일반 원칙에 맡겨 특별한 규정을 마련하지 않는 것이 적절하다고 했다.

한편, 퇴직 후 경업피지의무 내용은 근로자 직업선택의 자유와의 관계에서 이를 부과하는 계약을 무조건 활성화할 것이 아니라 근로계약의 관점에서 근로계약의 종료에도 불구하고 근로자들이 구속되는 근거와 범위를 규정할 필요가 있다는 의견이 있었다. 그러나 경업피지의무는 비밀 유지를 목적으로 하는 것 외에 경쟁을 제한하는 것을 목적으로 하는 것도 있지만 경쟁 제한적인 것에 대해 경도되지 않아야 한다는 의견도 있었다. 또 경업피지의무를 부과할 수 있는 범위 등을 규정하더라도 판례가 장소적 제한, 시간적 제한, 보상조치라는 세 가지 기준에 따라 판단하는 경향이 있지만, 보상조치가 필요한지 여부도 판단이 나뉘어 있으며, 경업피지의무를 부과하는 계약이 유효하게 되는 경우의 구체적인 판단 기준에 대해서는 아직 합의가 없다는 의견이 제기되었다. 경업피지의무 절차에 대해서도 퇴직 후 경업피지의무를 부과하는 경우에는 취업규칙이 아닌 개별계약에서 명확한 규정을 맺어야 하고 그 기간 범위를 서면으로 명시하도록 하는 것 등으로 할 수 있다는 의견이 있었다.

이를 바탕으로 퇴직 후 경업피지의무에 대해서는 우선 근로자에게 퇴직 후에도 경업피지의무를 부담하는 경우에는 근로계약 당사자 간의 서면에 의한 개별합의나 취업규칙 또는 단체협약에 의한 근거가 필요하다는 것을 법률로 명확히 하는 것이 적절하다고 했다. 근로계약으로 퇴직 후 경업피지의무를 무제한으로 인정한다면 교섭력이 약한 근로자가 과도한 의무를 지게 될 수도 있지만, 반대로 근로계약으로 퇴직 후 경업피지의무를 일체 인정할 수 없다고 한다면 경업을 하지 않는 대가로 사용자가 돈을 지불하도록 계약도 하지 못하는 등으로 근로자에게도 불이익이 될 수도 있기 때문이라고 한다. 그래서 근로계약으로 퇴직 후 경업피지의무는 인정하면서 다만 경업으로 사용자의 정당한 이익이 침해되는 것과 침해되는 근로자의 이익과 경업피지의무를 부과할 필요성과 사이의 균형을 도모

49－50면.

할 수 있는 요건으로 해야 한다고 한다. 다만 그 판단의 고려 요소로는 경업피지의무의 필요성 외에도 업종, 직종, 기간, 지역, 대가의 유무 및 정도가 있다고 한다. 따라서 퇴직 후 경업피지의무 내용은 경업피지의무의 대상이 되는 업종, 직종, 기간, 지역을 명확히 하는 것이 바람직하며, 사용자가 퇴직시 서면에 명시할 것을 지침 등에 의해 촉진하는 것이 적절하다고 한다. 근로자의 경업피지의무가 필요 이상으로 취업을 억제하게 될 수도 있으므로 퇴직 후 경업피지의무의 범위를 사용자가 퇴직시에 서면으로 명시하지 않은 경우에는 퇴직 후의 경업피지의무는 즉시 무효화해야 한다는 의견도 제기되었다. 그러나 경업피지의무의 대상은 비밀유지의무와 같은 개인정보와는 달리 더 큰 규모의 사업활동이 통상이기 때문에 어느 정도 그 범위를 명확히 할 수 있고 따라서 퇴직시에 명시가 없더라도 근로자가 그 범위를 알고 있는 경우도 있다고 생각되므로 퇴직시 서면 명시가 없는 경우에는 퇴직 후 경업피지의무를 즉시 무효로 하는 것은 지나치다는 의견도 제기되었다. 다만 이러한 논의에도 불구하고 일본 노동계약법 제정시에는 경업피지의무 내용이 반영되지 못했다.

근로계약법은 근로계약 체결 당사자 간 자율적 이해의 합치에 의해 합리적으로 규율하자는 취지를 가진다. 사용자의 영업비밀보호와 근로자측의 경쟁업체로의 전직 간의 균형이 다투어지는 현실을 고려하면 이와 관련한 원칙을 근로계약법에 규정하고 이에 따라 신뢰에 기반한 근로관계가 유지되고 근로자 퇴직 후에도 노사당사자 간 법률분쟁을 최소화하도록 하는 것이 합리적이다. 이에 따라 근로계약법에서는 경업피지의무 약정의 적절성 요건과 서면계약 의무화 그리고 합리성이 없는 경우 무효가 된다는 일반규정을 두는 것이 적절하다고 본다.

(비밀유지의무)

사용자는 근로자와의 합의로 퇴직 후에 근로제공 과정에서 알게 된 사용자의 기밀정보를 유출하지 않을 것을 근로자에게 요구한 경우에는 퇴직시에 기밀정보의 내용, 기간 등을 서면으로 제시해야 한다. 이때 서면으로 명시하지 않거나 비밀유지의무 제한에 합리성이 인정되지 않는 경우에는 무효로 한다.

【입법취지】

사용자는 근로자에게 퇴직 후에도 해당 사업장에서 취득한 기밀정보 등을 유출하지 말 것을 요구하는 계약을 체결하는 사례가 있을 수 있다. 그러나 그러한 계약을 체결하지 않은 경우 비밀유지의무를 지는지, 비밀유지의 내용은 어느 정도로 할 것인지 등을 둘러싼 법률분쟁이 발생하기 마련이다. 이 때문에 비밀유지의무 가이드가 필요할 수 있다. 이 경우 근로자에게 퇴직 후에도 비밀을 유지할 의무를 부과하는 약정의 원칙에 해당하는 가이드라인을 근로계약법에 규정화할 경우 그 규정 방식을 어떻게 할 것인지가 논점으로 될 수 있다.

【내용】

근로자가 퇴직 후 종전 사용자의 영업비밀을 보호하기 위해서는 부정경쟁방지 및 영업비밀보호에 관한 법률(법률 제17727호) 등에 의해 해결될 수도 있다. 그러나 이는 계약당사자가 관련 룰의 제반환경을 기반으로 하겠지만 당사자의 자유로운 의사로 비밀유지의무 내용을 정하게 되다보니 그 구체적인 내용이나 기간 및 유지 방법 등에 대해서 어느 정도 수위로 할 수 있는지 등에 대한 적정한 가이드가 없기 때문에 적지 않은 법률분쟁이 예상될 수 있다.

일본 노동계약법제연구회에서도 근로자 비밀유지의무가 논의되었다.[36] 구체적으로 근로자 재직 중 비밀은 민법상 신의칙상 발생하는 의무도 있지만 부정경쟁방지법도 있기 때문에 그 비밀유지의무 인정은 당연한 것이지만, 재직 중 비밀유지의무 내용을 근로자는 비밀유지의무를 진다는 형태로 명확히 하는 방식은 의문이며, 신의칙 등의 기본적인 규칙을 정한 후 구체적인 내용은 근로계약 당사자의 운영에 맡겨야 하는 것이 어떤가 하는 의견이 있었다고 한다. 따라서 근로자 재직 중 비밀유지의무에 대해서는 부정경쟁방지법의 규정과 민법의 일반 원칙에 맡겨 특별한 규정을 마련하지 않는 것이 적절하다고 했다.

일본에서 퇴직하는 근로자에게 직무상 알게 된 비밀을 퇴직 후에도 누설하지 않을 것을 요구하는 기업은 2004년 현재 약 33.7% 정도로 나타났다고 한다.[37] 이러한 환경을 기초로 퇴직 후 비밀유지의무는, 부정경쟁방지법에 의해 보호되는 것은 영업비밀에 한정되거나 또는 부정한 이익 등의 목적이 있는 경우에 한정되기 때문에, 부정경쟁방지법 이외에 근로계약상 비밀유지의무를 규정할 의미가 있다는

36) 이하는 日本労働契約法研究會, 今後の労働契約法制の在り方に関する研究会 報告書, 2005, 51－52면.

37) 日本 独立行政法人労働政策研究・研修機構「従業員関係の枠組みと採用・退職に関する実態調査」, 平成16年(日本労働契約法研究會, 今後の労働契約法制の在り方に関する研究会 報告書, 2005, 51면에서 인용).

의견이 있었다. 또 경업금지의무는 직접 근로자의 직업선택의 자유를 제한하는 것이고, 지적재산권을 보호하기 위한 수단으로는 너무 강력하기 때문에 기업이 경업금지의무보다 비밀유지의무를 활용할 수 있도록 하는 입법과 해석이 필요하다는 의견이 있었다. 다만 근로자 비밀유지의무 범위가 지나치게 넓게 추상적으로 될 경우에는 최근 노동시장 유동성이 높아지는 상황에서 전직 등 직업능력을 개발할 수 있는 근로자의 경력 형성을 저해할 수 있다는 점도 유의하여 검토되어야 한다는 의견도 제기되었다.

따라서 영업비밀에 관해서는 이미 부정경쟁방지법에 관련 규정이 있고, 영업비밀 보호 요청과 근로자의 직업선택의 자유와의 조정을 도모할 수 있음을 감안하면 퇴직 후 비밀유지의무를 부정경쟁방지법상 보호 범위 이상으로 부담시키는 경우에는 근로계약 당사자 간의 서면 개별계약, 취업규칙 또는 단체협약에 의한 근거가 필요하다는 것을 명확히 하는 것이 적절하다고 했다. 그리고 근로계약이나 취업규칙 등의 규정은 해당 의무에 반하는 근로자의 행위로 인하여 사용자의 정당한 이익이 침해되는 것을 요건으로 하는 것이 적절하다고 했다. 이 밖에 당사자간 비밀유지 필요 내용이 수시로 변동되는 것을 고려하여 근로자가 퇴직 후 비밀유지의무를 지는 경우에는 비밀유지의무의 내용 및 기간과 관련한 내용을 퇴직시에 서면으로 명시하는 것이 필요하다고 했다. 퇴직시 사용자가 이러한 내용을 명시하지 않은 경우에는 당해 비밀유지의무에 대한 합의 등을 무효로 하여 퇴직 후 근로자 비밀유지의무가 없는 것으로 하는 것이 적절하다고 했다.

그러나 이러한 논의에도 불구하고 일본 노동계약법 제정에는 근로자 비밀유지의무 관련 규정이 반영되지 않았다.

근로계약법은 근로계약 당사자 간에 근로관계의 안정적 지속과 근로관계의 원만한 해소에 이르는 과정을 규율하는 원칙을 둘 수 있다. 우리나라도 근로자가 퇴직 후 종전 영업비밀을 보호하기 위한 제도로서 민법상 신의칙이나 부정경쟁방지 및 영업비밀보호에 관한 법률(법률 제17727호)로도 규율될 수 있지만 근로계약 당사자 간 분쟁을 미연에 방지하자는 취지에서 근로계약 존속 중 체결시 필요한 원칙적 내용을 두는 것이 좋을 것이다. 사용자에게 근로자가 퇴직 후 비밀유지의무 관련 약정이 필요하고 약정시 비밀유지의무의 룰을 얼마나 구체화할 것인지에 대해서는 당사자 간의 구체적인 약정에 의존할 것이다. 다만 근로계약법에서는 비밀유지의무 약정에 최소한 필요 요소를 정하고 그것을 서면계약으로 하도록 하며 비밀유지의무 약정 내용이 합리적일 것을 요구하는 정도로 규정하는 것이 적절하다고 생각된다.

2. 임금 및 근로시간

(임금내용 명시의무)

■ 임금구성 및 산정방법 명시의무
사용자는 근로자의 채용시에 임금의 구성항목, 계산방법, 지급방법을 명시해야 하며, 근로자가 요구하는 경우에는 이를 서면으로 교부해야 한다.

【입법취지】

우리나라는 종전부터 임금관련 분쟁이 적지 않았다. 근로감독 사건도 임금체불 등 임금과 관련한 사건이 가장 많은 것으로 알려져 있다. 이 때문에 임금의 구성과 산정방법을 근로계약 체결시 명시하는 것이 바람직하다는 점에는 이의가 없다. 임금구성 및 산정방법 명시에 대한 이의가 없으므로 논점은 자연히 명시의 내용을 어떻게 구성하는 것이 바람직한 것인지로 된다.

【내용】

그런데 임금의 구성 및 산정방법에 대해서는 이미 현행 근로기준법에서 명문의 규정을 두고 있다. 근로기준법 제17조 제2항은 사용자는 제1항 제1호(임금)와 관련한 임금의 구성항목 · 계산방법 · 지급방법 및 제2호부터 제4호까지의 사항(2. 소정근로시간, 3. 제55조에 따른 휴일, 4. 제60조에 따른 연차 유급휴가)이 명시된 서면(「전자문서 및 전자거래 기본법」 제2조 제1호에 따른 전자문서를 포함한다)을 근로자에게 교부하여야 한다고 규정한다.

임금은 근로계약의 주된 내용에 해당하는 것이므로 매우 중요한 내용이다. 따라서 향후 근로계약법 제정의 경우 근로계약 체결과 관련 룰에 해당하는 임금의 구성 및 산정방법에 대한 것은 근로계약법으로 이관하여 이를 계약 체결의 룰로 전환시키는 것이 바람직하다.

(근로시간의 제한)

> ■ 연장근로 및 휴일근로의 제한
> 근로계약으로 정한 근로시간을 초과하는 연장근로 또는 휴일근로의 경우에는 근로자의 개별적 동의를 얻어야 하며, 동의를 얻지 못할 경우에는 무효로 된다. 또한 사용자는 이에 동의를 하지 않은 것을 이유로 불리한 처우를 해서는 아니 된다.

【입법취지】

근로시간도 근로계약의 주요 내용에 해당하는 것이다. 현행법상 연장근로는 근로자의 동의를 요건으로 하고 있고 휴일근로는 동의와 관련한 명문의 규정이 없다. 오늘날 근로시간 단축이 중요한 과제로 제기되고 있고 근로시간의 유연성 제고도 중요한 과제로 제기되고 있는데, 그중 중요 내용에 해당하는 연장근로와 휴일근로에 대한 합리적인 룰을 어떻게 할 것인지가 논점으로 될 수 있다.

【내용】

현행법상 연장근로와 휴일근로에 대해서는 이미 근로기준법에서 해당 규정을 두고 있다. 근로기준법 제53조(연장근로의 제한)에서는 당사자 간에 합의하면 1주 간에 12시간을 한도로 제50조(법정근로시간)의 근로시간을 연장할 수 있고(제1항), 당사자 간에 합의하면 1주 간에 12시간을 한도로 제51조 및 제51조의2(탄력적 근로시간)의 근로시간을 연장할 수 있고, 제52조 제1항 제2호의 정산기간을 평균하여 1주 간에 12시간을 초과하지 아니하는 범위에서 제52조 제1항(선택적 근로시간제)의 근로시간을 연장할 수 있다(제2항)고 규정한다. 또 동법 제70조(야간근로와 휴일근로의 제한)는 사용자는 18세 이상의 여성을 오후 10시부터 오전 6시까지의 시간 및 휴일에 근로시키려면 그 근로자의 동의를 받아야 한다(제1항)고 규정한다.

말하자면 현행법은 연장근로에 대해서는 근로자의 동의를 요건으로 하고 있지만 휴일근로는 여성 근로자의 경우 동의를 요건으로 함을 명문 규정으로 두고 있지만 남성 근로자의 경우는 명문 규정이 없다. 산업현장의 근로감독은 남성 근로자의 경우에도 포괄적 동의라도 얻어 휴일근로를 시키도록 행정지도를 하고 있다.

연장근로와 휴일근로는 근로시간의 중요 내용 중 하나임을 고려하면 근로계약 체결의 룰로서 규율하는 것이 바람직하다. 따라서 향후 근로계약법이 제정될 경우 연장근로 시행 요건과 휴일근로 시행 요건은 근로계약 체결의 룰로 다루는 것이 바람직하므로 근로기준법에서 근로계약법으로 이관하는 것이 바람직하다. 이 경우 휴일근로에 대해서도 연장근로와 같이 동의를 얻도록 명문으로 규정하는 방안이 보다 합리적이다. 다만 동의는 근로계약 당사자 간의 동의이므로 개별적으로 얻도록 하고, 이 요건을 구비하지 못할 경우 무효로 하며, 동의에 응하지 않은 근로자에 대한 불이익 취급도 당연히 금지되도록 해야 할 것이다.

Ⅳ. 근로계약의 전개

1. 근로계약의 변경

(근로계약 변경의 원칙)

- 당사자간 합의 원칙
  근로계약의 변경은 계약당사자간의 합의에 의해서만 가능하며, 합의가 되지 않는 경우에는 이 법이 적용된다. 다만 취업규칙 변경시에는 계약당사자간 그 변경 내용에 대한 합의가 있는 것으로 간주한다.

【입법취지】

위 조항은 근로계약은 계약당사자 협의를 거쳐 합의로 변경될 수 있다는 이른바 절차의 중요성을 명시한 것이다. 근로계약은 계속적 법률관계의 성격을 가지므로 계약의 기초가 되는 사정, 즉 계약관계의 전개 중에 경영환경의 변화로 인해서 근로조건의 변경의 필요성이 생기게 되면 계약내용에 대한 조정이 불가피한 경우가 적지 않다. 그러나 계약내용을 사전적 합의나 포괄적 합의 또는 변경권 유보 등과 같이 사용자가 일방적으로 계약내용을 변경하는 것은 계약당사자에 의한 대등한 결정이라는 원칙에 반할 수 있다. 따라서 계약을 변경할 필요가 있는 경우에는 계약당사자가 협의를 거쳐 합의형성을 꾀하는 것이 바람직하다.

【내용】

근로계약은 계약당사자가 협의를 거쳐 계약내용의 변경에 합의를 한 경우에만 이를 인정하는 것을 원칙으로 한다.

그런데 양당사자가 성실하게 협의를 했음에도 불구하고 합의에 이르지 못한 경우에는 계속적인 근로관계를 유지하기 위하여 취업규칙의 변경을 통한 계약내용의 변경도 인정할 필요가 있다. 이와 관련하여 가장 문제가 되는 것은 취업규칙의 불이익 변경에 관한 것인데, 이에 대해서는 근로기준법 제94조 및 대법원판례의 내용을 참조하여 좀 더 구체적으로 규범화할 필요가 있다. 이 경우 합법적인 취업규칙 변경이 무엇을 의미하는지 확정할 필요가 있다.

■ 약정변경권의 제한

당해 계약에서 중요한 요소에 해당하지 않는 내용에 대해서는 업무상 필요성이 있는 경우 합리적인 범위 내에서 사용자에게 변경권한을 유보할 수 있다. 단, 임금이나 근로시간과 같이 중요한 계약내용에 대하여는 사용자가 임의로 변경할 수 없다.

【입법취지】

근로계약은 계속적인 관계라는 점에 비추어 계약내용의 조정은 불가피하다. 하지만 사용자는 계약체결시에 우월한 교섭력을 배경으로 미리 계약내용의 변경권한을 유보할 수도 있다. 이와 같이 변경권한을 유보하는 것은 근로조건의 대등한 결정이라는 원칙에도 반할 뿐 아니라, 근로계약은 계약당사자가 충분히 협의를 거친 다음 합의에 의하여 변경한다는 '당사자간 합의 원칙'에도 반한다.

하지만 배치전환 등과 같이 업무상 필요성이 있는 경우 합리적인 범위 내에서는 변경권한을 사용자에게 유보할 필요가 있는 경우도 있다. 따라서 임금이나 근로시간 등과 같이 중요한 근로조건에 대해서는 사용자의 변경권 유보를 배제하는 한편, 배치전환 등과 같이 업무상 필요성이 인정되는 경우에는 일정한 범위 내에서 변경권의 유보를 인정할 필요가 있다.

【내용】

임금이나 근로시간 등과 같이 중요한 근로조건에 대한 변경은 계약당사자간의 합의를 원칙으로 하는 한편, 배치전환 등과 같이 업무상의 필요성이 인정되는 경우에는 일정한 범위 내에서 사용자에게 변경권한을 유보할 수 있다.

(고용계속형 계약변경제도)

■ 변경해지제도

근로자의 일신상·행태상 사유 또는 긴박한 경영상의 필요가 있어 근로계약의 내용을 유지하기가 곤란한 사정이 발생하여 사용자가 근로자에게 계약변경을 요구하는 경우에는 근로자가 사용자의 변경청약에 대해 1개월 이내에 아무런 유보함이 없이 승낙하는 경우에는 기존 근로관계는 소멸하고 새로운 근로관계가 형성되며, 근로자가 이를 거부하였을 때에는 사용자는 근로자를 해고할 수 있다.

【입법취지】

현행 근로기준법상 제23조 제1항의 해고제한규정에 대한 해석론(특히 판례의 경우 또한 그러하다)은 직무능력이 부족하거나 결여된 근로자들, 이른바 저성과자들에 대한 해고는 매우 어렵다는 것이다. 따라서 이제는 해고제한규정과는 별도로 근로관계를 존속시키면서 근로조건을 변경시킬 수 있는 가능성을 인정하는 제도의 도입이 필요한 것이다. 이는 사용자 측면에서 보면 좀 더 유연한 인적 자원관리가 가능하다는 이점이 있다. 한편 근로자에게는 비록 근로조건이 불리하게 변경되는 것을 감수해야 한다는 것이 따르지만 근로관계의 존속이라는 더 큰 이익을 누릴 수 있다는 장점이 있다. 다시 말하면 근로관계가 완전히 끝나는 종료해고를 회피하는 수단으로 변경해고는 활용할 수 있다. 예를 들면, ⅰ) 특정 프로젝트의 달성이라는 것을 특정해 채용된 근로자의 해당 직종의 자리가 특정 프로젝트의 달성으로 불필요해진 경우, ⅱ) 일정한 직위에 있는 근로자가 그 직위에 적합한 능력이 없는 것으로 밝혀졌을 때에 다른 직위로의 이동을 받아들이지 않는 한 해고를 할 수밖에 없는 경우이다. 이 때 해고를 회피하기 위한 근로조건 변경신청이 이루어지기 때문에 변경되는 내용에 대해 사용자에게는 넓은 재량이 인정되어야 한다. 이 경우 해당 근로자가 변경을 거부한다면 해고를 할 수 있다는 규정적용이 있게 되는 것이다.

60세 정년제를 운용함에 있어서 근로계약, 취업규칙 및 단체협약을 통한 임금체계개편 및 근로조건 하향조정 등 노사당사자의 직접적인 의사합치에 의존하는 방식은 중·고령 근로자와 사용자 간 상충되는 이해 내지 가치에 대한 가장 합리적 조정수단이 될 수도 있다. 그러나 정년연장을 조건으로 기존의 호봉제(연공급)

를 성과와 연동되는 임금체계(예를 들어, 성과연동 연봉제 등)로 개편하는 등 근로조건을 (하향)조정하는 과정에서 노사 간의 이해가 상충되는 현상이 예상되지만 이에 대한 현행법상 규율법리가 부재하는 한계가 노정되고 있다. 60세 이상으로의 정년연장이 실정법으로 강제되고는 있지만 사용자의 이해에 반하고, 임금체계 개편 역시 실정법으로 강제되고 있지만 이를 통한 근로조건의 하향조정은 근로자의 이해에 반하기 때문이다. 실정법상 강제되는 60세 정년제를 수립・운영하기 위한 전제로서 사용자가 요구하는 성과연동 임금체계가 단체협약이나 취업규칙에 대한 불이익 변경이 될 경우에 근로자측의 집단적 동의를 얻지 못하면 임금체계 개편을 통한 인건비 압박 해소라는 목표를 달성할 수 없게 되는 것이고, 이는 결국 전체 근로자에 대한 고용조정 내지 중・고령자에 대한 퇴직압박이라는 부메랑이 된다. 결국 노사 어느 일방의 반대가 존재하거나 양당사자의 의견일치를 도모하기가 어려운 경우, 현실적으로 이해관계 조정이 난망하여 실정법상 강제되는 제도가 형해화(形骸化)될 수도 있는 한계가 존재한다는 것이다. 따라서 노동관계법・제도적 차원에서 중・고령 근로자의 임금체계개편 등 합리적인 근로조건 하향조정과 함께 정년연장과 같은 고용유지 내지 고용촉진방안을 유도할 수 있는 노동정책대안을 고안, 운용함으로써 근로관계 당사자가 상생(win－win)의 노사관계를 형성・발전시킬 필요가 있다.[38)]

긴박한 경영상의 필요에 의한 해고의 경우에도 이를 회피하는 수단으로 변경해고가 고려될 가능성이 커진다. 경영상 이유로 해당 기업에서 잉여노동력을 배제하고 적정인력을 유지하기 위한 종료해고(경영상 이유에 의한 해고)를 사전에 회피할 목적으로 경영상 필요에 의한 변경해고가 사용되는 것이 일반적인 현상이다.[39)] 긴박한 경영상의 필요에 의해 인력감축의 필요성이 있는 경우 근로기준법에서 정하는 해고회피노력을 다한 후, 경영상 이유에 의한 해고를 회피하기 위해 변경해약고지를 하는 것이다. 이 때 해당 근로자가 계약변경을 거부한 것을 이유로 행해지는 해고는 긴박한 경영상의 필요에 근거한 것이며, 당연히 근로기준법상 경영상 이유에 의한 해고법리 및 규정이 적용된다. 변경해고는 경영상 이유에 의한 해고에 앞선 해고회피 수단의 하나인 것이다. 독일에서는 해고로써 노동력 수요에 맞추어 노동력을 조정하는 것을 회피하려는 데 주된 목적이 있는 변경해고의 경

---

38) 문무기, “중고령자의 점진적 퇴직과 근로조건 변경”, 「한국과 중국의 노동법적 쟁점과 현안」, 2014, 5면.

39) 김형배, 노동법, 2014, 727면.

우 다음과 같이 판단한다. 즉 독일 연방노동법원에 따르면 임금삭감을 비롯한 사용자의 근로조건 변경의 정당성에 대하여 인건비 삭감으로 인력감축 또는 사업의 폐지를 막을 수 있다면 사업적자나 채산성이 없게 된 경영상의 사정도 경영상 필요에 의한 변경해고의 사유가 될 수 있다고 한다.[40]

요컨대 개별적으로 근로조건이 특정되는 근로자의 경우 사용자에게 경영상 해고에 앞선 해고회피조치나 방법이 제한되는 경우가 많으므로 경영상 이유에 의한 해고를 회피하기 위한 계약(근로)조건 변경신청을 거부한 근로자에 대한 해고, 즉 변경해고는 유효라고 규정해야 할 필요성이 있는 것이다. [41]

【내용】

변경해고(Änderungskündigung)제도란 사용자가 근로관계의 해지와 함께 변경된 근로조건의 내용으로 근로관계를 존속시키고자 하는 청약을 하고, 만약 이를 근로자가 거부하는 경우에는 근로관계가 해지되도록 하는 제도이다. 원래 해고는 조건부로 할 수 없는 것이 원칙이나 변경해지는 그 예외를 이루는 것으로서, 그 조건성취 여부가 근로자의 의사에 달려 있기 때문에 근로자가 변경청약을 승낙하면 해고는 허용되지 않는다.[42] 물론 변경해고는 해고의 의사표시를 포함하고 있으며, 근로자가 변경에 동의하지 않으면 근로계약은 해소될 것이므로 해고에 관한 규제가 미치는 것은 당연한 것이다.

현행 근로관계시스템은 당사자의 합의 없이는 사용자가 일방적으로 근로자의 근로조건이나 직위 등을 종전 직무보다 불리하게 저하할 수 없는 구조이다. 그 결과 근로조건 변경이 경직되고 해고 외에는 다른 방법을 강구하기 어려운 것이 사실이다.

따라서 근로자의 동의 여부와 관계없이 사용자가 일정 요건 하에서(물론 사실상 객관적이고 합리적인 사유가 있어야 한다는 점에서 일반 해고의 요건과 크게 차이는 없지만) 근로관계의 존속을 전제로 일방적으로 근로조건을 변경시킬 수 있는 가능성을 인정하는 것이 필요하다.

아직 우리나라에 입법적으로 받아들여지지는 않았지만, 독일 해고제한법상에서 해고는 그 법적 효과의 측면에서 볼 때 크게 두 유형이 있다. 하나는 종국적으로

---

40) BAG AP Nr. 47 zu §1 KSchG Betriebsbedingte Kündigung.

41) 이하 김희성, "해고법제의 개선방향", 『규제연구』 제24권 제1호, 2015. 6. 참고.

42) 노사관계법·제도선진화연구위원회 보고서, 152면.

근로관계를 소멸케 하는 소위 '종료해고'(Beendigungskündigung)인데, 이러한 해고는 우리 현행 노동법제에서 알고 있는 전형적인 모습의 해고이다. 하지만 독일 해고법제에서는 이러한 종료해고와 대비되는 해고유형으로서 소위 '변경해고'(Änderungskündigung)를 또 다른 해고유형으로 예정하여 두고 있다.[43)]

변경해고란, 기존의 근로관계는 소멸하지만, 다른 근로조건 하에서 종전의 당사자가 근로관계를 이어갈 수 있도록 하는 해고의 한 유형이다. 요컨대 독일 해고제한법에 명시된 바에 따르면 "사용자가 근로자를 해고해야만 하는 상황에서, 근로자가 만약 근로내용의 본질적인 변경이 이루어지는 경우라도, 근로관계의 지속을 원한다면 그렇게 될 수 있음을 고지"하여야 한다. 만약 해고근로자가 비록 근로조건의 본질적 변경이 있더라도, 종전 사용자와 근로계약관계를 유지하고자 한다면, 변경된 근로조건 하에서 근로관계는 지속되게 된다. 변경해고의 법률효과는 다음과 같이 요약될 수 있다. 먼저 종래의 근로계약관계가 해고를 통해 완전히 소멸한다. 이후 곧바로 – 비록 근로조건의 변경이 전제되기는 하지만 – 새로운 근로계약이 형성된다. 사실상 외형적으로는 근로관계의 지속을 유지하게 되는 것이다. 요컨대 해고 근로자가 해고시점에서 동시에 사실상 새로운 직장을 구하였는데, 마침 그 당사자와 사업체가 동일한 경우를 변경해고는 초래하게 된다.[44)]

근로자의 동의 내지 승낙을 받아 변경하려 하는 변경해고가 근로조건 변경수단으로 주목되어 변경해지통보는 근로조건 결정프로세스에서 "계약"적 성격이 강해지면서 클로즈업되는 근로조건의 변경의 수단이라고 할 수 있다. 해고가능성이 있는 가운데 노사 간의 근로조건 협상이 이뤄지도록 하는 것은 근로자의 자기책임(거부를 관철한 경우의 해고라는 위험부담) 아래의 자기결정(승낙여부의 자유)을 인정한다는 것을 의미한다. 이 점에 변경해고의 현대적 의의가 있다고 해석해야 한다.

위와 같이 독일 해고제한법상의 변경해고제도를 모범적 유형으로 참고하여 도입할 수 있을 것이다. 현 단계에서는 이 제도에 대한 일반적 이해의 부족, 제도도입에 따른 불안심리 확산이나 편법적 이용위험 등에 비추어 이에 대한 근거규정을 마련하는 것이 어렵다고 판단된다는 견해[45)]가 있었으나, 위에서 본 바와 같이

43) 이에 관하여 자세히는 권혁, "독일변경해지제도에 관한 재검토", 경영법률 제19집 3호, 2009. 4, 543면 이하 참고.

44) 권혁, 앞의 글, 561, 562면.

크게 세 가지의 도입필요성이 폭넓게 제기되고 있는 현 실정에서는 이 제도를 입법화할 필요가 있다.

고용제도의 적정한 운영과 근로자의 보호차원에서 필요한 제도이므로 입법화하여야 한다고 판단된다. 사용자가 일정 요건하에서 근로관계의 존속을 전제로 근로조건을 변경시킬 수 있는 가능성을 인정하는 독일의 '변경해고제도'를 도입해야 한다.[46]

즉 해고와 함께 새로운 근로조건하에서 근로관계를 계속할 것인가를 제안하는 변경해고를 규정하는 것인데, 변경해고를 정당화하는 원인 역시 일반적인 종료해고와 마찬가지로 근로자의 일신상 사유나 행태상 사유 또는 경영상 긴박한 사정의 존재가 전제되어야 하며, 이러한 요건을 갖추고 근로계약 변경에 대한 청약을 근로자가 거부하였을 때 행하여진 해고는 유효하게 성립한다. 또한 근로자가 사용자의 변경청약에 대해 1달 이내에 아무런 유보함 없이 승낙하는 경우 기존 근로관계는 소멸하고 새로운 근로관계가 형성되며 해고가 문제시되지 않는다고 규정하였다.

2. 배치전환 · 전적 · 휴직

(배치전환)

① 사용자가 근로자에 대해 배치전환을 할 경우에는 새로운 직무내용, 장소, 근로조건 등을 사전에 서면으로 명시한 다음, 이를 사전에 근로자에게 통지해야 한다.
② 근로자가 거주이전을 동반하는 배치전환의 경우, 사용자는 이사 또는 별거로 인하여 근로자 및 그 가족이 입게 되는 직업상 · 생활상의 불이익을 충분히 배려해야 한다.

【입법취지】

배치전환이라 함은 근로자의 직무내용 또는 근무장소가 상당히 장기간에 걸쳐 변경되는 것을 말한다. 다시 말하면 동일한 기업 내에서 근로자가 담당할 직무의 종류와 내용 또는 근무장소 등을 상당한 기간에 거쳐 변경하는 인사이동으로서

45) 노사관계법 · 제도선진화 연구위원회 보고서, 153면.
46) 이하 김희성, "해고법제의 개선방향", 『규제연구』 제24권 제1호, 2015. 6. 참고.

사용자의 인사명령에 의해 행해진다.[47] 이러한 배치전환에 관한 법적 문제는 사용자가 어떠한 범위에서 배치전환명령권을 가지며 어떠한 규제를 받는가 하는 것이다.

【내용】

배치전환에 대해서는 특히 이사를 동반하는 배치전환이 근로자에게 큰 영향을 미치는 것과, 배치전환은 사용자의 경영상의 필요성 등을 근거로 하여 다양한 태양으로 유연하게 실시할 필요가 있다는 것을 모두 고려하면, 인사권을 과도하게 제약하지 않고 이것과의 조정을 도모하는 방법으로서, 시용자의 인사권, 즉 배치전환권을 법률로 규정하면서 이에 따른 사용자가 강구해야 할 적절한 조치를 규정하는 것이 바람직하다. 즉 판례가 확립한 "근로자에 대한 전보나 전직은 원칙적으로 인사권자인 사용자의 권한에 속하므로 업무상 필요한 범위 내에서는 사용자는 상당한 재량을 가지며 그것이 근로기준법에 위반되거나 권리남용에 해당되는 등의 특별한 사정이 없는 한 유효하고, 전보처분 등이 권리남용에 해당하는지의 여부는 전보처분 등의 업무상의 필요성과 전보 등에 따른 근로자의 생활상의 불이익을 비교 · 교량하여 결정되어야 할 것이고, 업무상의 필요에 의한 전보 등에 따른 생활상의 불이익이 근로자가 통상 감수하여야 할 정도를 현저하게 벗어난 것이 아니라면 이는 정당한 인사권의 범위 내에 속하는 것으로서 권리남용에 해당하지 않는다"는 법리를 법률에 규정할 필요가 있다.

사용자가 가지는 배치전환권은 당연히 존중되어야 하지만, 근로조건 등 일정하게 근로자에게 영향을 미치므로 사용자가 근로자에 대해 배치전환을 할 경우에는 새로운 직무내용, 장소, 근로조건 등을 사전에 서면으로 명시한 다음, 이를 사전에 근로자에게 통지해야 한다고 규정하였다.

그리고 특히 근로자가 거주이전을 동반하는 배치전환의 경우, 판례의 법리를 반영하여 사용자는 이사 또는 별거로 인하여 근로자 및 그 가족이 입게 되는 직업상 · 생활상의 불이익을 충분히 배려해야 한다고 규정하였다.

---

47) 흔히 근무장소는 변경되지 않으면서 직무의 종류와 내용이 바뀌는 것을 전보라 하고, 근무장소가 변경되는 것을 전근이라 하여 구별하는 것이 보통이나, 이를 통틀어 배치전환이라고 한다 (사법연수원, 『해고와 임금』, 485면).

(전적)

■ 전적
사용자가 근로자와의 근로계약을 해소하고, 제3자와 새롭게 근로계약을 체결하는 경우에는 새로운 근무처에서의 업무내용, 경영상황 및 전적 이후의 근로조건을 사전에 명시한 다음, 근로자의 동의를 얻어야 한다.

【입법취지】

근로자를 그가 고용된 기업으로부터 다른 기업으로 적을 옮겨 다른 기업의 업무에 종사하게 하는 이른바 전적은 종래에 종사하던 기업과 사이의 근로계약을 합의해지하고 이적하게 될 기업과 사이에 새로운 근로계약을 체결하는 것이거나 근로계약상의 사용자의 지위를 양도하는 것이다. 따라서 전적이라 함은 근로자가 원래의 기업에서 타기업으로 옮겨서 업무에 종사한다는 점에서 외형상 전출과 비슷하지만, 원래의 기업(A기업)과의 근로계약관계를 종료시키고 다른 기업(B기업)과 근로계약관계를 성립시키는 점에서 원래의 기업과의 근로계약관계를 존속시키는 전출과 구별된다. 전적은 서로 긴밀한 협력관계에 있는 기업 간에서 또는 독립된 모회사와 자회사 간에 여러 가지 원인과 필요성에 의하여 발생될 수 있을 것이다.

이렇게 전적이란 사용자의 지위를 양도하는 것이므로 근로자의 동의를 필요로 한다.

【내용】

전적에 대해서는 근로자의 실질적인 동의를 확보하는 관점에서, 사용자는 근로자를 전적시키고자 하는 때에는 전적한 곳의 명칭, 소재지, 업무내용, 재무내용 등의 정보 및 임금, 근로시간, 기타 근로조건에 대하여 서면을 교부함으로써 근로자에게 설명한 후에 근로자의 동의를 얻어야 하고, 서면교부에 의한 설명이 없었던 경우 및 전적 후에 설명내용과 현실이 다른 것이 명확히 된 경우에는 전적을 무효로 하는 것이 적당하다. 사용자가 근로자와의 근로계약을 해소하고, 제3자와 새롭게 근로계약을 체결하는 경우에는 새로운 근무처에서의 업무내용, 경영상황 및 전적 이후의 근로조건을 사전에 명시한 다음, 근로자의 동의를 얻어야 한다고 규정하였다.

V. 계약위반과 책임

(징계처분의 요건과 절차)

■ 징계처분 요건

사용자에 의한 근로자에 대한 징계처분은 근로계약, 취업규칙, 단체협약 또는 이에 준하는 규정에서 정하고 있는 사유에 의함을 원칙으로 한다.

【입법취지】

법률형식과 실제 해고사유의 부정합 상태를 해소하기 위하여 해고와 일반 징계를 구별해야 한다. 현행 근로기준법 제23조 제1항은 해고에 관한 일반적 규제사항을 재정비하여 규율하고, 그 내용은 일본 노동계약법 제16조 또는 독일 해고제한법 제1조를 참고하고, 해고 이외의 징벌적 인사 조치에 대해서는 별도로 분류하여 정당한 이유를 전제로 가능하다는 점을 명시하되, 절차규정을 포함하는 방안을 검토해야 한다. 따라서 사용자가 근로자에게 징계를 하는 경우에는 개별 합의, 취업규칙 또는 단체협약을 근거로 하여 실시해야 한다고 하는 것이 적당하다.

【내용】

사용자에 의한 근로자에 대한 징계처분은 원칙적으로 근로계약, 취업규칙, 단체협약 또는 이에 준하는 규정에서 정하고 있는 사유에 대해서만 가능하도록 규정하였다.

■ 징계처분 절차

사용자는 징계처분에 앞서 당해 근로자에게 처분대상의 사실을 서면으로 통지하고, 소명할 기회를 부여해야 함을 원칙으로 한다.

【입법취지】

근로기준법은 정당한 이유 없이는 해고하지 못한다는 해고의 실체적 정당성에 대하여는 규정하고 있으나, 단체협약이나 취업규칙에서 해고의 절차적 기준에 대한 정함이 있는 경우를 제외하고 법 자체에서 징계사유의 사전 통지나 진술·변명 기회 부여 등 절차적 기준에 대하여는 규정하고 있지 않다.

취업규칙 또는 단체협약에서 해고의 절차적 기준에 대한 정함이 없는 경우 사용자가 절차를 거치지 않고 해고한 경우 해고의 효력에 대하여 견해의 대립이 있다. 판례는 단체협약이나 취업규칙에서 징계대상자에 대한 사전 통지나 변경 기회부여 등의 절차적 규정을 두고 있지 않은 경우에는 이와 같은 절차를 거치지 않았더라도 징계해고 처분이 무효가 되는 것은 아니라는 입장이다.

이에 대해 학설에서는 해고에 정당한 이유를 요구하는 근로기준법 제23조 제1항은 해고의 실체적 정당성뿐만 아니라 절차적 정당성도 요구하는 것이므로 단체협약 등에 절차적 규정이 없는 경우에도 징계사유에 대한 사전 통지와 변명기회의 부여가 인정되어야 한다는 비판이 제기되고 있다.

징계의 절차적 기준은 징계의 공정성을 담보할 수 있도록 하는 것으로서 절차적 정의의 관점에서 요청된다. 징계의 공정성은 징계의 실체적 정당성과 절차적 정당성 양자 모두가 확보되는 경우에 담보될 수 있다. 징계의 절차적 기준은 사용자의 자의적 징계로부터 근로자를 보호하는 동시에 원활한 분쟁해결을 도모하는 역할을 수행한다.

징계의 절차적 정당성을 확보할 수 있는 방안으로는, 징계사유의 사전 통지 및 소명 기회의 부여, 징계위원회에서 징계심의절차를 거치도록 하는 방법, 징계위원회의 구성에 근로자대표를 징계위원으로 하는 방법, 노동조합 또는 근로자대표와의 동의 또는 협의를 거치도록 하는 방법 등을 상정해 볼 수 있다. 그러나 징계위원회를 통한 또는 징계위원회의 구성을 통한 절차적 정당성 확보 방안은 이를 둘러싼 또 다른 법률분쟁을 불러일으킬 우려가 있고, 노동조합 또는 근로자대표의 동의 또는 협의를 하도록 하는 방안은 무노조 사업장이나 소규모사업에서는 그 실효성을 담보할 수 없는 문제가 발생할 수 있다.

【내용】

징계해고, 정직(출근정지), 감봉과 같은 근로자에게 주는 불이익이 명확하고 또한 큰 징계처분에 대해서는 대상근로자의 성명, 징계처분의 내용, 대상근로자가 행한 비위행위, 적용되는 징계사유(취업규칙 등의 근거규정)를, 서면으로 근로자에게 통지하도록 하고, 이것을 사용자가 행하지 않았던 경우에는 징계를 무효로 하는 것이 적당하다.

따라서 사용자는 징계처분에 앞서 당해 근로자에게 처분대상의 사실을 서면으로 통지하고, 소명할 기회를 부여해야 한다고 규정하였다.

Ⅵ. 근로계약의 종료

1. 해 고

(해고의 효력 및 사유)

■ 해고사유

근로자의 일신상 또는 행태상의 사유에 의하지 않거나 긴박한 경영상의 필요에 의하지 아니한 해고는 무효이다. 단 경영상 필요에 의한 경우에는 해고에 앞서 해고를 피하기 위해 노력을 다해야 하고, 합리적이고 공정한 해고기준을 정하여 그 대상자를 선정하여야 하며, 근로자대표와 성실하게 협의를 하여야 한다.

【입법취지】

현행 해고제도가 어떻게 규율되고 있는 것인가는 매우 중요하다. 왜냐하면 해고제한규정이 경직적으로 규정되어 있다면 노동시장 유연성과 관련하여 장애가 될 수 있고 노동시장의 양극화(정규직의 과보호 및 정규직과 비정규직 간의 차별 심화)에 영향을 상당히 끼칠 수 있기 때문이다. 따라서 여기서는 우선 현행 근로기준법의 해고 규율태도, 즉 어떤 내용과 유형으로 규율하고 있는지를 살펴본다.

우리나라는 독일의 해고제한법과 같이 해고제에 관한 단행법률은 존재하지 않고 근로기준법 제23조 이하에서 규율하고 있다. 이를 구체적으로 살펴보면, 근로기준법 제23조에서는 정당한 이유 없는 해고를 무효로 하는 해고제한규정(제23조), 경영상 이유에 의한 해고의 제한규정(제24조), 해고절차제한조항인 해고 30일 전에 해고예고하도록 하는 해고예고규정(제26조) 및 해고사유 등의 서면통지규정(제27조) 그리고 부당해고 등의 경우 노동위원회에 구제신청할 수 있는 부당해고구제신청조항(제28조) 등이 규정되어 있다. 특히 이 법 제23조 및 제24조의 해고규정은 그 조문 문구의 포괄성·추상성으로 인해 해고법리는 주로 판례 및 학설을 통해 발전·형성되어 왔다.

근로기준법 제23조에서의 해고는 일반해고(통상해고)뿐만 아니라 징계해고도 포함하고 있다. 그리고 일반해고의 경우에는 근로자에게 책임이 있는 사유로 인한 해고(채무불이행에 의한 해고)와 근로자의 책임 있는 사유가 없는 계약위반과 같은 경우까지 포함한다.

징계해고가 근로자의 질서위반 행위에 대한 제재로서의 성격을 본질로 한다면 이는 과거의 행위를 이유로 하는 근로관계 종료사유에 해당한다. 즉 징계해고란, "과거 일정한 사유에 대하여 이를 비난하거나 징계하기 위한 목적으로 행하는 사용자의 해고권 행사"로 개념화할 수 있다.[48] 징계해고는 과거의 비위행위로 말미암아 당해 근로자와의 향후 근로관계를 계속 유지하는 것이 사회통념상 사용자에게 기대가능하지 않는 경우에는 (일반적인) 징계처분의 의미를 넘어서서 해고의 일반적인 구조, 즉 계속고용가능성의 기준에 따라 근로관계 종료를 판단하여야 한다.[49]

그런데 현행 근로기준법상 제23조 제1항의 해고제한규정은 해고를 징벌과 같이 병렬적으로 예시하고 있어 자칫 징계의 한 종류로 볼 수 있어서 일반(통상)해고에 대해서는 실질적으로 법적으로 규율되어 있지 않은 공백 내지 흠결상태이다. 이로 인해 업(직)무능력 부족과 같은 통상해고로 취급되어야 하는 사례들이 실무에서 징계해고의 태양으로 나타나고 있으며, 판례 또한 이를 징계해고의 대상으로 삼아 정당성 여부를 판단하고 있어 사법적 판단에 혼란이 발생하고 있다. [50]

요컨대 해고란 근로관계의 일방적인 종료로서 근로자의 일자리를 상실케 하는 것이다. 따라서 해고의 정당성을 판단할 때에는 사용자의 일방적인 해지권을 제한함과 아울러 계속고용의 가능성을 기대할 수 없는 경우가 핵심이 되어야 한다(최후수단성의 원칙).

【내용】

해고유형을 다음과 같이 구분하였다. 즉 근로자에게 책임 있는 사유가 없음에도 불구하고 계속고용을 기대할 수 없는 경우(일신상의 사유)와 근로자에게 책임 있는 사유가 있고 계속고용가능성을 기대할 수 없는 경우(행태상의 사유)로 나누어 통상해고의 규정에 포함하였다.

근로자의 행태상의 사유란 근로자의 귀책사유(책임 있는 사유)를 전제로 하는 해고를 말한다. 행태상 정당한 사유는 책임 있는 사유가 전제되는 근로자의 행태를 근거로 하여 장래에도 그러한 책임 있는 사유가 반복될 것으로 예상되어 더 이상 신뢰관계 유지를 기대하기 어려운 경우를 말한다. 그 행태상의 사유를 예를

---

48) 권혁, "해고유형론 소고", 「법학연구」(제51권 제1호), 부산대 법학연구소, 2010, 719면 이하.
49) 박종희, "현행 해고보호제도의 체계적 이해와 해석에 관한 연구", 「안암법학」 제44호, 2014, 460－463면 참고.
50) 이하 김희성, "해고법제의 개선방향", 『규제연구』 제24권 제1호, 2015. 6. 참고.

들면 다음과 같다. (1) 사용자가 여러 차례 경고하였음에도 근로자가 근로할 의사 없이 개인적인 용무로 일정기간 무단결근하거나 지각·조퇴를 반복하는 등 근로 제공의무를 위반하는 경우, (2) 근로자가 직무에 필요한 능력과 적격성을 가지고 있음에도 불구하고 하자가 있는 급부 내지 불완전한 급부를 반복·계속하여 제공하거나 또는 자신의 정상적인 작업 능력을 하회하는 열등한 급부를 제공하는 경우가 그러하다.

근로자에게 귀책사유가 없는 경우는 다음과 같다. 근로자의 질병이나 사고로 인한 장해로 직무수행에 요구되는 능력이나 기능을 상실함으로써 근로계약상 목적 달성을 기대하기 어려운 경우 등을 말한다. 이것을 정당한 사유인 근로자의 일신상의 사유라고 한다. 다시 말하면 근로자의 일신상의 사유는 근로자에게 유책한 행태, 즉 책임 있는 사유가 없더라도 계약의 목적을 달성할 수 없는 상태가 발생하게 되고, 이로 말미암아 사용자가 근로자를 계속 고용하는 것이 기대 불가능한 경우인 것이다. 일산상의 경우는 다음과 같다. (1) 직업상 요구되는 자격증이 없는 경우나 직무상 반드시 필요한 시험이나 검사의 불합격 그리고 전문적 지식이나 기능의 부족 등 업무에 대한 적성에 흠 또는 직무능력이 부족한 경우, (2) 성격상의 사유로 인한 업무의 부적격성이나 계약상 근로제공이 어려운 질병의 경우이다.[51]

요컨대 본 시안에서는 일반(통상)해고를 일신상의 사유와 행태상의 사유로 나누어 규율하였고, 경영상의 이유에 의한 해고는 근로기준법 제24조의 규정을 수정 없이 그대로 반영하였다.

(해고절차) – 해고예고와 해고통지의 일원화

■ 해고예고와 해고통지

사용자는 근로자를 해고할 경우에는 해고사유와 해고시기를 서면(전자서면 포함)으로 적어도 30일 전에 예고통지를 해야 하고, 30일 전에 예고를 하지 아니하였을 때는 30일분 이상의 통상임금을 지급하여야 한다. 다만 계속근로기간이 3개월 미만인 경우에는 적용하지 않는다.

51) 이하 김희성, “해고법제의 개선방향”, 『규제연구』 제24권 제1호, 2015. 6. 참고.

【입법취지】

해고예고제도와 해고통지제도 간의 불명확성이 제도 운영상의 미흡에서 비롯된 측면도 있지만, 근로계약 당사자 간의 분쟁이나 갈등을 최소화할 수 있는 명확한 법률규정이 필요하다. 이에 따라 근로기준법 또한 해고사유와 해고시기를 명시하여 서면으로 해고의 예고를 미리 한 경우에는 별도로 해고사유와 해고시기를 통지해야 하는 의무를 면해 줌으로써 해고의 절차를 명확하고 간명하게 하기 위해 2014. 3. 24. 시행된 개정근로기준법에서 사용자가 근로자에게 해고예고를 해고사유와 해고시기를 명시하여 서면으로 한 경우에는 이 법에 따른 해고사유 등 통지를 한 것으로 본다는 제27조 제3항이 신설되었다. 그러나 해고예고제도와 해고통지제도 간의 관계가 여전히 불명확하므로 이를 일원화하는 것이 필요하다.

【내용】

해고는 실제적 정당성과 더불어 절차적 정당성도 중요하다. 위 조항은 해고에 따른 불필요한 분쟁과 혼란을 방지하기 위한 것으로 해고에 앞서 해고의 사유 및 해고의 시기를 서면으로 적어도 30일 전에 통고하도록 예고절차를 마련한 것이다. 다만 근속기간이 3개월 미만의 경우에는 단기간인 점을 고려하여 별도로 해고예고절차가 불필요하다고 판단된다.

근로기준법 제26조 및 27조의 내용과 중복되므로, 근로기준법의 내용은 삭제되는 것이 바람직하다고 판단된다.

(금전해결)

■ 신청요건

해고가 무효로 인정된 경우에 계약당사자는 사회통념상 근로관계의 존속을 기대할 수 없는 경우에 한하여 고용관계의 해소를 전제로 금전해결을 신청할 수 있다. 다만 인종, 국적, 신앙, 성별 등을 이유로 하는 차별적 해고는 대상에서 제외된다.

【입법취지】

현재 근로기준법 제30조 제3항은 금전보상의 해결은 근로자의 신청이나 당사자 간 화해의 경우에만 인정하고, 사용자의 신청의 경우는 허용하지 않고 있다. 외국의 경우 대부분 사용자에게도 금전보상의 신청을 하도록 하고 있고 독일의 경우는 당사자 간의 신뢰파괴로 근로관계의 지속이 기대불가능한 경우 또한 금전보상의 해결을 인정하고 있다.[52]

현행제도처럼 근로자가 부당해고의 구제절차를 통해 해고가 부당하여 무효가 된 후 여러 가지 사정으로 원직복귀가 실현되기 어려운 경우에도 해고를 무효로 하고 원직복직만을 강제하는 것은 비현실적 내지 비합리적인 것으로서 보다 현실적인 구제방법이 강구되어야 한다. 그러므로 일부에서는 사용자가 근로자를 복직시킬 수 없는 객관적인 사정이 존재한다고 노동위원회가 인정하는 경우에 한하여 제한적으로 금전보상을 허용하자는 제안이 있었다.[53] 그리고 "노사관계선진화방안"에서는 사회통념상 근로관계의 존속을 기대할 수 없는 경우에 한하여 사용자도 금전보상을 신청할 수 있게 하자는 입법론적 제안이 있었다.[54]

이에 대해 다음과 같은 이견이 있다. (1) 우리나라의 경우 이미 노동위원회를 통해 화해제도가 활성화되고 있다는 점, (2) 해고규제는 근로관계의 존립 내지 근로자의 직장보호에 목적을 두고 있다는 점에서 금전보상에 의한 해결방법은 적절하고 타당하지 않다는 것이다.

그러나 이에 대한 반론은 다음과 같이 제시될 수 있다. (1) 사용자에게 금전보상제도를 인정할 경우 화해제도를 더욱 촉진할 수 있을 것으로 예상된다. (2) 사용자의 금전보상제도의 인정에 관한 남용을 방지할 수 있는 적절한 한계를 설정함으로써 조화를 꾀할 수 있다. 사용자의 금전보상제도의 인정에 관한 남용을 막을 수 있는 보완 장치가 존재한다면 사용자에게 금전보상제도를 인정하는 것은 해고의 경직성 문제를 완화할 수 있는 해법이 될 수 있다는 것이다.[55]

특히 사용자의 남용을 방지하기 위한 검토사항으로는 부당해고의 경우에도 근로자의 원직복직을 대신하여 근로자에게 금전보상을 행하고 근로관계를 해소하는 것을 내용으로 하는 사용자의 금전보상 신청권을 인정하는 경우, 사용자가 이를 통해 해고를 남용할 가능성을 제한하기 위해서는 다음과 같은 사항을 검토할 필요가 있는데,[56] 첫째, 성별・국적・신앙 등을 이유로 한 차별적 해고를 이유로 한

---

52) 김형배, 『노동법』, 2021, 858면.
53) 조성혜, "부당해고 시 금전보상제도에 대한 비판적 검토", 「노동정책연구」(제9권 제1호), 한국노동연구원, 2009, 155면.
54) 노사관계제도선진화연구위원회(임종률 외 15인), 「노사관계법・제도 선진화 방안」, 2003. 11, 140면.
55) 명지대학교 산학협력단(이종훈 외 5인), 「근로기준 제도 및 관행 개선방안 연구」, 2010. 12, 330−331면.
56) 국제노동법연구원(임종률 외 11인), 「근로계약법제에 입각한 근로기준법 개선방안 연구」, 고용

해고 등에 대해서는 신청대상에서 제외한다. 둘째, 신청요건을 엄격히 하여 근로자를 원직에 복직시킬 수 없는 상당한 사유가 생긴 경우에만 금전해결 신청권을 인정하는 것이다.

【내용】

사용자의 신청에 의한 금전보상은 '사회통념상 근로관계의 존속을 기대할 수 없는 경우'로 엄격히 제한되어야 할 것이라는 내용을 두었다.[57] 이는 사용자의 금전보상 신청권에 대한 타당성 평가시 고려할 수 있는 내용이며, 사용자의 해고권 남용을 막기 위해 성별·국적·신앙 등을 이유로 한 차별적 해고를 이유로 한 해고 등에 대해서는 신청대상에서 제외한다는 규정을 둔 것이다.

■ 산정기준

금전해결시의 산정기준은 사용자와 근로자대표와의 합의에 의하며, 그 금액은 해고가 없었더라면 받을 수 있었던 임금 상당액을 하회해서는 아니 된다.

【입법취지】

금전해결시의 산정에 관한 기준이 명확하지 않아 실무에서 여러 가지 문제가 발생하고 있다.

따라서 사용자와 근로자대표와의 합의에 의하여 그 기준에 따라 해결금 금액을 결정하는 것이 적당하다.

해고가 부당한 경우 사용자에 대한 책임의 부과와 금전보상의 액이 너무 적은 액수로 되는 것을 막고자 산정에 대한 최저기준을 정한 것이다.

【내용】

금전해결시의 산정기준은 사용자와 근로자대표와의 합의에 의하며, 그 금액은 해고가 없었더라면 받을 수 있었던 임금 상당액을 하회해서는 아니 된다고 규정하였다.

노동부 학술용역보고서, 2008. 12, 76-77면.

57) 유성재, 「노동위원회 기능의 활성화를 위한 법제개선방안」, 한국법제연구원, 2005. 1, 31면.

제 6 장

향후과제

최근 고용환경의 변화로 취업형태 및 근무방식이 다양화되면서 각각의 근로관계의 특성을 고려하여 보다 유연하게 근로조건을 정할 필요성이 증가하고 있다. 하지만 우리나라의 근로기준법은 단순·반복적이고 정형적인 근로를 전제로 최저근로조건의 이행확보와 근로자 보호에만 방점을 두고 있기 때문에, 새로운 취업형태나 다양한 근무방식을 수용하지 못한 채 그 한계를 드러내고 있다.

본 연구는 이와 같은 문제의식하에 근로관계의 다양성을 인정하는 한편 공정하고 투명한 룰(rules)에 의해 운영될 수 있도록 근로기준법과는 별도로 근로계약법의 제정을 제안하였다. 따라서 본 연구에서 시도한 근로계약법 시안(試案)은 근로기준법을 베이스로 하면서도 근로기준법과는 달리 근로계약 당사자가 자기 주도적으로 근로계약을 체결하고 변경하고 종료할 수 있도록 근로계약 전반에 걸쳐 기본적인 준칙을 마련하는 데 중점을 두었다.

다만, 본 연구에서 제안한 근로계약법 시안(試案)은 어디까지나 향후 바람직한 근로계약관계 설정을 위한 방향성을 제시한 것에 불과하다. 따라서 동법이 실효성 있게 기능하기 위해서는 이에 대한 보다 정치하고 세밀한 검토 및 보완작업이 요구된다. 그중에서도 특히 쟁점이 많은 몇 가지 논점에 대해 요약하면 다음과 같다.

첫째, 법체계상 근로기준법과의 관계설정을 어떻게 해야 할 것인가의 문제이다. 본 연구에서는 최저근로조건의 이행확보를 위한 강행규정은 근로기준법에 남겨두고 나머지는 근로계약법으로 이관하는 것을 기본원칙으로 하였다. 하지만 취업규칙 관련 규정은 일본과는 달리 유보하기로 했다. 왜냐하면 취업규칙은 계약적 성격도 가지지만 법규범적 성격도 아울러 가지고 있기 때문에 근로계약법으로 이관하기에는 한계가 있다. 따라서 이 문제에 대해서는 향후 어떤 형태로 근로계약법에 포섭시킬 것인지에 대한 심층연구가 필요한 부분이다.[1)]

둘째, 근로계약법의 적용대상(특히 근로자)을 기존의 근로기준법과 동일하게 근로자로 한정할 것인지 아니면 근로기준법보다 넓게 규정할 것인지의 문제이다. 이에 대해서는 근로자뿐만 아니라 '종속적 자영업자'까지 확대할 필요가 있다는 견해도 있었다. 그러나 강행적이고 경직적인 현행 근로기준법 체계 하에서 근로자의 범위를 넓히는 것은 기업에게 큰 부담으로 작용할 수 있는 만큼 일단 보류하기로 했다. 그러나 이는 변화된 고용환경에 유연하게 대응한다는 근로계약법의 입법취지에 맞지 않을 수도 있다. 따라서 향후에는 현행 개별적 근로관계법상의 경직적인 규제를 개선해 유연성을 높이며 개별적 계약관계 전체를 포섭할 수 있는 포괄적인 근로계약법제에 대한 연구가 필요하다.

셋째, 현행 근로기준법과 기간제법에서 규정하고 있는 계약기간에 관한 규정을 근로계약법으로 이관할 것인가의 문제이다. 이에 대해서는 근로계약 기간을 1년을 초과하지 못하도록 규제하고 있는 근로기준법의 규정과 고용기간을 2년으로 제한하고 있는 기간제법의 규정은 계약법적인 성격이 강하므로 향후에는 근로계약법으로 편입하는 방향으로 검토가 필요하다.

---

1) 참고로 일본에서는 취업규칙 관련 규정과 관련하여 근로조건의 변경에 관한 내용은 노동계약법에서 정하고, 취업규칙의 작성의무 및 행정관청에의 신고, 취업규칙 변경시 과반수노조나 근로자대표의 의견청취의무 등은 노동기준법에 두고 있다.

〈참고문헌〉

국제노동법연구원(임종률 외 11인), 「근로계약법제에 입각한 근로기준법 개선방안 연구」, 고용노동부 학술용역보고서, 2008. 12.

권 혁, "독일변경해지제도에 관한 재검토", 「경영법률」 제19집 3호, 2009.

권 혁, "해고유형론 소고", 「법학연구」 제51권 제1호, 부산대 법학연구소, 2010.

김기선, "독일 근로계약법 토론 초안의 진행상황", 「국제노동브리프」(Vol. 6, Np. 3), 2008.

김세움, "기술진보에 따른 노동시장 변화와 대응", 「정책연구」(2015-05), 한국노동연구원, 2015.

김영진, "중국의 노동계약법 초안 제정에 관한 연구: 주요 쟁점과 각계의 반응을 중심으로", 「중소연구」 통권 111호, 한양대학교 아태지역연구센터, 2006.

김재훈, "일본에서의 제정 근로계약법의 내용과 분석", 「노동법연구」 제25호, 서울대 노동법연구회, 2008.

김준영 외, "플랫폼경제종사자 규모 추정", 한국고용정보원, 2018.

김형배, 「노동법」, 박영사, 2014.

김희성, "국제근로계약에 관한 연구", 「경영법률」 23(2), 한국경영법률학회, 2013.

_____, "해고법제의 개선방향", 『규제연구』 제24권 제1호, 2015. 6.

남성일, "디지털 경제가 일자리에 미치는 영향: 고용관계의 변화를 중심으로", 「일의 미래와 노동시장전략 연구」, 한국노동연구원, 2017.

노사관계제도선진화연구위원회(임종률 외 15인), 「노사관계법·제도 선진화 방안」, 2003. 11.

노상헌, "일본 근로계약법제의 제정과 시사점", 「노동법학」 제26호, 한국노동법학회, 2008.

대외경제정책연구원, "새로운 노동계약법에 대한 중국내 반응: 화웨이, 월마트 사례", 「중국경제현안브리핑」, 2007. 12. 3.

_______________, "중국 노동계약법의 주요 쟁점과 전망", KIEP북경사무소 한중경제포럼, 2006. 10. 30.

명지대학교 산학협력단(이종훈 외 5인), 「근로기준 제도 및 관행 개선방안 연구」, 2010. 12.

문무기, “중고령자의 점진적 퇴직과 근로조건 변경”, 「한국과 중국의 노동법적 쟁점과 현안」, 2014.

박승두, “해고제도의 일원화론”, 「노동법학」 제30호, 한국노동법학회, 2009. 6.

박종희, “현행 해고보호제도의 체계적 이해와 해석에 관한 연구”, 「안암법학」 제44호, 2014.

법제처, 「중국노동계약법연구」, 2008.

소프트웨어공학포털, 이슈 트렌드 연구 – 4차 산업혁명과 비즈니스의 변화, 2016호 웹진: 공학트렌드, 2017.

신권철, “중국 노동합동법 제정과정의 논쟁”, 「서울대노동법연구」 제26호, 2009.

유성재, “勤勞契約法典의 必要性에 관한 硏究－獨逸의 勞動法制를 中心으로”, 「비교사법」, 통권 제8호, 한국비교사법학회, 1998.

______, 근로계약법의 제정 필요성에 대한 연구”, 한국경영자총협회부설 노동경제연구원 연구조사자료, 2004.

______, 「노동위원회 기능의 활성화를 위한 법제개선방안」, 한국법제연구원, 2005. 1.

유성재 · 이안빙, “중국 근로계약법의 주요 내용과 시사점”, 「노동법논총」 제16집, 한국비교노동법학회, 2009.

윤문희, “일본 노동계약법 개정안의 내용”, 「국제노동브리프」 2012년 6월호.

이립신, “중국 노동계약법의 입법현황과 쟁점”, 「원광법학」 제26권 제4호, 원광대학교 법학연구소, 2010.

이상희, “사내하도급 및 파견근로 규율 현황과 과제에 관한 연구”, 「노동법논총」 32권, 한국비교노동법학회, 2014.

이승길, 「勤勞契約法制에 관한 연구」, 성균관대학교 박사학위논문, 1998.

이 정, “근로계약법제의 도입에 관한 입법론적 검토”, 「외법논집」, 한국외대 법학연구소, 2007.

______, “일본 노동계약법의 성립배경 및 주요 내용 · 논점에 관한 연구”, 「외법논집」, 한국외대 법학연구소, 2008.

이철수, “근로계약의 입법론적 · 해석론적 과제－이른바 근로계약법제와 관련하여”, 「노동법학」 제15호, 한국노동법학회, 2002.

임서정, 「근로계약법에 관한 연구」, 한국노동연구원, 2013.

______, 「일본의 근로계약법에 관한 연구」, 중앙대학교 법학박사 학위논문, 2013.

임종률, “근로계약법제의 과제와 전망”, 「근로계약법의 현황과 과제」, 한국노동법학회 국제학술대회, 2009. 10. 16.

임종률 외, 「근로계약법제에 입각한 근로기준법 개선방안 연구」, 고용노동부, 2008.

장지연, 「플랫폼 노동 종사자 보호방안 마련을 위한 실태조사」, 노동연구원, 2019.

조성혜, “독일의 통합 근로계약법 제정논의와 초안”, 노동저널 821, 노사신문사, 2009.

_____, “부당해고 시 금전보상제도에 대한 비판적 검토”, 「노동정책연구」 제9권 제1호, 한국노동연구원, 2009. 1.

하경효 외, 「주요국의 근로계약법제에 대한 논의 및 우리나라에의 적용방안 연구」 −근로계약관계의 체계적 규율에 관한 연구−, 고용노동부, 2006.

한국노동법학회, 「외국의 근로계약법제 도입과정 및 내용분석 연구」, 노동부, 2009.

홍장표, “한국, 미국, 일본의 기업간 거래관계와 도급형 거래의 개혁방안”, 「지역사회연구, 12(2), 2008.

황경진, “중국 파견노동 고용제도: 노동계약법 개정 내용을 중심으로”, 「국제노동브리프」, 2013. 1.

JILPT, 이정 역, 「주요 선진국의 근로계약법제」, 한국경영자총협회, 2007.

Kinglun Ngok, “중국 노동법의 특징과 노사관계 현안”, 「국제노동브리프」 2012년 10월호.

Ulrich Preis, 조성혜 역, “독일의 근로계약법 초안”, 「노동법학」 제32호, 한국노동법학회, 2009. 12, 25

荒木尙志, “일본 노동계약법의 제정과 노동법상의 함의”, 「근로계약법의 현황과 과제」, 한국노동법학회 국제학술대회, 2009. 10. 16.

荒木尙志・菅野和夫・山川隆一, 『詳說勞働契約法』, 有斐閣, 2014.

土田道夫, 『勞働契約法』, 有斐閣, 2008.

菅野和夫・荒木尙志, 『解雇ルールと紛爭解決』, JILPT, 2017.

Arntz, M., T. Gregory and U. Zierahn(2016), “The Risk of Automation for Jobs in OECD Countries: A Comparative Analysis”, OECD Social, Employment and Migration Working Papers, No. 189.

Acemoglu, D. and D. Autor(2010), "Skills, Tasks and Technologies: Implications for Employment and Earnings," O. Ashenfelter and D. E. Card (eds.), Handbook of Labor Economics Volume 4, Amsterdam: Elsevier.

Autor, D. H., F. Levy, and R. J. Murnane(2003), "The Skill Content of Recent Technological Change: An Empirical Exploration," Quarterly Journal of Economics 118 (4), pp.1279－1333.

Autor, D. H.(2015), "Why Are There So Many Jobs? The History and Future of Workplace Automation," Journal of Economic Perspectives 29(3), pp.3－30.

Brynjolfsson, E. and A. McAfee(2014), The Second Machine Age: Work, Progress, and Prosperity in a Time of Brilliant Technologies, Norton.

Coase, R. H.(1937), "The Nature of the Firm", Economica, New Series, Vol. 4, No. 16(Nov., 1937), pp.386－405.

Deloitte(2017), Smart everything, everywhere: Mobile consumer survey 2017.

Dorn, D.(2015), "The Rise of the Machines : How Computers Have Changed Work," 한국노동연구원 고용보험 20주년 기념세미나 발표자료.

Frey, C. B. and M. A. Osborne(2013), "The Future of Employment: How Susceptible are Jobs to Computerisation?", Oxford Martin School Working Paper.

Heckman & Pagés(2000), "The Cost of Job Security Regulation: Evidence from Latin American Labor Markets", No 7773, NBER Working Papers.

McAfee, A.(2015), an Interview, "This is the End" episode of Planet Money, National Public Radio, May 23rd, 2015.

McKinsey Global Institute(2017), "A Future that works: Automation, Employment, and Productivity", McKinsey&Company, 2017.

Mokyr, J., C. Vickers, and N. L. Ziebarth(2015), "The History of Technological Anxiety and the Future of Economic Growth: Is This Time Different?," Journal of Economic Perspectives 29(3), pp.31－50.

Nedelkoska, L. and G. Quintini (2018), "Automation, skills use and training", OECD Social, Employment and Migration Working Papers, No. 202.

OECD(2011) “Divided We Stand: Why Inequality Keeps Rising” Chp. 1 “TRENDS IN WAGE INEQUALITY, ECONOMIC GLOBALISATION AND LABOUR MARKET POLICIES AND INSTITUTIONS”.

OECD(2013), OECD Employment Outlook 2013, OECD Publishing.

OECD(2019), OECD Employment Outlook 2019, OECD Publishing.

OECD(2020), OECD Employment Outlook 2020, OECD Publishing.

Ohno, T.(1988) 『Toyota Production System: Beyond Large-Scale Production』, CRC Press, Original Japanese edition, Toyota seisan hoshiki, published by Diamond, Inc., Tokyo, Japan, 1978.

Pratt, G. A.(2015), “Is a Cambrian Explosion Coming for Robotics?,” Journal of Economic Perspectives 29(3), pp.51-60.

Upwork(2020), 『Freelance Forward 2020: The U.S. Independent Workforce Report』, Upwork (https://www.upwork.com/i/freelance-forward)

WEF(2016), The Future of Jobs: Employment Skills and Workforce Strategy for the Fourth Industrial Revolution, 2016.

Williamson, O.E.(1985), The Economic Institution of Capitalism: Firms, Markets, Relational Contracting, New York. The Free Press.

고용노동통계, http://laborstat.moel.go.kr

국가통계포털, https://kosis.kr

한국은행 경제통계시스템, http://ecos.bok.or.kr

International Federation of Robotics (IFR), https://ifr.org

OECD https://www.oecd.org

OECD Statistics, https://stats.oecd.org

The iLabour Project, https://ilabour.oii.ox.ac.uk/online-labour-index

World Economic Forum, https://www.weforum.org

〈부록1〉 근로계약법 시안

제1장 총칙

제1조(목적) 이 법은 근로기준법과 함께 근로계약의 체결, 이행, 변경 및 종료에 관한 절차와 적정한 계약내용의 준칙 그 밖의 근로계약에 관한 필요한 사항을 규정함으로써, 근로자와 사용자가 대등한 입장에서 자유로운 의사에 따라 합리적인 근로조건의 결정과 공정한 근로계약관계의 형성에 이바지하는 것을 목적으로 한다.

제2조(정의)

1. 이 법에서 '근로계약'이라 함은 일방 당사자가 상대방에 대해 근로의 제공을 약속하고, 상대방이 이에 대해 임금을 지급하기로 약속한 계약을 말한다.
2. 이 법에서 '근로자'라 함은 근로계약을 체결함에 있어 근로를 제공할 것을 약속한 당사자를 말한다.
3. 이 법에서 '사용자'라 함은 근로계약을 체결함에 있어 임금을 지급하기로 약속한 당사자를 말한다.

제2장 근로계약의 체결

제3조(근로계약의 성립시기) 근로계약은 그 형식에 상관없이 근로자 및 사용자의 계약체결 의사가 일치되었다고 인정된 시점에 성립한다.

제4조(모집·채용시의 근로조건) ① 사용자가 모집·채용 면접시에 근로자에게 제시한 근로조건(취업규칙 포함)은 근로계약 성립시에 그 내용으로 되는 것으로 추정한다.

② 채용 후 명시된 근로조건이 사실과 다를 경우에 근로자는 이를 이유로 손해배상을 청구할 수 있으며 즉시 근로계약을 해지할 수 있다.

③ 근로자는 채용시 근로제공의 판단과 관련한 경력 등에 대한 진실고지의무를 지고, 사실과 다를 경우에는 사용자가 근로계약의 해지 및 손해배상을 청구할 수 있다.

제5조(채용시의 개인정보 수집) 사용자는 근로자를 채용할 때 업무와 합리적 관련성이 있는 범위 내에서 개인정보를 수집할 수 있다.

제6조(건강진단) 사용자는 모집시에 근로자의 건강진단서의 제출을 요구하거나 건강검진을 실시할 수 있다.

제7조(근로계약의 기간) 근로계약은 기간의 정함이 없는 계약과 기간의 정함이 있는 계약으로 체결할 수 있다.

제8조(채용내정의 통지) 사용자가 근로자에 대해 그 형식에 상관없이 실제로 근로에 종사하기에 앞서 채용을 예정하는 통지를 한 경우(이하 '채용내정'이라 함)에는 그 도달시에 근로계약이 성립된 것으로 추정한다.

제9조(채용내정의 취소) 사용자는 합리적 이유 없이 근로자에 대한 채용내정을 취소할 수 없다.

제10조(서면교부 의무) 사용자는 채용내정을 취소할 때에는 그 사유를 명시하여야 하며 근로자의 요구가 있는 경우에는 서면(전자문서 포함)으로 이를 교부하여야 한다.

제11조(시용기간의 의의) 사용자는 근로자가 근로에 종사한 다음 직무수행능력이나 업무에 대한 적성 기타 근로자가 실제로 근로를 하지 않으면 판단할 수 없는 사항에 대해 평가할 수 있는 기간(이하 시용기간)을 설정할 수 있다.

제12조(시용기간 및 연장 제한) 시용기간은 원칙적으로 3개월을 초과할 수 없다. 다만 직무의 성질상 필요하다고 인정되는 경우 또는 근로자의 능력과 적성에 대해 충분히 평가할 수 없는 객관적 사정이 있는 경우에는 그 기간을 초과하여 3개월을 한도로 시용기간을 연장할 수 있다.

제13조(본채용의 거부 등) 시용기간 중의 해고나 본채용 거부는 시용기간의 취지·목적에 비추어 합리적인 이유가 인정되는 경우에 효력이 발생한다.

제14조(서면교부 의무) 사용자는 시용기간 중에 해고 또는 본채용을 거부하는 경우에는 그 사유를 명시하여야 하며 근로자의 요구가 있는 경우에는 서면(전자문서 포함)으로 이를 교부하여야 한다.

제3장 근로계약의 내용

제15조(사용자의 배려의무) ① 사용자는 근로자가 근로제공을 위해 설치한 장소, 설비, 기구 등을 사용하거나 또는 사용자의 지시에 따라 근로를 제공하는 과정에서 근로자의 생명, 신체, 건강 등을 위협으로부터 보호할 수 있도록 배려할 의무를 진다.

② 사용자는 근로자가 인격적 이익을 훼손하지 않고 쾌적한 직장환경하에서 근무할 수 있도록 배려할 의무를 진다.

제16조(개인정보 보호의무) 사용자는 고용관리를 위해 수집한 근로자의 개인정보는 개인정보호법(법률 제13423호)의 취지에 맞게 관리 · 취급할 의무를 진다.

제17조(근로조건 중요사항 설명의무) 사용자는 근로자와 근로계약을 체결할 때 근로조건에 관한 중요사항에 대한 설명의무를 부담한다.

제18조(근로자의 진실고지의무) 근로자는 사용자와 근로계약을 체결할 때 학력이나 경력 등에 대한 진실고지의무를 부담한다.

제19조(경업피지의무) 사용자는 근로자와의 합의로 퇴직 후의 근로자에 의한 경업을 제한하는 경우에는 제한하는 업종의 대상, 이유, 장소, 기간 등에 대해 서면으로 명시해야 한다. 이때 서면으로 명시하지 않거나 경업제한에 합리성이 인정되지 않는 경우에는 무효이다.

제20조(비밀유지의무) 사용자는 근로자와의 합의로 퇴직 후에 근로제공 과정에서 알게 된 사용자의 기밀정보를 유출하지 않을 것을 근로자에게 요구한 경우에는 퇴직시에 기밀정보의 내용, 기간 등을 서면으로 제시해야 한다. 이때 서면으로 명시하지 않거나 비밀유지의무 제한에 합리성이 인정되지 않는 경우에는 무효로 한다.

제21조(임금구성 및 산정방법 명시의무) 사용자는 근로자의 채용시에 임금의 구성항목, 계산방법, 지급방법을 명시해야 하며, 근로자가 요구하는 경우에는 이를 서면으로 교부해야 한다.

제22조(연장근로 및 휴일근로의 제한) 근로계약으로 정한 근로시간을 초과하는 연장근로 또는 휴일근로의 경우에는 근로자의 개별적 동의를 얻어야 하며, 동의를 얻지 못할 경우에는 무효로 된다. 또한 사용자는 이에 동의를 하지 않은 것을 이유로 불리한 처우를 해서는 아니 된다.

제4장 근로계약의 전개

제23조(근로계약 변경의 원칙) 근로계약의 변경은 계약당사자 간의 합의에 의해서만 가능하며, 합의가 되지 않는 경우에는 이 법이 적용된다. 다만 합법적인 취업규칙 변경시에는 계약당사자 간 그 변경 내용에 대한 합의가 있는 것으로 간주한다.

제24조(약정변경권의 제한) 당해 계약에서 중요한 요소에 해당하지 않는 내용에 대해서는 업무상 필요성이 있는 경우 합리적인 범위 내에서 사용자에게 변경권한을 유보할 수 있다. 단, 임금이나 근로시간과 같이 중요한 계약내용에 대하여는 사용자가 임의로 변경할 수 없다.

제25조(변경해지고지제도) 근로자의 일신상・행태상 사유 또는 긴박한 경영상의 필요가 있어 근로계약의 내용을 유지하기가 곤란한 사정이 발생하여 사용자가 근로자에게 계약변경을 요구하는 경우에는 근로자가 사용자의 변경청약에 대해 1개월 이내에 아무런 유보함이 없이 승낙하는 경우에는 기존 근로관계는 소멸하고 새로운 근로관계가 형성되며, 근로자가 이를 거부하였을 때에는 사용자는 근로자를 해고할 수 있다.

제26조(배치전환) ① 사용자가 근로자에 대해 배치전환을 할 경우에는 새로운 직무내용, 장소, 근로조건 등을 사전에 서면으로 명시한 다음, 이를 사전에 근로자에게 통지해야 한다.

② 근로자가 거주이전을 동반하는 배치전환의 경우, 사용자는 이사 또는 별거로 인하여 근로자 및 그 가족이 입게 되는 직업상・생활상의 불이익을 충분히 배려해야 한다.

제27조(전적) 사용자가 근로자와의 근로계약을 해소하고, 제3자와 새롭게 근로계약을 체결하는 경우에는 새로운 근무처에서의 업무내용, 경영상황 및 전적 이후의 근로조건을 사전에 명시한 다음, 근로자의 동의를 얻어야 한다.

제5장 계약위반과 책임

제28조(징계처분의 요건과 절차) 사용자에 의한 근로자에 대한 징계처분은 근로계약, 취업규칙, 단체협약 또는 이에 준하는 규정에서 정하고 있는 사유에 의함을 원칙으로 한다.

제29조(징계처분절차) 사용자는 징계처분에 앞서 당해 근로자에게 처분대상의 사실을 서면으로 통지하고, 소명할 기회를 부여해야 함을 원칙으로 한다.

제30조(해고사유) 근로자의 일신상 또는 행태상의 사유에 의하지 않거나 긴박한 경영상의 필요에 의하지 아니한 해고는 무효이다. 단 경영상 필요에 의한 경우에는 해고에 앞서 해고를 피하기 위해 노력을 다해야 하고, 합리적이고 공정한 해고기준을 정하여 그 대상자를 선정하여야 하며, 근로자대표와 성실하게 협의

를 하여야 한다.

제31조(해고예고와 해고통지) 사용자는 근로자를 해고할 경우에는 해고사유와 해고시기를 서면(전자서면 포함)으로 적어도 30일 전에 예고통지를 해야 하고, 30일 전에 예고를 하지 아니하였을 때는 30일분 이상의 통상임금을 지급하여야 한다. 다만 계속근로 기간이 3개월 미만인 경우에는 적용하지 않는다.

제32조(금전해결) 해고가 무효로 인정된 경우에 계약당사자는 사회통념상 근로관계의 존속을 기대할 수 없는 경우에 한하여 고용관계의 해소를 전제로 금전해결을 신청할 수 있다. 다만 인종, 국적, 신앙, 성별 등을 이유로 하는 차별적 해고는 대상에서 제외된다.

제33조(산정기준) 금전해결시의 산정기준은 사용자와 근로자대표와의 합의에 의하며, 그 금액은 해고가 없었더라면 받을 수 있었던 임금 상당액을 하회해서는 아니 된다.

〈부록2〉 근로기준법에서 수정 또는 삭제되어야 할 내용

아래 내용은 근로계약법 시안규정과 근로기준법상의 규정이 상충되므로 근로기준법에서 수정 또는 삭제할 필요가 있음

1. 근로계약법 시안 제7조(근로계약의 기간)와 근로기준법 제16조(계약기간)가 상충하므로 근로기준법 제16조(계약기간) 삭제 요.

2. 근로계약법 시안 제21조(임금구성 및 산정방법 명시의무)와 근로기준법 제17조(근로조건의 명시) 중 일부 내용이 상충하므로 제17조(근로조건의 명시) 일부내용 삭제 및 수정 요.

3. 근로계약법 시안 제28조(징계처분의 요건과 절차)와 제30조(해고사유)는 근로기준법 제23조(해고 등의 제한) 제1항과 제24조(경영상 이유에 의한 해고의 제한)와 상충하므로 삭제 요.

4. 근로계약법 시안 제31조(해고예고와 해고통지)는 근로기준법 제26조(해고의 예고)와 제27조(해고사유 등의 서면통지)와 상충하므로 삭제 요.

5. 근로계약법 시안 제32조(금전해결)는 근로기준법 제30조(구제명령 등) 제3항과 상충하므로 삭제 요.

근로계약기본법구상

2022년 2월 20일 초판 인쇄
2022년 2월 25일 초판 1쇄 발행

저 자 남성일 · 박기성 · 이 정 · 이상희
김희성 · 변양규 · 조영길 · 김준근

발행인 배 효 선

발행처 도서출판 法 文 社

주 소 10881 경기도 파주시 회동길 37-29
등 록 1957년 12월 12일/제2-76호(윤)
전 화 (031)955-6500~6 FAX (031)955-6525
E-mail (영업) bms@bobmunsa.co.kr
(편집) edit66@bobmunsa.co.kr
홈페이지 http://www.bobmunsa.co.kr
조 판 법 문 사 전 산 실

정가 25,000원 ISBN 978-89-18-91290-5